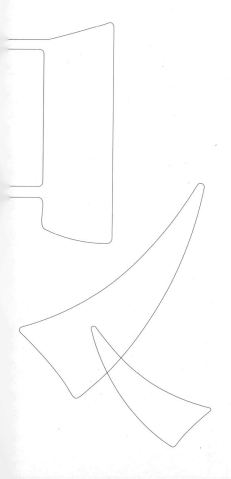

중국고사성어

中國故事成語

김대환

박영사

추천사

　우리는 의사소통을 하면서 축약해 함의를 드러내거나 설득력을 보이기 위해 중국의 사자성어(四字成語)를 즐겨 사용한다. 《예기, 표기(禮記, 表記)》 중의 "정욕신, 사욕교 (情欲信, 辭欲巧: 감정표현은 진실되어야 하니, 언사는 완미하고 함축하게 된다.)"라는 기술 은 바로 이 같은 언어현상을 반영한 말이다. 하지만 우리는 그 성어가 출현하게 된 배 경이나 과정을 상세하게 아는 단계까지는 이르지 못하기에 답답함을 느낄 뿐이다.

　중국 성어의 내원은 대체로 고대신화, 역사사건, 인물고사, 우언전설(寓言傳說), 언 어(諺語), 속어(俗語) 등에서 찾을 수 있으므로 성어가 중국인의 소통문화를 심도 있 게 반영하였음을 알 수 있다. 특히 성어는 백가쟁명(百家爭鳴) 속에 중국 고대문화가 꽃을 피운 춘추전국시기(春秋戰國時期)와 한대(漢代), 청담(淸談)과 현언(玄言)이 성행 했던 위진시기(魏晉時期)와 같은 난세(亂世)에 다수 출현하였으므로 당시의 시대상은 물론 난세를 살아가는 지혜와 더불어 그 시대 사람들이 추구했던 삶의 가치를 살피게 한다. 또한 우언은 《장자》, 《한비자》 등에서 연원되는데 비유, 과장, 상징의 기법을 써 현실을 풍자하여 강한 설득력을 지녔기에 성어로 그 세를 확장함으로써 후세인이 즐겨 사용하며 삶의 여유를 추구하게 되었다.

　성어는 고대 중국 지식인들의 언어문화의 정화(精華)로 그 안에는 인(仁), 의(義), 예(禮), 지(智), 신(信)이란 덕목을 바탕으로 한 삶의 무궁한 지혜와 인류가 추구해야 할 가치가 녹아 있다. 따라서 성어가 지닌 깊은 의미를 파악하고 이를 적절히 활용하 는 일은 우리의 언어생활을 다채롭고도 풍요롭게 만들기에 매우 요긴하다.

　저자 김대환 교수는 어학 전공 학자로 성어에 함축된 깊은 함의에 매료되어 10여 년이 넘도록 소속 대학 신문에 150여 편의 성어를 해설하며 연재함으로써 독자들의 뜨거운 갈채를 받았다. 그래서 이 연재물들을 엮어 책으로 출간하려는 뜻을 펼치게 되었다.

　독자들은 이 책의 상세한 성어 해설을 통하여 난세를 살아가는 지혜는 물론, 치세 (治世)에서 득의하며 뜻을 펴는 혜안(慧眼)을 지니게 될 것이다. 특히 우리가 즐겨 상용하는 사자성어의 내원을 추적하는 즐거움을 지니게 될 뿐만 아니라, 성어 사용에 정확성을 기함으로써 언어생활에 생동감을 더하게 될 것이다. 또한 미처 친숙하지 못한 성어들을 접하면서 더 깊은 식견을 지니게 됨은 물론 더욱 온당한 처세법도 터득하게 될 것이다.

이 책은 중국의 성어 중에서도 그 수량이 가장 많으며 우리가 일상에서 주로 사용하는 사자성어 위주로 꾸며졌다. 중국의 성어의 수는 대략 18,000여 조목으로 그 양이 매우 많으므로 제한된 이 책에서 미처 소개하지 못한 성어가 적지 않다. 기회되는 대로 후속 성어 해설집이 나오리라고 믿는다.

끝으로 이 책을 통하여 중국 사자성어를 올바르게 이해하는 가운데 이 성어들을 즐겨 사용함으로써 우리의 언어생활이 생동감을 드러내면서 더욱 윤택해지기를 간절히 바란다.

2020년 3월 역삼, 청음재(淸音齋)에서
이화여자대학교 명예교수 이종진

책머리에

성어는 오랜 시간에 걸쳐 함축된 언어로 굳어진 사조(詞組) 또는 단구(短句)이며, 성어의 결구는 정형화된 기본격식을 갖추고 있다. 우리가 일상생활에서 즐겨 사용하고 있는 성어는 어디에서 만들어지고 지금까지 어떻게 이어져 왔을까? 성어의 연원을 추적해 보면 매우 재미있는 현상을 발견할 수 있다. 성어는 고사에 그 뿌리를 두고 있으며, 고사는 성어로 인하여 그 의미를 널리 전파할 수 있었다. 또한 성어는 의미가 간결하고 정형화되어 있으며, 고사는 생동감 있고 교훈적인 내용을 담고 있어 고사와 성어가 수레의 두 바퀴처럼 시대를 뛰어넘어 전해져 온 것이다.

그러나 사용자가 임의로 어순(word order)을 바꾸거나 다른 글자로 대체할 수 없었다. 성어의 기원은 크게 경전(經傳)이나 속담, 격언 등에 둘 수가 있는데, 이는 문언과 구어에서 전승된 것으로 몇 가지로 나누어 설명할 수 있다.

첫째, 신화나 전설에서 기인한다. 어떤 신격(神格)을 중심으로 한 전승적인 설화로 "과부추일(夸父追日)"은 "과부가 해를 쫓다"라는 뜻이며, 자신의 역량을 헤아리지 않고 무모하게 덤빈다는 것과 큰 뜻을 품고 부단히 노력한다는 의미로 포의(褒義)와 폄의(貶義)가 동시에 들어 있다.

둘째, 고대의 우언(寓言)에서 기인한다. 우언과 신화는 매우 유사한데, 신화는 고사 내용과 결과가 환상적이며, 우언은 일반적인 사물을 의인화(擬人化)하여 사람들이 쉽게 이해하고 활용할 수 있었다. 신화는 일반 사람들이 공동으로 만들어 낸 사상이나 감정의 산물로 특별한 목적이 없었으며, 우언은 대부분 문인들에 의해서 창작의 형태로 분명한 목적의식을 가지고 있었다. 설사 소재가 민간고사라 할지라도 그들의 윤색을 통하여 새로운 형태의 교육적 의미를 부여하였다. "우공이산(愚公移山)"은 어려움을 무릅쓰고 꾸준히 노력하면 결국에는 큰 산도 옮길 수 있다는 의미로 교훈적인 내용을 담고 있다.

셋째, 역사적 사실에서 기인한다. 역사에 등장한 사실을 성어로 나타냈는데, "와신상담(臥薪嘗膽)"은 불편한 섶에 누워 쓸개를 맛본다는 뜻으로, 원수를 갚으려 하거나 어떤 실패한 일을 이루고자 어려움을 참고 견딘다는 말이다. 이 이야기는 월왕(越王) 구천(勾踐)과 오왕(吳王) 부차(夫差)의 역사적 사실에 바탕을 두고 있다.

넷째, 문인들의 문학작품에서 기인한다. 문인들의 문학작품 속에는 당대의 현실과 후세에 교훈적인 내용을 담은 많은 성어가 출현하고 있는데, "흔흔향영(欣欣向榮)"은 도잠(陶潛)의 문장에 나오는 말이며, 풀과 나무가 무성하게 우거진다는 의미로 흥성과 번영을 나타낸다. "유구난언(有口難言)"은 소동파(蘇東坡)의 작품 속에서 나온 말로, 말을 하고 싶지만 말하기 어렵거나 감히 할 수 없는 상황을 가리킨다.

다섯째, 민간에서 유전(流傳)되는 속담과 격언에서 기인한다. 속담과 격언은 사람들의 애환과 그들의 시대적 상황을 담고 있다. 문인들은 이런 구어(口語)로 된 숙어를 대량으로 인용하고 정리하였으며, 또한 작품 속에 편입시켜 오늘날까지 이어져 내려왔다. "기호난하(騎虎難下)"는 남조(南朝) 송대(宋代)의 하법성(河法盛)이 지은 문장에 나오는데, 호랑이 등에 타서 내리기가 어렵다는 뜻으로, 어떤 일을 중도에 그만둘 수 없는 처지를 말한다.

성어는 일반적으로 4언(四言)으로 구성되어 있지만, 사실은 2언(二言)부터 시작하여 10언(十言)이 넘어가는 성어도 다수 존재한다. 사식(史式)은 《한어성어연구(漢語成語研究)》에서 1972년 출판된 《한어성어소사전(漢語成語小詞典)》을 근거로, 수록된 성어 3,013개 중 4언은 2,891개로 전체의 96%를 차지하며, 나머지는 겨우 4%의 미미한 수준이라고 밝히고 있다. 두 개의 단음사조(單音詞組)로 이루어진 2언은 4언에서 축약된 것이 많다. 또한 4언처럼 성어는 대체로 우수(偶數)로 구성되었는데, 이는 일상생활에서 활용하기 편리할 뿐만 아니라, 의사를 전달할 때 좀 더 분명하고 바르게 전달할 수 있기 때문이다.

본고를 10여 년 동안 대학신문에 연재하였으며, 지금 수정 보완하여 상재(上梓)하고자 한다. 아울러 은사(恩師)이신 이종신 선생님의 본고에 대한 세심한 조언과 일부 성어 해석상의 미흡한 부분을 직접 정정하여 주셨으며, 게다가 과분한 추천사를 보내주셔서 본고가 더욱 빛을 보게 된 것이다. 선생님께 무한한 감사를 드린다.

2020년 3월 연구실에서
저자 씀

차례

vi

가치연성(價値連城)

변화(卞和)는 춘추(春秋)시기 초(楚)나라 사람이다. 어느 날, 그는 여왕(厲王)에게 자신이 형산(荊山)에서 발견한 박옥(璞玉) 하나를 바쳤다. 여왕이 대신들에게 보여 주자 이리저리 자세히 살펴보더니 평범한 돌에 불과하다고 하였다. 여왕은 화가 나 변화의 오른쪽 다리를 자르라고 명령을 내렸다. 변화는 억울함을 호소했지만 아무도 그의 말을 믿어 주지 않았다.

여왕의 뒤를 이어 문왕(文王)이 왕의 자리에 올랐다. 변화는 옥을 끌어안고 형산 아래에서 천지가 떠나갈 정도로 크게 사흘 동안 계속 울었다. 울음소리를 들은 문왕이 깜짝 놀라 사람을 시켜 무슨 일인지 알아 오게 하자, 변화가 이렇게 말하였다. "저는 제 자신을 위해 우는 것이 아닙니다. 천하에 둘도 없는 귀한 옥이 한낱 돌로 여겨져 땅속에 묻히는 것이 슬플 따름이고, 성실한 제가 임금을 기만했다고 여겨지는 것이 슬플 따름입니다. 이는 너무나 공정하지 않습니다."

문왕은 변화의 말을 전해 들고 그를 궁궐로 불러들인 후, 옥을 다듬는 기술자에게 그가 가져온 옥 표면의 돌을 깨 보라고 하였다. 기술자가 보니 변화의 말대로 귀한 옥이 분명하여, 그것을 다듬어 문왕에게 바쳤다. 이리하여 문왕은 진귀한 옥을 손에 넣

을 수 있었는데, 이는 성 여러 개와 맞먹는 가치를 지닌 것이었다. 문왕은 이를 국보로 삼고 화씨벽(和氏璧)이라고 불렀다.

위의 고사는 사마천(司馬遷)이 지은 《사기(史記)》·〈염파인상여열전(廉頗藺相如列傳)〉에 실려 있다. "연성"은 성곽 여러 개가 연결되어 있는 것을 말하는데, 물건의 가치가 매우 귀한 것을 비유한다.

《사기》의 내용을 보면, 진(秦)나라 소왕(昭王)은 조(趙)나라 혜왕(惠王)이 매우 귀중한 화씨벽(和氏璧)을 얻었다는 사실을 알고, 거짓으로 진나라 성 15개와 바꾸자고 하였다. 조나라는 지혜로운 인상여(藺相如)를 보내 진나라와 담판을 벌이게 하였다. 인상여는 소왕의 말이 거짓이라는 것을 간파하고 대응하여, 마침내 안전하게 화씨벽을 조나라로 가져오게 된다. 오늘날 우리가 즐겨 사용하는 "완벽(完璧)"이란 말은 여기에서 나왔다.

각주구검(刻舟求劍)

옛날 중국 전국시대(戰國時代) 초(楚)나라에서 배를 타고 강을 건너는 사람이 있었는데, 허리에 차고 있던 칼이 그만 강물로 떨어지고 말았다. 그러자 그는 재빨리 칼이 떨어졌던 배 모서리에 기호를 만들어 표시하며 "이곳이 바로 내 칼이 떨어진 곳이다."라고 하였다. 배가 정박하자, 그는 표시해 둔 기호를 따라 물속으로 들어가 칼을 찾았다.

배는 이미 칼이 떨어진 곳으로부터 멀리 벗어났지만, 칼은 떨어진 그 자리에 그대로 있으니, 이 사람처럼 칼을 찾는다면 그 얼마나 어리석은 일인가?

위의 고사는 전국시대(戰國時代) 진(秦)나라 승상이었던 여불위(呂不韋)가 전국의 식객들을 불러 모아 편찬한《여씨춘추(呂氏春秋)》·〈찰금(察今)〉편에 보인다. "각주구검"은 다른 말로 "각선구검(刻船求劍)" 또는 "계선구검(契船求劍)"이라고도 하는데, 사고가 지나치게 경직되어 융통성이 없고, 사상이나 행동이 실제생활에서 벗어나 헛되이 노력만 할 뿐 전혀 성과가 없는 것을 뜻하는 말이다.

"움직이는 것"과 "멈추어 있는 것"을 대비시켜 사물을 보는 객관적인 시각을 도외시하면 심력만 허비할 뿐이라는 것을 설명한 위의 내용을 통해, 우리는 일상생활에서 이처럼 어리석은 언행으로 사람들에게 조롱받는 일은 없는지 한 번 정도 돌아볼 일이다.

강팍자용(剛愎自用)

춘추(春秋)시기, 초(楚)나라 장왕(莊王)은 대군을 보내 정(鄭)나라를 공격하였고, 정나라는 3개월을 버티다가 결국 항복하였다. 공교롭게도 정나라가 항복한 후 초나라와 패권을 다투던 진(晉)나라가 구원병을 보내왔는데, 진나라 군대의 대장군은 순림보(荀林父)이고, 부장은 선곡(先縠)이었다. 순림보는 초나라와 정나라가 이미 화친(和親)한 것을 보고 철수하기로 결정하였다. 그러나 선곡은 순림보의 의견에 반대하며 말하길, "안 됩니다. 제후들을 제패하려면 용감히 전쟁에 임해야 합니다. 적이 눈앞에 있는데 싸우지도 않고 철수하는 것은 겁쟁이나 하는 행동입니다. 떠나고 싶은 사람은 가도 상관없습니다. 그러나 저는 그럴 수 없습니다. 그렇게 하느니 차라리 죽는 게 낫습니다." 말을 마친 선곡은 일부 병사들을 이끌고 황하를 건너가 초나라를 공격하였다.

초나라는 선곡의 군사들이 쳐들어오자 맞서 싸우느냐 마느냐를 가지고 논쟁이 벌어졌다. 장왕이 군대를 철수시키려고 하자, 오참(伍參)은 맞서 싸울 것을 주장하였다. 그러자 손숙오(孫叔敖)가 말하길, "우리 군대는 진(陳)나라에 이어 바로 정나라와 전쟁을 하였습니다. 해결해야 할 나랏일이 많으니 이제는 돌아가고, 병사들도 휴식을 취하도록 해야 합니다. 만약 진나라와의 전쟁에서 진다면 오참의 육신을 먹어 치워야 하지 않을까요?" 그러자 오참이 반박하였다. "만약 우리가 승리하면 손숙오 그대는 지략이 부족한 사람이고, 패배하면 내 육신은 적의 손에 들어갈 것인데 그대가 어찌 먹을 수 있겠는가?"

장왕은 고민 끝에 군대를 철수하기로 결정하였다. 그러자 오참이 또 말하길, "순림보는 이제 막 대장군의 자리에 올라 부하들이 그의 명령을 제대로 따르지 않습니다.

부장 선곡은 성격이 괴팍하고 어질지 못한 자이기에 분명 순림보의 명령을 듣지 않을 것입니다. 부장도 그러한데 아래 군사들이 누구의 명령인들 듣겠습니까? 진나라는 이번 전쟁에서 반드시 질 것입니다. 게다가 한 나라의 대왕께서 한낱 신하에 지나지 않는 적장(敵將)을 피해 달아난다면 무슨 얼굴로 백성을 대하시겠습니까?"

장왕은 더 이상 대답할 말이 없고, 곰곰이 다시 생각해 보니 오참의 말도 일리가 있는 것 같았다. 이에 진나라와의 교전(交戰)을 명령하였고, 결국 큰 승리를 거두었다.

위의 이야기는 《좌전(左傳)》·〈선공12년(宣公十二年)〉에 실려 있다. "강퍅자용"은 진나라 장수 선곡의 괴팍스러운 성격을 표현한 "강퍅"과 자신의 능력을 과신하여 남의 말을 듣지 않고 자기 고집대로 처리하는 것을 말하는 "자용"이 합해져 이루어진 말이다.

가끔 어떤 사람은 자신을 소의 힘줄처럼 고집이 세다고 소개한다. 물론 목표의식이 강하고 주관이 뚜렷한 것은 때론 장점이 될 수도 있다. 하지만 지나친 자기 고집은 내가 속한 사회나 집단에 많은 피해를 줄 수도 있기 때문에 신중해야 한다. 내 말과 행동이 늘 정확하고 옳은 것은 아니기 때문이다. "세 명의 보통사람이 지혜를 모으면 능히 제갈량(諸葛亮)을 이긴다."라는 속담도 있듯이 남의 의견을 존중하고 경청하면 오히려 큰 성과를 낼 수 있음도 명심하여야 한다.

개권유익(開卷有益)

송(宋)나라 태종(太宗) 조광의(趙光義)는 책 읽기를 좋아하여 무장(武將)들에게도 독서를 통해 국가를 다스리는 책략을 학습할 것을 권장하였다. 또한 그는 문화를 중시하고 도서(圖書)와 관련한 일에도 많은 관심이 있었다.

태평흥국(太平興國) 2년, 태종은 학자들을 소집하고 《태평총류(太平總類)》라는 책을 편찬하라고 명하였다. 이에 이방(李昉), 호몽(扈蒙), 이목(李穆), 서현(徐鉉) 등이 7년의 노력을 기울여 《태평총류》를 완성하였다. 이 책은 모두 1,000권 55부로 이루어져 있고, 천(天), 지(地), 인(人), 사(事), 물(物) 등의 순서로 우주의 온갖 만물과 현상에 대한 일을 기록하였다. 인용한 고서(古書)만도 1,000여 종에 달하고, 송나라 이전의 문헌과 자료도 많이 수록하여 사료적 가치가 매우 크다.

《태평총류》가 완성되자 태종은 재상 송기(宋琪)에게 말하였다. "오늘부터 사관(史官)들이 편찬한 《태평총류》를 읽어 볼 것이니 매일 세 권씩 가져오시오." 그러자 송기가 대답하길, "폐하께서 고서(古書)를 읽는 것을 즐거움으로 삼는 것은 당연히 좋은 일입니다. 그러나 매일 세 권씩 읽는 것은 너무 피곤하지 않으실까 걱정스럽습니다." 그러자 태종은 말하길, "나는 책 읽기를 좋아하고, 책을 펼치면 반드시 얻는 바가 있소. 책에 기록된 전대(前代)의 흥성과 쇠망은 모두 좋은 본보기가 될 것이오. 이 책은 1,000권에 불과하니, 매일 세 권씩 일 년이면 다 읽을 것이오."

태종은 계획한 대로 매일 세 권을 읽었다. 너무 바빠 책을 읽지 못하면 반드시 다른 날 더 읽어 보충하였다. 《태평총류》는 후에 《태평어람(太平御覽)》으로 이름을 바꾸었다.

위의 고사는 북송(北宋) 왕설지(王辟之)가 지은 《승수연담록(澠水燕談錄)》·〈문유(文儒)〉편에 실려 있다. "개권유익"은 책을 펴고 독서를 하면 반드시 얻는 바가 있다는 의미이다. 송나라 태종은 군왕으로 매우 바쁜 사람이지만 책을 통하여 많은 것을 배울 수 있다는 좋은 생각을 가지고 있었다. 책은 역사적인 인물이나 사실을 기록할 뿐만 아니라, 세상과 관련된 많은 이야기를 남겨 사람의 마음의 양식을 풍요롭게 한다. 그러나 꾸준한 독서는 그리 쉬운 일이 아니다. 누구나 독서는 정신 건강이나 인생을 살아가는 지혜를 얻는 데 매우 중요하다는 사실을 잘 알고 있지만, 마음의 여유가 없어 책을 가까이 하지 못한다. 책으로 벗을 삼는 습관을 만들어 가는 것은 스스로의 노력이 필요한 일이다.

거수마룡(車水馬龍)

동한(東漢)의 명장(名將) 마원(馬援)이 죽은 후, 셋째 딸 마씨(馬氏)는 집안의 모든 대소사를 담당하게 되었다. 당시 그녀는 열 살에 불과했지만 총명하고 유능하여 일을 잘 처리하였다. 마씨는 13세에 황궁으로 들어가 광무제(光武帝)의 아내 음황후(陰皇后)를 모시게 되었다. 그녀는 용모가 아름답고 성정이 온화하며 예절에도 밝아, 황후와 태자 유장(劉莊)으로부터 총애를 받았다.

광무제가 죽고 명제(明帝) 유장이 즉위한 후, 마씨는 귀인(貴人)에 봉해졌다. 명제는 그녀를 많이 아꼈지만 두 사람 사이에 자식이 없어, 마씨는 외손녀 가씨(賈氏)의 아들 유달(劉炟)을 양자로 삼았다. 황태후는 어질고 덕이 높은 마씨를 황후로 책봉하였다.

명제는 해결하기 어려운 문제를 만나면 항상 마황후와 상의하여 결정하였다. 그녀는 언제나 어느 한쪽에 치우치지 않는 현명한 의견을 내놓아 명제의 근심을 덜어 주었지만, 절대로 정사(政事)에는 관여하지 않았다.

장제(章帝) 유달은 즉위하여 양어머니인 마황후를 황태후(皇太后)에 봉하였고, 여러 차례 황태후의 형제들에게 높은 관작(官爵)을 내리려 하였지만 그녀는 언제나 반대하였다. 또한 다음과 같은 조서까지 내려 확고한 자신의 의사를 표명하였다. "외척에게 작위를 내리는 일을 말하는 자들은 모두 나에게 아첨하여 이익을 얻으려는 것이다. 이전에 성제(成帝)께서 왕태후(王太后) 집안 사람들에게 높은 작위를 내리고, 경제(景帝)께서 어머니가 같고 아버지는 다른 황후의 동생 전분(田蚡)을 등용하고, 문제(文帝)께서 두황후(竇皇后)의 조카 두영(竇嬰) 등을 등용하는 바람에 외척의 세력이 지나치게 커져 조정에 화를 불러왔으니, 너희들은 전대(前代)의 일을 잘 기억하여 교훈으로 삼아야 한다. 선제(先帝)께서는 외척의 세력이 커지는 것을 방지하기 위해 그들이 요직(要職)을 맡는 것을 허락하지 않으셨다. 지금 너희들이 나에게 잘못된 길을 가라는 것이냐? 나는 태후의 몸이지만 옷차림을 소박하게 하고 맛 좋은 음식을 추구하지 않으며, 좌우의 비빈(妃嬪)들 역시 향낭이나 장신구를 달지 않는 것을 원칙으로 삼는다. 그러나 외척들은 이를 보고 스스로 돌이켜 반성은 하지 않고 도리어 나를 비웃는다. 며칠 전 친정 식구들이 사는 탁룡원(濯龍園) 앞을 지나다 보니, 외삼촌에게 인사를 하러 온 사람들이 타고 온 수레 행렬이 흐르는 물처럼 이어지고, 말의 행렬은 한 마리 승천하는 용의 모습처럼 길어 이목을 끌었다. 노복들은 녹색 바탕에 옷깃과 소매가 흰색으로 된 옷을 입고 있는데, 우리가 타고 간 수레는 그보다 훨씬 못 해 보였다. 그들은 자신들의 향락만 추구할 뿐 나라에 대한 생각은 조금도 없다. 그러니 내가 어찌 그들에게 관작을 내리자는 너희들의 생각에 동의할 수 있겠느냐?"

위의 이야기는 남조(南朝) 송(宋)나라의 역사가 범엽(范曄) 등이 편찬한 《후한서(後漢書)》·〈명덕마황후기(明德馬皇后紀)〉에 실려 있다. "거수마룡"은 흐르는 물처럼 끊임없이 이어진 수레와, 하늘을 나는 용처럼 길게 늘어진 말의 행렬로 문전성시(門前成市)를 이루는 모습을 말한 것이다.

예나 지금이나 권문세도가의 집 앞은 늘 문전성시다. 그들은 모두 영화의 후광을 입으려는 무리들로 이익만을 좇다가, 상대방의 부와 권세가 떨어지면 썰물처럼 빠져나가니, 이는 영악한 인간 속성의 한 단면을 보여 주는 것이리라.

경궁지조(驚弓之鳥)

　옛날 중국 전국시대(戰國時代) 위(魏)나라에 경리(更羸)라는 사람이 살고 있었다. 하루는 경리가 위왕(魏王)을 모시고 누대(樓臺)로 올라가 하늘을 날고 있는 새들을 바라보다가 말하길, "신(臣)이 오늘 대왕을 위해 화살은 쏘지 않고 활시위만 당겨서 저 하늘에 날고 있는 새를 떨어뜨려 보겠습니다." 그러자 위왕이 "그대의 활 솜씨가 이미 그러한 경지에 이르렀단 말이오?"라고 물었다. 얼마 후 한 마리 기러기가 동쪽 하늘에서 날아오자, 경리는 재빨리 활시위를 당겼다. 과연 그 기러기는 곧장 땅으로 곤두박질쳤다. 위왕이 "활 솜씨가 어떻게 이런 경지에 이를 수 있단 말이오?"라고 하자, 경리가 말하길, "이 기러기는 부상을 입었기 때문입니다." 위왕이 다시 "선생은 어떻게 그것을 알 수 있었소?"라고 묻자, 경리가 대답하길, "이 기러기는 나는 속도가 느리고 울음소리가 매우 처량합니다. 천천히 나는 이유는 몸에 상처를 입었기 때문이며, 처량하게 울부짖는 이유는 자신의 무리를 너무 오랫동안 떠나 있었기 때문입

니다. 상처가 아물지 않고 슬픈 마음을 진정시키지 못한 상태에서 활시위 소리를 듣고 다급히 하늘 높이 달아나다가 그만 아래로 떨어지고 만 것입니다."

위의 이야기는 중국 서한(西漢)의 학자 유향(劉向)이 전국시대(戰國時代) 종횡가(縱橫家)들의 책략을 엮어 만든《전국책(戰國策)》·〈초사(楚四)〉편에 보인다. "경궁지조"는 다른 말로 "상궁지조(傷弓之鳥)"라고 하며, 간단하게 "경궁(驚弓)"이라고도 한다. 이는 어떤 큰 타격을 입거나, 놀랄 만한 큰일을 겪게 되어 작은 일에도 두려워하거나 걱정하는 사람을 뜻하고, 우리말 속담의 "자라보고 놀란 가슴 솥뚜껑보고도 놀란다."라는 말과도 같은 의미이다.

우리는 일상생활 속에서 매일 크고 작은 일들을 만난다. 때론 가슴 철렁한 일도 부딪치지만, 그렇다고 지나치게 의기소침해서 마음의 문을 닫고 지낼 수는 없다. 무슨 일을 만나든 현실을 바로 보고 냉철히 판단하며 용감하게 나아갈 필요가 있다.

과전이하(瓜田李下)

중국 당(唐)나라 문종(文宗)때, 유공권(柳公權)이라는 저명한 서예가가 있었다. 그는 사람됨이 매우 충성스럽고 강직하며, 언변이 좋고 간언(諫言)을 잘하여 조정에서 공부시랑(工部侍郞)이라는 관직을 맡고 있었다.

당시 곽민(郭旼)이라는 관리가 두 딸을 궁중으로 들여보내자, 황제는 그를 빈녕(邠寧－지금의 섬서성(陝西省) 빈현(彬縣))으로 보내며 관직을 주었는데, 사람들은 이를 두고 의견이 분분하였다.

어느 날 문종이 유공권에게 "요즘 밖에서는 조정에 대해 어떤 비판이나 불만은 없는가?"라고 묻자, 유공권은 솔직하게 말하길, "폐하께서 곽민을 빈녕의 관리로 삼으신 후, 찬성하는 사람도 있지만, 일부 반대하는 사람도 있습니다."

문종은 이 이야기를 듣고 매우 불쾌해하며 반문하길, "태황태후의 계부(繼父) 곽민은 대장군의 직을 수행하며 별다른 실수가 없었다. 그런 그를 빈녕 같은 작은 고을의 관리로 삼은 것이 그리 잘못이라는 말인가?"

그러자 유공권은 말하길, "곽민은 국가에 대한 공로가 있기 때문에, 그를 빈녕으로 보내 관리로 삼은 것은 이치에 맞는 일입니다. 그러나 그를 못마땅해 하는 사람들은 곽민이 그의 두 딸을 폐하께 바쳤기 때문에 얻은 직책이라고 생각하고 있습니다."

당나라 문종은 서둘러 해명하길, "곽민의 두 딸이 궁에 들어간 것은 태후를 알현(謁見)하기 위함이지, 나에게 주어 비빈(妃嬪)으로 삼고자 한 것이 아니다." 이에 유공권은 다시 대답하길, "그러나 이는 오이밭에서 신발 끈을 매거나 자두나무 아래서 갓끈을 고쳐 매는 것처럼 혐의가 있는 것이고, 어떻게 집집마다 모두 이런 사실을 알 수 있겠습니까?"

위의 이야기는 《악부시집(樂府詩集)》·〈상화가사(相和歌辭)·군자행(君子行)〉에 보인다. "과전이하"는 우리말 속담의 "오이밭을 지날 때 몸을 굽혀 신발 끈을 매면 사람들이 오이를 따는 것이라 의심하고, 자두나무 아래를 걸어갈 때 손을 들어 갓끈을 고쳐 매면 사람들은 자두를 따는 것이라고 의심한다."라는 말과 같다.

우리는 실제 사회생활에서 위와 같은 일들을 많이 경험한다. 옛날 성현(聖賢)들도 내가 하는 일이 아무리 정당하고 옳다고 하더라도 남의 시선으로 보았을 때 "과전이하"의 상황이 되면 그 길을 피하라고 권하였다. 사람들은 누구나 자신의 이해관계가 얽혀 있으면, 다른 사람이 공정하게 어떤 일을 진행한다고 하더라도 왜곡된 관점에서 문제를 바라보기 때문이다. 그래서 작은 오해가 큰 문제를 야기하고, 끝내는 돌이킬 수 없는 후회를 남기기도 한다. 우리가 더불어 살아가는 사람들에게 좀 더 너그러운 마음으로 믿음을 준다면, 설사 위와 같은 일이 일어난다 해도 한바탕 웃음으로 끝나지 않을까?

관중규표(管中窺豹)

왕헌지(王獻之)는 동진(東晉)의 저명한 서예가 왕희지(王羲之)의 일곱째 아들이다. 왕헌지 역시 성장하여 유명한 서예가가 되었고, 사람들은 이 두 사람을 '이왕(二王)'이라고 불렀다. 왕헌지는 어린 시절 총명하고 영리할 뿐 아니라 포부가 아주 컸다. 어느 날 그의 형인 휘지(徽之), 조지(操之)와 함께 재상 사안(謝安)을 찾아갔다. 휘지와 조지는 사안과 함께 일상적인 이야기를 많이 나누었으나, 헌지는 안부만 한 마디 묻고 아무 말도 하지 않았다.

삼 형제가 돌아간 후, 어떤 사람이 사안에게 세 형제 가운데 누가 가장 나은지 물었다. 사안은 "막내가 가장 괜찮은 것 같습니다."라고 하였다. 그 사람이 이유를 묻자 사안은 말하길, "헌지는 말수가 많지 않지만 수줍은 성격도 아닙니다. 그 두 형들은 말에 자신감은 넘치지만 모두 일상적 내용을 벗어나지 못합니다. 반면 헌지는 분명 큰 뜻을 품은 아이인 듯하여, 가장 괜찮다고 한 것입니다."

또 한번은 헌지가 형 휘지와 방 안에서 얘기를 나누는데 갑자기 화재가 일어났다. 휘지는 놀라 신발도 신지 않고 밖으로 우당탕 뛰어나갔다. 그러나 헌지는 조금도 당황하지 않고 침착하게 신발을 신은 뒤 천천히 걸어 나왔다.

어느 날 밤, 헌지의 방에 도둑이 들었다. 헌지는 물건을 모두 챙긴 도둑이 나가려고 하자 낮은 소리로 이렇게 말하였다. "푸른색 양탄자는 선조들께서 남겨 주신 물건이니 남겨 두고 가게나." 도둑은 깜짝 놀라 모든 물건을 내려놓고 달아나버렸다.

하루는 아버지의 제자 몇 명이 편을 나누어 내기를 하고 있었다. 그때 채 열 살도 안된 헌지가 옆에서 지켜보다가 한편의 제자들에게 말하길, "이번에는 결코 이길 수 없습니다." 제자들은 어린아이가 승부를 논하는 것을 보고 웃으며, "이 아이는 표범 몸의 얼룩무늬 한 부분은 볼 줄 아는군."이라고 했다. 이로부터 '관중규표'라는 성어가 나오게 되었는데, 비록 전부를 아는 것은 아니지만 조금은 이해할 수 있다는 의미이다.

위의 이야기는 남조시기(南朝時期) 유의경(劉義慶)이 위진(魏晉) 문인들의 일화를 기록한 《세설신어(世說新語)》·〈방정(方正)〉에 실려 있다. "관중규표"는 대나무의 작은 구멍으로 표범을 보면, 구멍은 작고 표범은 매우 날래서 제대로 보기 어려운 것처럼, 단편적인 시각과 지식으로는 어떤 사실을 정확히 알기 어렵다는 것을 풍자하는 말이다.

작은 대롱 구멍으로 밖을 본다면 물체의 형상을 제대로 볼 수가 없다. 숲속에 들어가면 단지 나무만 보일 뿐 숲 전체를 조망하기가 어렵다. 넓은 안목을 갖기 위해서는 많은 독서와 경험을 필요로 하는데, 세상은 넓고 해야 할 일은 많기 때문이다.

관포지교(管鮑之交)

중국 춘추시기(春秋時期) 관중(管仲)과 포숙아(鮑叔牙)는 모두 제(齊)나라 사람으로, 벼슬길에 나가기 전부터 이미 매우 가까운 친구 사이였다.

어릴 때 두 사람은 장사를 한 적이 있었다. 관중은 집안이 워낙 가난하여 자본금도 제대로 내지 못하였지만, 이윤을 나눌 때는 포숙아보다 더 많이 가져갔다. 포숙아의 하인들은 매우 언짢아하며 관중을 욕심쟁이라고 욕하였다. 그러나 포숙아는 오히려 "그가 무슨 돈 몇 푼에 욕심을 냈다고 하는가? 그의 집이 너무 어려워 내가 스스로 양보한 것이네." 하며 달랬다.

관중은 여러 차례 포숙아를 위해 사업을 벌였지만 매번 실패하였다. 그런데도 포숙아는 화를 내기는커녕 오히려 관중을 위로하며 말하길, "사업이 성공하지 못한 것은 자네의 생각이 옳지 못해서가 아니고 시기가 맞지 않아서 그런 것이니, 너무 개의하지 말게."

관중은 일찍이 세 차례나 관직에 나갔지만 매번 쫓겨나고 말았다. 하지만 포숙아는 관중이 재능이 부족해서가 아니라, 그의 재능을 알아주는 사람을 만나지 못해서 그런 것이라고 여겼다. 또한 관중은 병사들을 거느리고 전쟁터에 나갔는데, 진격할 때는 항상 뒤에 숨어 있었지만 퇴각할 때는 제일 먼저 달아났다. 병사들은 그를 두고 겁쟁이라 비웃으며, 그와 함께 전쟁터로 가는 것을 꺼렸다. 그러나 포숙아는 두둔하여 말하길, "관중의 집에 연로하신 어머니가 계시는데, 자신을 보호하고자 하는 것은 어머니를 봉양해야 하기 때문에 그런 것이지, 정말 죽음이 두려워서가 아니다." 포숙아가 적극적으로 관중을 변호하며 결점을 덮으려 한 것은 그 재능이 안타까워서였다. 후에 관중은 이 이야기를 전해 듣고 말하길, "날 낳아 준 이는 부모지만 날 알아주는 이는 포숙아로다." 관중과 포숙아는 이처럼 서로 가장 믿고 이해할 수 있는 막역한 친구였다.

위의 이야기는 전국(戰國)초기, 도가사상의 대표적인 인물 열어구(列御寇)와 그의 제자들이 저술한《열자(列子)》·〈역명(力命)〉편에 실려 있다. "관포지교"는 관중과 포숙아의 깊은 우정에서 비롯된 말로, 진정한 친구 또는 돈독한 신뢰 관계를 이루고 있는 사이를 비유한다.

관중은 포숙아와 같은 포용력 있는 친구가 있었기에 청사(靑史)에 업적을 남길 수 있었고, 포숙아는 관중으로 인하여 제환공(齊桓公)을 춘추시기의 패자(霸者)로 만들어 이름을 날릴 수 있었다. 수천 년이 지난 지금도 많은 사람들에게 우정의 상징으로 널리 회자(膾炙)되는 이들의 일화는 진정한 우정이 무엇인지 되새겨 보게 한다.

괄목상대(刮目相對)

　　동한(東漢) 말기 위(魏), 오(吳), 촉(蜀) 삼국이 천하를 두고 각축을 벌이던 때의 이
야기이다. 당시 오나라에는 유명한 장수 여몽(呂蒙)이 있었다. 그는 어릴 때 집안이
너무 가난하여 공부할 기회가 없었다. 이 때문에 그는 높은 관직에 올라 있으면서도
아는 것이 별로 없어 늘 동료 벼슬아치들의 웃음거리가 되었다. 당시 오나라 군주 손
권(孫權)은 이런 여몽을 보고 안타까운 마음에 많은 독서를 권했다. 여몽은 손권의 권
유가 옳다고 여기고 겸허하게 그의 건의를 받아들여 독서를 시작하였다.

　　이후 여몽은 아무리 바빠도 매일같이 일정한 시간을 내어 반드시 독서하였다. 이렇
게 몇 년의 세월이 흐르자 그는 《사기(史記)》, 《한서(漢書)》, 《전국책(戰國策)》 등 많
은 책을 읽었고 학식도 풍부해졌다. 주유(周瑜)가 죽자, 노숙(魯肅)은 그를 대신하여
오나라의 대도독(大都督)이 되었다. 이 두 사람은 일 때문에 종종 만났으나, 노숙은
그가 한낱 무장(武將)일 뿐 별다른 학식이 없다고 단정하고 독서에 관해서는 전혀 언
급하지 않았다.

　　어느 날 노숙과 여몽은 함께 만나 이런저런 얘기를 나눌 기회가 있었다. 여몽은 노
숙에게 묻기를, "장군께서는 나라의 중책을 맡아 이곳의 중요한 관문을 지키고 계십
니다. 여기는 형주(荊州)와 매우 가까운 거리에 놓여 있고, 형주를 지키는 수문장 관
우(關羽)는 무예가 천하제일이며 지략(智略) 또한 뛰어난 자인데, 장군께서는 그를 어
떻게 상대할 것인지요?" 노숙은 물음에 답하지 않고, 오히려 여몽에게 충분한 대비책
을 세웠을 것이니 그의 의견을 듣고 싶다고 청하였다. 그러자 여몽은 그에게 관우를
대적할 수 있는 다섯 가지 계책을 역설하였다. 노숙은 이 다섯 가지 계책을 자세히
분석하고 나서 아주 적합한 방법이라 생각하였다. 노숙은 매우 감동한 나머지 그를

칭찬하길, "아! 아우님, 자네는 무예만 뛰어난 줄 알았지, 이처럼 지모가 뛰어나리라고는 전혀 생각지 못하였습니다. 정말 우리 오나라를 위해서는 다행입니다." 여몽은 노숙의 과분한 칭찬을 듣자 농담처럼 "선비가 헤어진 지 사흘이면 마땅히 눈을 비비고 달라진 모습을 살펴보아야 할 것입니다."라며 호탕하게 웃었다.

　위의 고사는 진(晉)나라 진수(陳壽)가 편찬한 《삼국지(三國志)》·〈여몽전(呂蒙傳)〉에 보인다. 본래의 뜻은 다른 사람이 하루가 다르게 발전하는 모습을 과거의 안목으로 보고 판단해서는 안 된다는 것이다. 사람은 누구나 똑같이 세상에 태어나지만 성장하는 과정은 모두 다르다. 그것은 개인적인 차이도 있지만, 때로는 집안 배경과 경제적인 능력에 크게 좌우되기도 한다. 하지만 우리 주위에는 어려운 환경 속에서도 역경을 딛고 크게 성공하여 입지전적인 인물로 역사에 남는 경우를 종종 볼 수 있다. 여몽도 어린 시절 집안이 너무 가난한 탓에 공부를 하지 못하였지만, 결코 후회하거나 포기하지 않고 학업에 정진하여 문무(文武)를 겸비한 훌륭한 장수가 되었다. 우리는 어떤 마음가짐으로 오늘 하루를 보내고 있는가? 혹시라도 남을 탓하거나 자신이 처한 불우한 환경을 원망하며 아까운 시간을 허비하고 있지 않은지 돌아볼 일이다.

광채탈목(光彩奪目)

서진(西晉)시기의 석숭(石崇)은 자(字)가 계륜(季倫)이고, 일찍이 형주자사(荊州刺史)를 지낸 적이 있다. 그는 수단 방법을 가리지 않고 재산을 모아 마침내 진나라 조정과도 견줄 만큼 많은 부를 축적하였다.

석숭은 매우 호화로운 생활을 하였는데, 심지어 화장실도 화려하게 건축하였다. 화장실 안에는 손님들이 세수를 하거나 손을 씻을 때 쓸 수 있도록 각종 향수가 구비되어 있었고, 입구에는 항상 비단옷으로 곱게 단장한 10여 명의 시녀들이 손님들의 시중을 들기 위해 대기하고 있었다. 그녀들은 손님이 화장실을 다녀오면 원래 입던 옷을 벗고 새 옷으로 갈아입게 하였다. 화장실을 몇 번을 가든지 매번 새 옷으로 갈아입게 하여 나중에는 화장실에 가기가 민망할 정도였다.

당시 후군장군(後軍將軍)으로 있던 왕개(王愷)는 진나라 무제(武帝) 사마염(司馬炎)의 외삼촌인데, 역시 대부호(大富豪)이다. 그는 석숭과 부(富)를 놓고 천하제일을 다투었다. 이에 두 사람은 온갖 화려하고 진귀한 물건으로 자신들의 수레와 의관(衣冠)을 장식하였다. 왕개는 설탕물로 자신이 먹은 그릇을 씻게 하고, 석숭은 장작 대신 양초로 불을 땠으며, 왕개가 40리 길이의 병풍을 만들면 석숭은 50리 길이의 병풍을 만들고, 왕개가 담장을 붉은색으로 칠하면 석숭은 더 화려한 색으로 칠하였다.

무제는 왕개가 석숭과 천하의 갑부(甲富)를 놓고 다툰다는 것을 알고, 그에게 돈을 보태 주기도 하고 진귀한 물건을 상으로 내리기도 하였다.

한번은 무제가 왕개에게 70센티미터 정도 높이의 산호수(珊瑚樹)를 하사하였다. 이 나무는 좀처럼 보기 힘든 진귀한 나무였다. 왕개는 득의만만하여 이번에는 반드시 석숭을 이길 수 있을 것이라고 자신하였다.

왕개는 일부러 석숭에게 산호수를 보여 주며 자랑하였다. 그러자 석숭은 코웃음을 치더니 들고 있던 쇠지팡이로 힘껏 산호수를 내리쳤다. 산호수는 산산조각이 났고, 왕개는 애석함을 금할 수가 없었다. 그는 분한 마음에 노발대발 소리치길, "이게 무슨 짓이오? 황제께서 내리신 귀한 물건인데, 이렇게 만들어 놓았으니 어떻게 배상할 것이오?"

　그러나 석숭은 대수롭지 않다는 표정으로 말하길, "이까짓 산호수가 뭐 그리 대단하단 말이오? 당장 더 좋은 것을 주겠소."

　말을 마친 석숭은 하인들에게 자기가 간직하고 있던 산호수를 가져와 왕개에게 보여 주라고 명하였다. 그러자 하인들이 높이가 각각 다른 열 그루가 넘는 산호수를 가져오는데, 그 무성하고 곧은 줄기는 비할 바 없이 아름답고 눈이 부실 정도로 광채가 났다. 석숭의 산호수를 본 왕개는 자신의 패배를 인정하지 않을 수 없었다.

　위의 이야기는 북송(北宋)의 장군방(張君房)이 편찬한 도교유서(道敎類書) 《운급칠첨(雲笈七籤)》에 실려 있다. "광채탈목"은 색채가 매우 아름답고 화려하여 사람들의 눈을 어지럽게 한다는 의미지만, 예술 작품이나 예술 형상이 매우 높은 경지에 이른 것을 비유하기도 한다.

　'광채'는 본래 아름답고 찬란한 빛을 말하는 것으로, 이 빛은 사람의 마음과 눈을 빼앗기 쉽다. 그러나 젊은 청년들의 눈에 광채가 없다면 희망을 잃어버린 것이 아닐까? 모름지기 젊음은 축복이며 가장 가치 있는 것으로, 늘 빛처럼 반짝이고 힘찬 발걸음을 이어가야 한다.

교토삼굴(狡兔三窟)

전국시기(戰國時期) 사공자(四公子)의 한 사람이자, 제(齊)나라의 상국(相國)인 맹상군(孟嘗君)은 기개 있고 대범하기로 이름이 났다. 그의 집에는 3,000여 명의 식객이 있었는데, 이들은 모두 자신만의 독특한 재주가 있고, 그것을 맹상군을 위해 쓰기를 원하였다.

문객 가운데 풍훤(馮諼)이라는 자가 있었다. 어느 날 그는 맹상군의 부탁으로 설(薛) 땅에 빚을 받으러 갔다. 맹상군은 풍훤이 떠날 때, 집 안에 부족한 물건이 있으면 간 김에 사오라고 하였다. 설 땅에 간 풍훤은 많은 사람들 앞에서 부채(負債)증명서를 전부 불태우며, 그것이 맹상군의 명령이라고 하였다. 빚이 있던 백성들은 모두 감격해서 맹상군의 이름을 부르며 그가 있는 곳을 향해 절을 하였다.

맹상군은 풍훤이 돌아오자 빚을 다 받아왔는지, 그리고 무엇을 사가지고 왔는지 물었다. 풍훤은 상국의 집에는 아무것도 부족한 것이 없는데 다만 '의(義)'라는 한 글자가 부족하다고 생각하여, 상국 명의로 된 부채증명서를 모두 불태워 '의'를 사가지고 돌아왔다고 말하였다. 맹상군은 속으로는 기쁘지 않았지만 그렇다고 싫은 내색을 하지는 않았다.

후에 제나라 왕의 미움을 사서 상국의 자리에서 물러나게 된 맹상군은 설 땅으로 돌아오게 되었다. 그가 돌아온다는 소식을 들은 설 땅의 백성들은 어른 아이할 것 없이 모두 백 리 밖까지 마중을 나왔다. 맹상군은 그제야 풍훤이 자신에게 사다 준 '의'가 얼마나 귀중한 것인지 깨닫고, 그에게 감사의 마음을 표하였다. 그러나 풍원은 "교활한 토끼가 세 개의 굴을 파 놓는 것은 사냥꾼에게 맞아 죽거나 맹수에게 물려 죽지 않기 위해서입니다. 지금 나리께서 편히 잠을 주무시지 못하는 것은 설 땅이라는 동굴

하나만 있기 때문입니다. 제가 나라를 위해 두 개의 굴을 더 팔 수 있게 해 주십시오."
라고 요청하였다. 맹상군은 풍훤의 말을 믿고 그가 시키는 대로 따르기로 하였다.

이에 풍훤은 위(魏)나라의 왕을 찾아가 맹상군을 칭찬하는 말을 하였다. 위나라 왕은 즉시 사신을 보내 맹상군을 모셔 오게 하였지만, 풍훤은 사신보다 한 발 먼저 설 땅으로 돌아가 맹상군에게 위나라 왕의 초청을 받아들이지 말라고 권하였다. 이에 맹상군은 사신이 세 번이나 왔었지만 위나라 왕의 초청을 거절하였다. 이 사실을 알게 된 제나라 왕은 맹상군을 다시 상국의 자리에 복직시키고 지난 일을 사과하였는데, 이것은 풍훤이 맹상군에게 마련해 준 두 번째 굴이었다.

그다음 풍훤은 또 맹상군에게 제나라 왕을 설득하여 선왕(先王) 때부터 전해져 온 제기(祭器)를 하사받고, 그것을 안치할 종묘를 설 땅에 짓게 해 달라는 청을 올리게 하였다. 풍훤이 이렇게 한 것은 설 땅에 선왕의 종묘가 세워지면 제나라 왕은 병사를 파견하여 그것을 지킬 것이고, 그러면 설 땅은 다른 나라의 침략을 받지 않을 수 있을 것이라는 계산에서였다. 그의 생각대로 제왕은 맹상군의 청을 받아들였다. 종묘가 다 지어지자, 풍훤은 맹상군에게 말하길, "이제 세 개의 굴이 모두 만들어졌으니, 베개를 높이 베고 편히 주무셔도 될 것입니다."

그 후 맹상군은 일생 동안 큰 어려움을 만나지 않았는데, 이는 모두 풍훤이 마련한 세 개의 굴 덕택이라 할 수 있다.

위의 이야기는 서한(西漢)의 문학가 유향(劉向) 등이 정리한 《전국책(戰國策)》·〈제책(齊策)〉에 실려 있다. "교토삼굴"은 교활한 토끼는 여러 개의 숨을 수 있는 굴을 준비한다는 것으로, 숨을 공간을 많이 만들어 재난을 피한다는 의미이다.

봉건시대에는 군왕의 명이 법보다 우선이었다. 그러다 보니 관직 생활하는 관리들은 늘 마음을 졸여야 했다. 군왕의 순간적인 감정에 따라 어떤 화를 입을지 모르기 때문이다. 오죽하면 "군왕을 모시는 것이 호랑이 곁에 있는 것과 같다(伴君如伴虎)."라고 하였을까? 지금의 우리 역시 살다 보면 어떤 일을 직면하게 될지 모르니, 풍훤처럼 앞날을 미리 계획하고 준비하는 슬기를 기를 필요가 있다.

구밀복검(口蜜腹劍)

　　중국 여러 왕조 중 가장 강성한 국가였던 당(唐)나라 현종(玄宗) 때의 병부상서 이임보(李林甫)는 그 권세가 하늘을 찌르고, 사람됨은 음험하며 교활하였다. 그는 윗사람에게 아첨하고 순종하는 재주가 있어 현종에게는 온갖 아첨질로 받들었고, 그 외환관(宦官)이나 비빈(妃嬪)들에게는 갖은 수단을 써 신임과 환심을 샀다. 이런 비상한 재주로 그는 19년 동안이나 재상의 자리에 있을 수 있었다.

　　이임보는 일반 사람들과 왕래할 때 늘 온화한 얼굴로 그들을 대하고, 입으로는 듣기 좋은 말과 칭찬하는 말만 늘어놓았으나 실제 마음속 생각은 이와는 정반대였다.

　　또한 이임보는 교활하고 간악한 계책으로 남을 해치는 뛰어난 재주를 가지고 있었는데, 만약 그보다 강한 사람이거나, 황제에게 신임을 받는 사람, 그의 권세나 지위를 위협할 수 있는 사람은 수단과 방법을 가리지 않고 모두 제거하였다. 게다가 그는 학문이 자신보다 뛰어난 사람에 대해서는 겉으로 온갖 칭찬과 아첨을 마다하지 않았지만, 뒤에서는 험담과 모함을 주저하지 않았다. 오랜 시간이 지나자, 사람들은 그를 "입에는 꿀을 바르고 마음에는 칼을 감추고 있다."라고 평가했다.

　　위의 고사는 중국 북송(北宋)의 저명한 정치가 사마광(司馬光)의 《자치통감(資治通鑑)》·〈당현종천보원년(唐玄宗天寶元年)〉에 보인다. "구밀복검"은 입으로는 꿀을

바른 것처럼 달콤한 말로 사람들을 현혹하고, 속으로는 칼을 품고 남들을 해친다는 의미이고, 다른 말로 "복검구밀(腹劍口蜜)"이라고도 한다.

위의 이야기에 나오는 이임보처럼 자기의 이익을 위해 수단과 방법을 가리지 않고, 온갖 모함과 교활한 방법으로 남을 해치는 자는 언제나 사람들의 지탄을 면치 못하고, 후세에도 악의 인물로 남게 될 것이다. 올바르지 못한 것이 한때 기승을 부리는 것 같지만 결국은 올바른 것이 이기게 되는 법이니, 늘 인륜과 도덕을 생각하고 정도(正道)를 걷는 자만이 세상의 주역이 될 것이다.

구사불회(九死不悔)

굴원(屈原)은 전국말기(戰國末期) 초(楚)나라 사람으로 낭만주의 시인이자 정치가이다. 귀족 집안에서 출생한 굴원은 어려서부터 성실하고 학문을 배우기를 좋아하며, 원대한 포부를 지니고 있었다. 굴원은 젊은 나이에 초나라 회왕(懷王)의 신임을 얻어 좌도(左徒), 삼려대부(三閭大夫) 등의 지위까지 올랐다. 굴원은 초나라의 부흥을 도모하기 위해 안으로는 적극적으로 회왕을 보좌하여 변법(變法)을 추진하고, 밖으로는 제(齊)나라와 연합하여 진(秦)나라에 항거할 것을 주장하였다. 그러나 영윤(令尹) 자란(子蘭)과 대부(大夫) 근상(靳尙)은 굴원이 회왕의 신임을 받는 것을 질투하였다. 이들이 다른 소인배들과 함께 굴원을 모함하자, 결국 회왕은 이들의 말을 믿어 굴원을 멀리하였다. 굴원은 회왕이 제나라를 등지고 진나라와 연합하려는 것을 극력 반대하다가 한북(漢北)으로 추방당하였다. 기원전 293년, 굴원은 시로써 회왕이 타향에서 객사한 진정한 원인을 밝히며 자신의 애국심을 표현하였다. 영윤 자란은 대부 근상을 시켜 경양왕(頃襄王)에게 다시 한 번 굴원을 모함하는 말을 하게 하였다. 굴원은 이로 인해 다시 남방으로 추방되고 만다.

굴원은 조정에서 추방되어 이곳저곳을 유랑할 때, 중국 최초의 장편 서정시라 할 수 있는 〈이소(離騷)〉를 지어, 자신의 출신 배경과 정치적 포부를 밝히고, 현재 직면한 상황에 대한 억울한 심정을 곡진하게 토로했다.

〈이소(離騷)〉에는 다음과 같은 말이 들어 있다.

"내 마음이 추구하는 일이라면, 아홉 번 죽는다고 해도 후회하지 않으리라(亦余心之所善兮, 雖九死其猶未悔)."

이는 굴원이 여러 차례의 좌절로 고립무원(孤立無援)의 처지에 놓였지만, 자신의 고결한 이상을 이루고 절조(節操)를 지킬 수 있다면, 설령 죽음의 위기에 놓인다 할지라도 결코 그 뜻을 굽히지 않겠다는 생각을 말한 것이다.

기원전 278년, 진나라 장군 백기(白起)가 군사를 이끌고 초나라 수도를 공격하였다. 굴원은 국가와 백성에 대한 깊은 애정을 가슴에 품은 채, 현실에 대한 절망과 분노의 감정을 이기지 못하여 결국 5월 멱라강(汨羅江)에 몸을 던지고 만다.

"구사불회"는 설사 여러 번 죽는다 할지라도 결코 후회하지 않는다는 뜻으로, 자신의 강인한 의지는 아무리 힘들고 어려운 상황에 놓인다 하더라도 절대로 흔들리지 않는다는 것을 천명한 것이다.

우리나라 역사를 보더라도 왕조 말기에는 언제나 군왕이 무능하고 정치가 부패하여 관료들의 횡포가 극심하고, 민생은 도탄에 빠지는 지경에 이르렀다. 이런 엄중한 시기에 "구사불회"의 정신으로 벌였던 애국 열사들의 목숨을 건 구국운동은 지금까지도 우리를 숙연하게 한다.

구약현하(口若懸河)

  곽상(郭象)은 서진(西晉)시기의 현학가(玄學家)이다. 그는 어려서부터 배우기를 좋아하여 박학다식할 뿐 아니라, 어떤 문제를 발견하면 끝까지 파헤쳐 해결하려고 했다. 곽상은 어떤 일이나 사물에 대한 견해가 남달랐으며, 노자(老子)와 장자(莊子)의 학술에 대해서도 깊이 연구하여 철학적 담론이 뛰어났다.

  서진시기는 노장사상을 숭상하여, 《장자》 주석본이 십여 권이나 나왔지만 모두 그 정수(精髓)를 제대로 밝히지는 못하였다. 그 가운데 상수(向秀)라는 사람이 단 주석은 《장자》에 담긴 오묘한 현리(玄理)를 생동적으로 설명하여, 노장사상이 널리 유행하는 데 큰 영향을 발휘하였다. 그러나 애석하게도 상수는 《장자》의 〈추수(秋水)〉, 〈지락(至樂)〉 두 편에 대한 주석을 완성하지 못하고 세상을 떠났다.

  당시 상수의 아들은 너무 어려 부친의 뜻을 이어 주석을 진행하기 어려웠다. 다행히 곽상이 그 원고를 얻어 주석 작업이 계속될 수 있었는데, 그는 먼저 〈추수〉와 〈지락〉 두 편에 주석을 달고, 〈마제(馬蹄)〉편의 주석을 고쳤다. 나머지 부분은 상수의 주석을 기초로 문구(文句)를 바꾸고, 이를 모두 기록하여 《장자주(莊子注)》라는 책을 완성하였다. 곽상은 이 책으로 인해 유명해졌고, 이로써 후에는 상수가 주석한 책은 전해지지 않고 곽상의 《장자주》만이 전해지게 되었다.

  서진시기의 청담가(淸談家)들은 곽상을 대단히 존경하였다. 한 번은 태위(太尉) 왕연(王衍)이 곽상과 한담을 나누다가, 그가 언변이 뛰어나고 논리가 정연한 것을 보고 감탄하여 이렇게 말하였다. "곽상의 말은 마치 위에서 아래로 콸콸 쏟아지는 폭포수처럼 유창하기 그지없다."

위의 이야기는 남북조시대(南北朝時代) 송(宋)나라의 유의경(劉義慶)이 지은《세설신어(世說新語)》·〈상예(賞譽)〉편에 등장한다. 유의경은 유송(劉宋)의 개국군주(開國君主) 유유(劉裕)의 조카이고, 문학가로서 뛰어난 재능을 보였다. 그의 문학 작품으로는《유명록(幽明錄)》,《선험기(宣驗記)》등이 있으나, 모두 산실(散失)되고, 현재는《세설신어(世說新語)》한 권만 남아 있다.

"구약현하"는 마치 끊임없이 쏟아져 내리는 폭포수처럼 언변이 막힘이 없이 뛰어난 것을 의미하고, "현하(懸河)"는 폭포를 가리킨다.

우리가 사회생활을 하다 보면 여러 사람 앞에서 말할 수 있는 기회가 주어진다. 어떤 사람은 자신의 생각을 아무런 거리낌 없이 표현하는가 하면, 반대로 어떤 사람은 가슴이 두근거리고 얼굴이 화끈거려 하고 싶은 말을 제대로 하지 못한다. 유의경은 말 잘하기로 역사에 남은 인물이다. 말을 잘하려면 재주도 필요하겠지만, 많은 독서와 경험을 통해 생각의 폭을 넓히는 것이 기반이 되어야 한다.

기불가실(機不可失)

이정(李靖)은 자(字)가 약사(藥師)이고, 당(唐)나라의 유명한 장수(將帥)이다. 대대로 관리를 지낸 집안에서 태어난 그는 어려서부터 지략과 문재(文才)가 뛰어나고 진취적이었다. 후에 이세민(李世民)의 막부로 들어가면서 많은 공적을 쌓아 이름이 세상에 알려지게 되었다.

이정은 이제 막 황제의 자리에 오른 이연(李淵)에게 장강(長江) 중류에 위치한 양(梁)나라를 평정할 것을 건의하였다. 이연은 이정의 건의를 받아들여 그를 영군총관(領軍總管), 이연의 오촌 조카 이효모(李孝慕)를 부장(副將)에 임명하고 양나라를 공격하도록 명하였다.

양나라 황제 소선(蕭銑)의 정찰병은 당나라 대군이 공격해 온다는 정보를 듣고 급히 보고하였다. 소선은 처음에는 매우 당황한 듯했지만 잠시 후 큰 소리로 웃으며 이렇게 말하였다. "우리에게는 천혜(天惠)의 요새인 삼협(三峽)이 있다. 마침 강물이 크게 불어나는 시기이니, 그들이 아무리 재주가 뛰어나다고 할지라도 물고기 밥이 되는 처지를 면치 못할 것이다. 내가 보기에 이효모의 군대는 소리만 요란하고 실속은 없는 것 같으니, 너희는 아무 걱정할 필요 없다." 이리하여 양나라는 아무런 방비도 하지 않았다.

이효모의 군대가 장강에 이르렀다. 그들은 세차게 흐르는 장강의 물살을 보고 건널 엄두가 나지 않았다. 일반적으로 장수들은 물이 많이 불었을 때 강을 건너는 것은 너무 위험하므로 우선 물이 줄어들기를 기다린다. 그러나 이정은 단호한 어투로 말하길, "지금 반드시 강을 건너야 한다. 전쟁은 신속함을 최우선으로 삼고, 기회는 절대 놓칠 수 없다. 소선은 분명 불어난 강물 때문에 우리가 바로 공격하지 못한다고 생각할 것이다. 그러므로 우리는 그가 병마(兵馬)를 집결시키기 전인 이 좋은 기회를 틈타 전광석화처럼 재빠르게 움직여 단번에 그들을 무찔러야 한다. 이것이 바로 용병(用兵)의 상책(上策)이다."

이효모는 이정의 말에 따라 군대를 이끌고 재빨리 강을 건넜다. 이 소식을 들은 소선은 맹장(猛將) 문사홍(文士弘)을 파견해 방어하도록 하였다. 이효모가 나가 대적하려고 하였지만, 이정은 문사홍이 결코 만만히 볼 상대가 아니므로 적군의 사기가 누그러진 다음에 출격하라고 건의하였다. 그러나 이효모는 이정의 말을 듣지 않고 즉시 공격하여 대패하고 말았다.

이정이 적군의 상황을 자세히 살펴보니, 그들은 당나라 군대를 추격하면서도 한편으로는 물자를 약탈하느라 정신이 분산되어 있었다. 이정은 이때 반격을 가하면 승리할 수 있을 것이라는 확신이 들었다. 그의 예상은 들어맞았다. 이정은 진격하여 소선 정권을 완전히 무너뜨리고 강남을 통일하였다.

위의 이야기는 후진(後晉)의 유구(劉昫) 등이 편찬한 《구당서(舊唐書)》에 보인다. "기불가실"은 좋은 기회는 얻기 어렵기 때문에 절대 놓쳐서는 안 된다는 뜻이다. 기회는 한번 잃으면 다시 오기 어렵고, 시간도 한번 지나면 다시 오지 않는 것이다.

옛 성현들은 기회와 시간을 늘 중요하게 여기며 살았다. 기회는 자기 자신이 노력하여야 얻는 것이고, 시간 또한 아끼고 사랑할 줄 알아야 한다. 매일 같이 주어지는 하루는 누구에게나 같지만, 그 하루를 보내는 방법은 사람마다 다르다. 하루의 쓰임이 알차고 가치 있을 때 자연스레 기회는 찾아오는 법이다.

기우백락(驥遇伯樂)

그대는 일찍이 천리마(千里馬)에 대하여 들어 본 일이 있는가?

옛날 한 필의 말이 있었다. 이미 이빨이 다 자라 천리를 달릴 수 있는 나이가 되었지만, 소금을 가득 실은 수레를 끌고 태행산(太行山)을 오르고 있었다. 천리마는 너무 피곤하여 말굽은 둔해지고 무릎은 자꾸 굽혀졌다. 게다가 땀은 비 오듯 쏟아지고, 꼬리는 아래로 축 늘어졌으며, 피부는 곪아 썩어 있었다. 입과 콧속에서 흘러나오는 흰 거품은 연이어 땅 위로 흘러내렸다. 땀에 흠뻑 젖은 몸으로 산비탈을 힘겹게 오르지만, 주인은 채찍으로 사정없이 말의 등을 내리친다. 하지만 수레는 여전히 요지부동이다.

중국 춘추(春秋)시기에 말을 잘 감정하는 백락(伯樂)이라는 사람이 있었다. 좋은 말을 구해 오라는 초(楚)나라 왕의 명령을 받들어 태행산을 지나던 백락은 소금 장수의 말을 보게 되었다. 볼품없는 모습의 말은 언뜻 보기에는 아무 쓸모없어 보였지만, 백락은 그 말이 천리마임을 알아보았다. 백락은 얼른 수레에서 내려 자신이 입고 있던 옷을 벗어 말의 등을 덮어 주며, 측은한 마음에 말을 붙잡고 큰 소리로 울었다. 그러자 천리마는 머리를 내려뜨리고 길게 한 번 숨을 몰아쉬더니 하늘을 향해 큰 소리로 울부짖었다. 그 소리는 하늘 위 구름을 뚫고 솟구쳤으며 쇳소리 같았다. 천리마가 왜 그럴까? 그것은 바로 자신을 알아주는 백락을 만났기 때문이다.

위의 이야기는 중국 서한(西漢) 유향(劉向)이 편찬한 《전국책(戰國策)》·〈초사(楚四)〉에 보인다. "기우백락"이란 본래 "준마(駿馬)가 백락을 만나다"라는 의미지만, 훌륭한 인재가 자기 자신을 알아주는 지인(知人)을 만난 것을 말한다.

천리마는 넓은 들녘을 내달려 하루에 천리를 가야 하지만, 때를 잘못 만나 소금 수레를 끌며 시간을 보내고 있다는 우언(寓言)은 우리에게 시사해 주는 바가 크다. 천리마는 백락을 만났을 때 그 진가를 발휘할 수 있기 때문에 백락이 없다면 실제로 천리마는 존재할 수 없다. 우리는 모두 늘 천리마를 꿈꾼다. 그러나 꿈은 노력하는 자만이 얻을 수 있는 최고의 선물이다.

기인우천(杞人憂天)

　중국 춘추시기(春秋時期) 기(杞)나라에는 온종일 하늘이 무너지고 땅이 꺼질까 근심하며 제대로 밥도 먹지 못하고 잠도 못 자는 사람이 있었다. 이웃 사람이 이를 걱정하여 찾아가 깨우쳐 주고자 하였다. 그는 말하길, "하늘은 단지 기운이 쌓여 있는 것일 뿐, 어느 곳이라도 기운이 없는 곳이 없네. 그대의 일거일동과 들고나는 호흡은 온종일 공중에서 움직이는 것인데 왜 하늘이 무너질까 걱정하는가?"

　그러자 근심하던 기나라 사람은 말하길, "만약 정말 기운이 쌓여 하늘이 이루어진 것이라면 하늘에 있는 해, 달, 별들은 왜 떨어지지 않습니까?" 그를 깨우치던 사람은 "해, 달, 별은 기운이 쌓여 만들어진 것으로 단지 빛을 발할 뿐이며, 설사 떨어진다고 해도 사람을 다치게 하지 않는다네."라고 했다. 기나라 사람이 또 묻기를, "땅이 꺼진다면 어떻게 하시겠습니까?" 이웃 사람은 대답하길, "땅은 단지 쌓여 있는 흙덩이이고, 어디든지 흙덩이가 없는 곳이 없네. 그대가 종일토록 밟고 걷고 움직인다 해도 괜찮은데, 왜 땅이 아래로 꺼질까 걱정하는가?"

　기나라 사람이 듣고 비로소 안심하며 기뻐하자, 그를 깨우치던 이웃 사람도 크게 기뻐하였다.

　이 고사는 《열자(列子)》·〈천서(天瑞)〉편에 나오는 이야기로, "기인우천"은 어떤 근거도 없이 부질없는 걱정을 하는 것을 말한다. 다른 말로는 "기인지우(杞人之憂)"라고도 하며, 우리에게는 "기우(杞憂)"라는 말로 더 잘 알려져 있다. 호방(豪放)한 풍격의 시를 즐겨 지었던 당(唐)나라 시인 이백(李白) 역시 이 고사를 인용하여, "기나라에는 헛되이 하늘이 무너질까 걱정하는 사람이 있다네."라며 부질없는 걱정에 괴로워하는 자들을 비웃었다.

불필요한 걱정은 심신의 건강에 해가 된다. 설령 일이 일어난다고 해도 걱정만으로는 해결되지 않는다. 또한 아주 큰일인 것 같아도 한 발짝 물러나 객관적 입장에서 보면 의외로 쉽게 해결책이 나오곤 한다. 속담에 "하늘이 무너져도 솟아날 구멍이 있다."라고 하지 않았는가? 그러기에 아직 닥치지 않은 일을 걱정하면서 사는 것은 어리석은 일이다.

기호난하(騎虎難下)

　진(晉) 성제(成帝) 함화(咸和) 3년(328년), 역양(歷陽)을 지키던 장수 소준(蘇峻)과 수춘(壽春)을 지키던 장수 조약(祖約)은 중서령(中書令) 유량(庾亮)을 토벌한다는 명분으로 수도 건강(建康)을 공격하여 조정을 장악하였다.

　국가가 위험에 처하자 강주자사(江州刺史) 온교(溫嶠)는 자신에게 도망쳐 온 유량과 함께 형주자사(荊州刺史) 도간((陶侃)을 맹주(盟主)로 추대하고, 반란군을 토벌하기 위해 나섰다. 그러나 반란군의 수가 너무 많아 도간의 군사는 몇 차례나 패배하였다. 얼마 지나지 않아 군량도 모두 바닥나 도간의 군사들은 더욱 어려운 상황에 놓이게 되었다. 전쟁에서 계속 패하자, 도간은 두려운 생각이 들어 온교를 불러 질책하였다. "그대는 군사를 일으킬 때 전쟁을 이끌 장수도 충분하고 군량도 넉넉하다며, 내가 맹주로 나서면 반드시 승리할 것이라고 하였소. 지금 그 많다던 장수들은 어디 있소? 군량은 또 어찌된 일이오? 군량이 제대로 공급되지 않으면, 나는 군사를 이끌고 고향으로 돌아갈 것이오. 후에 전쟁을 치를 만한 조건이 모두 갖추어지면 다시 오겠소."

　온교는 도간의 마음을 돌리기 위해 이렇게 설득하였다. "장군의 생각은 옳지 않습니다. 반란군을 이길 수 있는 가장 큰 조건은 우리 모두가 단결하는 것입니다. 옛날 유수(劉秀)와 조조(曹操)가 적은 수의 병력으로 적을 이길 수 있었던 것은 정의(正義)를 표방하였기 때문입니다. 지금 나라가 존망을 다투는 위급한 상황에 처해 있으니, 우리는 국가의 정의를 대표하여 소준과 조약을 처단해야 합니다. 이는 절대 중도에 그만둘 수 없는 일입니다. 소준과 조약은 용맹해도 지략(智略)은 부족한 자들이니, 우리는 반드시 승리할 것입니다." 이 말을 들은 도간은 다소 화가 누그러들었다.

　이에 온교는 계속 말을 이어 나갔다. "지금 우리는 맹수의 몸에 올라탄 것과 같은 상황입니다. 만약 그 맹수를 때려잡지 않으면 오히려 물려 죽게 될 것이기 때문에, 결코 그를 죽이는 일을 포기할 수 없습니다. 만약 장군께서 대중의 뜻을 저버리고 고향으로 철수한다면, 이는 분명 군사들의 사기(士氣)에 영향을 미칠 것이고, 이 토벌 전쟁은 반드시 실패할 것입니다. 그때가 되면 장군은 책임에서 벗어날 수 없을 것입니다."

온교의 말을 들은 도간은 고향으로 돌아가려는 생각을 접을 수밖에 없었다. 두 사람은 함께 작전을 세워 도간은 수륙(水陸) 양쪽에서 동시에 반란군을 공격하고, 온교는 직접 기병을 이끌고 그들을 급습하여 반란군을 진압하였다.

위의 이야기는 당(唐)나라 때 방현령(房玄齡) 등이 지은 《진서(晉書)》·〈온교전(溫嶠傳)〉에 들어 있다. "기호난하"는 호랑이 등에 타고 있으면 내리기 어렵다는 말로, 어떤 일을 행할 때 어려움을 만나도 중간에 그만둘 수 없어 진퇴양난(進退兩難)에 처한 상황을 비유한다. 다른 말로는 "기호지세(騎虎之勢)"라고도 한다.

우리는 어떤 일을 실행하다가 중간에 그만두는 일이 매우 많다. 그러나 중간에 포기하면 이미 앞서 흘린 땀과 노력이 모두 수포로 돌아가게 되며, 그로 인해 나타나는 후유증과 피해는 무엇으로도 설명할 수 없다. 호랑이 등에 올라탄 이상 끝까지 분투해야 살아남을 수 있다.

남우충수(濫竽充數)

　전국(戰國)시기, 제(齊)나라 선왕(宣王)은 음악을 매우 좋아하였는데, 특히 우(竽－고대 입으로 부는 관악기) 연주를 즐겨 들었다. 이 때문에 조정의 악사(樂師) 중에는 우를 잘 부는 사람이 아주 많았다. 선왕은 성대하고 화려한 분위기를 연출하여 남들에게 군왕의 위엄을 과시하기를 좋아하였고, 악사들이 우를 불 때는 보통 300명이 함께 연주하곤 하였다. 그 악사들에게는 특별히 많은 월급과 하사품이 지급되었다.

　당시 남곽(南郭)이라는 건달이 있었다. 그는 선왕에게 이와 같은 특별한 취향이 있다는 말을 듣고 좋은 기회라는 생각이 들었다. 이에 그는 선왕을 찾아가 한껏 자신을 추켜세웠다. "대왕, 저는 이름난 악사입니다. 제가 우를 불면 그 소리에 감동하지 않은 사람이 없을 뿐 아니라, 가락에 맞춰 새도 춤을 추고, 꽃과 풀도 몸을 흔듭니다. 저의 재주를 대왕을 위해 바치고 싶습니다." 이 말을 들은 선왕은 크게 기뻐하며 흔쾌히 그를 받아들이기로 결정하였다. 그리하여 남곽은 우를 부는 악사의 일원이 되었다.

　재미있는 사실은 남곽은 전혀 우를 불지 못한다는 것이다. 악사들이 선왕을 위해 합주할 때, 남곽은 머리와 몸을 좌우로 흔들며 연주하는 악사들의 모습을 그대로 흉내 내었다. 그 모습이 너무나 흡사하고, 또한 몇백 명이 함께 연주하기 때문에 선왕은 누가 우를 잘 부는지 못 부는지 가려내지 못하였다. 이 때문에 남곽은 몇 년을 아무 문제없이 다른 악사들과 마찬가지로 높은 월급을 받으며 편안한 생활을 누릴 수 있었다. 그는 속으로 아주 득의양양해 하며 이렇게 평생을 보내려고 하였다.

　후에 선왕이 죽고 그 아들 민왕(湣王)이 왕위를 계승하였다. 민왕 역시 우 연주를 즐겼지만 합주하는 것은 좋아하지 않았다. 그는 300명이 함께 우를 부는 것은 너무

시끄러워 독주만 못하다고 생각하여, 악사들에게 한 사람씩 우를 불게 하였다.

남곽은 이 소식을 듣고 온몸에 식은땀이 흘렀다. 혼자 우를 불면 분명 모든 것이 들통날 것이기 때문이다. 악대에서 쫓겨나는 것이 문제가 아니라, 임금을 속인 것이 밝혀지면 절대 목숨을 부지할 수 없는 일이다. 생각이 여기에 미치자, 남곽은 재빨리 짐을 챙겨 멀리 달아났다. 훗날 사람들은 이 고사에 근거하여 "남우충수"라는 성어를 만들었다.

위의 이야기는 《한비자(韓非子)》·〈내저설상(內儲說上)〉에 실려 있다. "남우충수"는 우를 전혀 불 줄 모르는 사람이 잘 부는 사람들에게 섞여 숫자만 채운다는 의미로, 무능한 사람이 전문가 집단에 들어가 그들과 똑같이 전문가 행세를 하는 것을 말한다. 또한 자신의 능력보다 더 높은 관직이나 직책을 맡을 때 자신을 겸양하여 나타내기도 한다.

현대 사회도 이런 일들은 비일비재하다. 내 능력에 비해 과분한 직책을 맡거나, 전문 지식이 없으면서 그 분야의 최고 권위자인 것처럼 혹세무민(惑世誣民)하는 무리들이 있다. 현명한 백성이 나라를 슬기롭게 이끈다는 말처럼 우리들은 시세(時勢)를 잘 살피고 판단하여 남곽 같은 인간들의 선동에 넘어가지 말아야 한다.

남원북철(南轅北轍)

옛날 중국 전국시대(戰國時代)에 계량(季梁)은 위(魏)나라 왕이 조(趙)나라 수도 한단(邯鄲)을 공격하려 한다는 소식을 듣고 가던 길을 되돌아왔다. 그는 남루한 옷에 흙먼지를 털지도 않은 채로 바삐 위왕(魏王)을 만나러 갔다.

그는 위왕을 설득하기 위해 이렇게 말하였다. "제가 돌아오는 길에 마차를 몰고 북쪽으로 가는 사람을 만났는데, 그는 초(楚)나라로 간다고 했습니다. 제가 '초나라를 가려면 남쪽으로 가야 하는데 왜 북쪽으로 갑니까?'라고 물으니, 그는 '제 말이 빠릅니다.'라고 대답하더군요. 제가 또 '말이 아무리 빨라도 초나라로 가는 길이 아닙니다.'라고 하자, 그는 또 '저는 노잣돈이 많이 있습니다.'라고 하였습니다. 저는 또다시 '노잣돈이 아무리 많아도 이 길은 초나라로 갈 수 있는 길이 아닙니다.'라고 설명하였습니다. 그러자 그는 말하길, '제 마부는 재주가 뛰어나답니다.' 저는 다시 그 사람에게 말하길, '말이 빠르고, 노잣돈이 많고, 말을 모는 마부의 재주가 뛰어나더라도 방향이 잘못되었다면 초나라로부터 더욱 멀어지는 것입니다." 지금 대왕께서는 천하의 민심을 얻고 패자(霸者)가 되려 하십니다. 대왕이 가진 넓은 영토와 정예병을 거느리고 조나라를 공격하면 잠시나마 영토를 확장하고 명성을 얻게 될지 모르지만, 이런

의롭지 않은 행위가 많아진다면 천하통일을 목표로 한 대왕의 꿈에서 점점 멀어지는 것이 마치 남쪽에 있는 초나라를 가려는 사람이 북쪽으로 향하는 것과 같습니다."

위의 이야기는 《전국책(戰國策)》·〈위사(魏四)〉편에 보이며, 목표에 맞는 실천이 이루어져야 성과를 얻을 수 있지 방향이 어긋난다면 결코 목적지에 다다를 수 없다는 것을 설명하고 있다. 다른 말로는 "북원남철(北轅南轍)" 또는 "북원적초(北轅適楚)"라고도 한다.

아무리 원대한 포부가 있어도 추구하는 목적과 행동이 일치하지 않으면 예측했던 좋은 결과를 얻을 수 없다. 큰일을 행하고자 하는 사람일수록 그 방법이 정도(正道)에서 벗어나지 않도록 경계해야 할 것이다.

낭패위간(狼狽爲奸)

단성식(段成式)은 당(唐)나라의 소설가이자 변문가(騈文家)로 유명하다. 그 부친 단문창(段文昌)은 일찍이 재상(宰相)의 자리까지 올랐다. 단성식은 아버지 덕택으로 벼슬길에 들어서 비서성교서랑(秘書省校書郎), 길주자사(吉州刺史), 태상소경(太常少卿) 등을 역임하였다. 저서로는 필기소설집 《유양잡조(酉陽雜俎)》가 가장 유명하다.

《유양잡조》라고 이름 붙인 것은 전고(典故)가 있다. 유양은 지금의 호남(湖南) 원릉(沅陵)에 있는 소유산(小酉山)이다. 전하는 바에 의하면 산 아래에 석굴이 하나 있고, 석굴 안에는 천여 권의 장서(藏書)가 있었다고 한다. 단성식은 집안에 전해지는 전적(典籍)과 유양의 장서를 서로 비교하여 이 책을 지었는데, 유양의 장서에서 많은 부분을 가져왔고 그 내용이 대단히 잡박(雜駁)하여 《유양잡조》라고 이름 붙였다.

《유양잡조》에는 재미도 있으면서 깊은 깨달음을 주는 이야기가 많이 수록되어 있는데, 낭패위간(狼狽爲奸) 또한 그중의 하나이다.

낭(狼)과 패(狽)는 외형과 성격이 아주 흡사한 동물이다. 차이라면 낭은 앞 두 다리는 길고 뒤 두 다리는 짧은 데 반해, 패는 뒤 두 다리는 길고 앞 두 다리는 짧다는 것뿐이다. 이 두 동물은 산에서 내려와 농가에서 기르는 가축을 잡아먹었고, 이로 인해 농가의 피해가 막심하였다.

한번은 낭과 패가 함께 한 농민의 양 우리로 내려왔다. 그들은 우리 안에 있는 많은 양들 가운데 한 마리를 잡아먹을 작정이었으나, 우리가 너무 높고 견고하여 뛰어넘지 못하고, 부수고 들어갈 수도 없어 어쩔 줄 몰라 하고 있었다. 그들은 한참을 궁리하다가 마침내 한 가지 방법을 생각해 내었다. 즉 패의 목에 낭을 올라타게 한 다음, 패가 긴 뒷다리를 한껏 세우면 낭은 더 높이 올라갈 수 있고, 그러면 앞다리가 긴 낭은 우리 안으로 몸을 기울여 입으로 양을 물어 오는 것이었다.

　이에 패는 몸을 구부려 낭을 자신의 몸에 올라타게 한 다음 앞발로 우리의 대나무 울타리를 잡았다. 패가 뒷다리를 세워 일어서자 낭은 뒷다리를 이용해 패의 목에 올라타 앞발로 울타리를 잡고 천천히 일어섰다. 그런 다음 긴 앞다리를 우리 안으로 집어넣어 가까이 있던 양 한 마리를 잽싸게 움켜잡았다.

　만약 낭이나 패 한 마리만 있었다면 우리의 울타리에 올라갈 수도 없고, 양을 훔치지도 못하였을 것이다. 낭과 패가 서로의 장점을 이용하고 협력하여 성공적으로 양을 훔칠 수 있었던 것이다.

　"낭패위간"은 나쁜 무리들이 서로 결탁하여 모략을 꾸미는 일을 가리킨다. 어느 시대를 막론하고 충신과 간신은 늘 존재하여 왔다. 역사에서 충신이 간신에게 핍박을 받고 끝내 목숨까지 잃는 경우는 허다하다. 이에 사람들은 간신을 비유하는 동물의 전형 '낭'과 '패'로 개인적 이익을 위해서라면 물불을 가리지 않는 파렴치한 인간들을 비유하여 지탄하고, 이들의 손에 희생된 충신에 대해서는 한없는 존경을 표시하였다.

노마식도(老馬識途)

　춘추시기(春秋時期), 북방의 산융국(山戎國)이 연(燕)나라를 침략하였다. 연나라 왕은 제(齊)나라 환공(桓公)에게 도움을 청하였다. 환공은 직접 군대를 이끌고 연나라에 왔는데, 그를 따라 온 사람 가운데 상국(相國) 관중(管仲)과 대부(大夫) 습붕(隰朋)이 있었다. 환공의 군대가 연나라에 도착하였을 때, 산융국의 군대는 이미 약탈한 물건을 가지고 고죽국(孤竹國)으로 달아난 뒤였지만, 환공은 계속 그들을 추격하라고 명령하였다. 산융국과 고죽국의 군사들은 제나라 군대가 뒤따라온다는 말을 듣고 놀라 깊은 산중으로 숨어들었다. 환공은 적의 발자취를 따라 산중으로 들어가 마침내 그들을 물리쳤다. 적의 군대는 놀라 사방으로 흩어지고, 환공은 그들이 약탈한 물건을 되찾아 돌아왔다.

　환공은 제나라로 돌아가는 도중에 길을 잃었다. 제나라 군대가 처음 연나라에 왔을 때는 봄이라서 산천이 모두 푸른빛으로 우거져 길을 찾기가 쉬웠지만, 돌아가는 길은 겨울이라 들판이 온통 눈으로 덮이고 길도 구불구불하여 방향을 분간하기 어려웠다. 제나라 군대는 숭산(崇山) 주변의 한 산길에서 우왕좌왕하다 길을 잃었는데, 아무리 찾아 헤매도 산에서 나갈 길을 찾지 못하고, 결국 제나라 군대는 깊은 산골짜기에 갇히고 말았다.

　관중은 길을 찾을 수 있는 방법을 궁리하다가 불현듯 이런 생각이 떠올랐다. "개는 집에서 아무리 멀리 떨어져 있어도 길을 찾아 집으로 돌아갈 수 있다. 그렇다면 군대의 늙은 말 또한 이런 능력이 있을 것이다." 이에 관중은 환공에게 아뢰었다. "대왕, 군대의 늙은 말은 길을 찾을 수 있는 능력이 있을 것이라 생각됩니다. 그러니 말이 앞에서 길을 안내하도록 하면 산골짜기를 벗어날 수 있을 것입니다."

환공은 즉시 말 몇 마리를 끌고 와 말고삐를 풀고 앞에 세운 다음 제멋대로 가게 하고, 군대는 그 뒤를 따르게 하였다. 제나라 군대는 말의 뒤를 따른 지 얼마 지나지 않아 마침내 산골짜기를 벗어나 그들의 나라로 돌아가는 길을 찾을 수 있었다.

위의 이야기는 《한비자(韓非子)》·〈설림상(說林上)〉편에 실려 있다. "노마식도"는 늙은 말이 일찍이 다녔던 길을 안다는 의미로, 경험이 풍부한 사람이 상황을 잘 이해하고 판단하기 때문에 어떤 방면에서는 중요한 역할을 할 수 있다는 것이다.

오늘날 많은 사람들은 노인들은 이미 한물간 사람이라고 치부한다. 그러나 그들은 오랜 시간 세상의 많은 풍파를 경험하고 지혜를 쌓아 왔기 때문에 젊은 사람들보다 미래를 보는 안목이 훨씬 넓다. 인류의 역사적 발전 과정을 살펴보면, 모든 일이 연속성을 가지므로 어느 날 갑자기 경천동지(驚天動地)할 일은 일어나지 않는다. 그들의 소중한 인생 경험을 존중하고 귀담아 들으면 자신은 물론 우리 사회와 국가를 발전시키는 중요한 자산이 될 것이다.

다다익선(多多益善)

　한신(韓信)은 진말한초(秦末漢初)의 저명한 군사 전략가로, 매우 지혜롭고 병법에 정통하였다. 그는 초패왕(楚覇王) 항우(項羽) 밑에서 하급 관리로 있었으나 신임과 중용을 얻지 못하자, 한왕(漢王) 유방(劉邦)에게 도망쳐 달아났다. 유방도 처음에는 한신을 중용하지 않았으나, 승상(丞相) 소하(蕭何)의 강력한 추천으로 마침내 대부(大夫)에 봉했다.

　어느 해 한신과 장이(張耳)는 왕명을 받들어 조(趙)나라를 치게 되었는데, 조왕(趙王)은 이미 첩자를 통하여 이 사실을 알고 이십만 대군을 정형(井陘)의 입구에서 기다리게 했다. 그러나 한신은 그들이 예상하지 못한 배수진(背水陣) 책략으로 조나라 대군을 격퇴하였다. 한나라와 초나라의 모든 전쟁에서 한신은 죽음을 넘나들며 한 고조(高祖) 유방이 항우를 물리치고 천하를 차지하는 데 큰 공을 세웠고, 이에 대한 보답으로 유방은 그를 제왕(齊王)에 봉하였다.

　유방은 한나라의 황제가 되자 다시 한신을 초왕(楚王)에 봉했는데, 얼마 지나지 않아 한 통의 밀서를 받게 되었다. 내용은 한신이 옛날 숙적이었던 항우의 옛 부하 종리매(鍾離昧)와 함께 반란을 준비하고 있다는 것이다. 이에 유방은 진평(陳平)의 건의를 받아들여 거짓으로 운몽택(雲夢澤) 지역을 순시한다고 말하고, 제후들과 그곳에서 만날 것을 약속했다. 한신은 유방이 자신을 의심하고 있다고 생각하여 곧바로 종리매를 죽이고 그곳으로 갔으나 체포되고 말았다. 낙양(洛陽)으로 돌아온 유방은 한신이 모반(謀反)할 뜻이 없다는 것을 알고, 과거 한나라를 위해 세운 전공(戰功)을 생각하여 회음후(淮陰侯)로 강등(降等)시켜 봉하였다.

　한신은 마음속으로 매우 화가 났지만 별도리가 없었다. 어느 날 유방과 한신은 군사를 통솔할 수 있는 능력에 대하여 이야기하던 중, 갑자기 한신에게 "그대가 보기에 안영(晏嬰)은 얼마 정도의 군사를 통솔할 수 있다고 보는가?"라고 물었다. 그러자 한신이 대답하길, "삼만 정도입니다." 유방이 또 "번쾌(樊噲)는 얼마 정도인가?"라고 묻자, 한신은 "오만 정도입니다."라고 답하였다. 유방은 이 말을 듣고 한나라 대장군을 얕보는 것 같아 내심 언짢았으나, 웃으면서 다시 묻기를, "나는 얼마 정도의 군사를 통솔할 수 있는가?" 한신이 대답하길, "폐하께서는 십만의 군사를 거느리실 수 있습니다." 이에 유방은 "그렇다면 그대는 스스로 얼마 정도의 군사를 통솔할 수 있다고 생각하는가?"라고 물었다. 한신은 "저는 많으면 많을수록 좋습니다."라고 대답하였다. 유방은 입가에 웃음을 띠며 "그대는 군사를 통솔할 때 많으면 많을수록 좋다고 말하면서 어떻게 나에게 잡혀 왔는가?"라고 했다. 한신은 자기가 말실수한 것을 알고 황급히 변명하길, "폐하께서는 비록 많은 군사들을 통솔하지 않으시지만, 많은 장군들을 거느리실 수 있는 능력을 가지고 있습니다." 유방은 한신이 회음후(淮陰侯)로 강등된 뒤에도 이처럼 오만불손한 태도를 보이자 매우 불쾌하게 여겼다. 훗날 한신은 유방의 아내 여태후(呂太后)에게 죽임을 당하였다.

위의 이야기는 서한(西漢)의 사마천(司馬遷)이 지은 《사기(史記)》·〈회음후열전(淮陰侯列傳)〉에 보인다. 한신은 어린 시절 매우 불우한 환경에서 성장하였으나, 진(秦)나라 말기 국운이 기울면서 난세가 시작되자 항우(項羽)가 일으킨 군사반란에 가담하게 된다. 그러나 항우는 성품이 거칠고 오만하였으며, 한신의 재능을 제대로 알아보지 못하고 미관말직(微官末職)에 그를 두었다. 이에 한신은 항우를 떠나 유방의 진영으로 옮겨 그의 능력을 마음껏 발휘하며 천하를 평정하지만, 유방은 강한 군사력을 가진 그를 매우 두려워하였다.

"다다익선"은 많으면 많을수록 좋다는 의미로, 한신이 자신의 능력을 한껏 과시한 말이지만 유방은 이일로 더 큰 두려움을 갖게 되었고, 그에 대한 경계를 늦추지 않았다. 후일 한신은 자신이 한나라를 위하여 세운 불세지공(不世之功)이 오히려 화근이 되어 비극적인 최후를 맞이하게 된다. 후세 사람들은 이러한 역사적 사실을 두고 많은 논쟁을 벌였다. 한신이 뛰어난 능력만큼 자신을 낮추는 겸손도 갖추었다면 어찌 되었을까?

당랑거철(螳螂拒轍)

옛날 중국 전국시대(戰國時代) 제(齊)나라 장공(莊公)이 밖에서 사냥을 할 때, 작은 곤충 한 마리가 다리를 들고 거대한 수레바퀴를 막으려 하고 있었다. 장공은 마부에게 "이것이 무슨 곤충인가?"라고 묻자, 마부가 대답하길, "이 놈이 바로 사람들이 말하는 사마귀(螳螂)입니다. 이 녀석은 앞으로 나아갈 줄만 알고 뒤로 물러설 줄은 모릅니다. 자신의 힘을 헤아리지 않고 적을 가벼이 보고 있는 것입니다."

장공은 크게 감탄하며 "이 곤충이 만약 사람이라면 반드시 천하에서 가장 용감하고 싸움 잘하는 무사가 될 것이다."라고 말하고, 서둘러 마부에게 수레를 돌려 사마귀를 비켜 가게 하였다.

위의 이야기는 서한시기(西漢時期) 유안(劉安)이 지은 《회남자(淮南子)》·〈인간훈(人間訓)〉편에 보이며, 다른 말로는 "당랑박륜(螳螂搏輪)" 또는 "당비당차(螳臂當車)"라고도 한다. 자신의 힘을 헤아리지 않고 헛되이 거대한 힘에 대항하거나, 실현 불가능한 일을 행하려 하는 것을 비유하는 말이다.

장공이 사마귀의 행동을 높이 평가한 것처럼, 현실에서도 용감한 사람을 존중하고 중용하는 일을 종종 만나게 된다. 하지만 사마귀와 같은 무모한 용기는 오히려 만용이 되어 더 큰 화를 불러올 수 있다. 큰 용기를 낼 수 있는 자신감도 키울 필요가 있지만, 늘 자신을 돌아보며 냉철한 이성으로 일을 처리하는 자질도 갖추어야 할 것이다.

대공무사(大公無私)

중국 춘추시기(春秋時期) 진국(晉國)의 군왕 진평공(晉平公)은 남양(南陽) 현령(縣令)을 선발하여 임명하고자 하였다. 그래서 대부(大夫)인 기황양(祁黃羊)에게 묻기를, "남양현에 현령이 공석이오, 그대가 보기에 누구를 보내면 적합할 것 같소?" 그러자 기황양은 조금도 주저하지 않고 대답하길, "해호(解狐)가 적임자입니다." 평공은 매우 놀라는 얼굴로 묻기를, "해호는 그대의 원수가 아니오? 왜 그를 추천한다는 말이오?" 기황양은 대답하길, "대왕께서는 신에게 누가 그곳 현령의 적임자인지 물으셨지, 해호가 신의 원수인지는 묻지 않으셨습니다."

이에 평공은 곧바로 해호를 남양현으로 보내 임무를 수행하게 하였다. 해호는 부임한 후, 그곳의 백성을 위해 많은 치적을 남겨 사람들의 칭송을 받았다.

어느 날 조정에서 군중위(軍中尉)를 선발하고자 하였다. 평공은 또다시 기황양에게 적임자를 천거하라고 명하였다. 그러자 기황양은 대답하길, "기오(祁午)가 적합한 인물입니다." 평공은 의아해하며 묻기를, "기오는 그대의 아들이 아니오? 다른 사람들이 비난하는 것이 두렵지 않소?" 기황양은 담담하게 대답하길, "대왕께서는 신에게 군중위에 적합한 인물을 천거하라고 명하셨지, 결코 누가 신의 아들이냐고 묻지 않으셨습니다."

그 후 평공은 기오에게 군중위의 직책을 맡겼다. 과연 기오는 많은 사람들의 기대를 저버리지 않고 뛰어나게 일처리를 잘하였다.

공자(孔子)는 위의 이야기를 듣고 말씀하시기를, "기황양의 말은 참으로 옳다. 그가 사람을 추천한 것은 오로지 그들이 가진 재능을 기준으로 삼았을 뿐, 자신과 원수 관계라는 것에 편견을 가져 추천을 주저하지 않았고, 자신의 아들이라는 이유로 다른 사람들의 비난을 염려하여 추천을 포기하지 않았으니, 기황양과 같은 사람은 능히 '대공무사'하다고 할 수 있다."

위의 고사는 동한(東漢)시기 마융(馬融)이 지은 《충경(忠經)》·〈천지신명(天地神明)〉편에 보이는 것으로, "대공무사"는 "매우 공평하여 사사로움이 없다."라는 뜻이다. 즉 어떤 공적인 일을 처리함에 있어 어느 한쪽의 사사로움에 치우치지 않고, 오로지 공익에 부합하는 일에 매진하는 것이다.

현재 일부 정치가들은 사리사욕에 눈이 어두워 종종 사람들의 지탄을 받는 행위를 하여 비난의 대상이 되기도 한다. 사사로운 욕심은 눈과 귀를 멀게 한다는 어느 철인(哲人)의 말처럼 사람의 이성을 마비시키기에, 항상 자신을 가다듬고 마음을 비우는 자세가 중요하다. 한순간의 지나친 욕심 때문에 역사의 죄인으로 남는 것은 비단 정치가뿐만 아니라, 우리 모두에게 해당하는 말이다. 《관자(管子)》는 "비바람은 지극히 공평하여 사사로움이 없다."라고 하였다. 높은 하늘에서 흩날리는 비바람이 누구에게나 똑같이 내리는 것처럼, 세상의 이치 역시 누구에게나 공평하기 때문이다.

대기만성(大器晚成)

중국 동한시기(東漢時期) 말년, 최염(崔琰)이라는 사람이 원소(袁紹)의 군막 안에서 병사로 복무하고 있을 때의 일이다. 그는 원소의 군대가 지나는 곳마다 무덤을 파 재물을 약탈하는 것을 보고, 매우 부도덕한 일이라고 생각하여 원소에게 직소(直訴)하였다. 원소는 그의 말이 이치에 맞는다고 여기고, 그를 문관(門官)으로 삼았다.

훗날 원소는 조조에게 크게 패하고 최염은 포로가 되었다. 조조는 그가 인재라고 생각하여 죽이지 않고, 자신을 가까이서 보좌하는 직책을 주었다. 어느 날 흉노(匈奴)의 사자(使者)가 조조를 만나러 왔다. 조조는 자기 몸이 너무 왜소하다고 여겨 최염에게 자신으로 위장하도록 하고, 자신은 문지기로 자처하였다. 이처럼 조조는 최염을 깊이 신뢰하였다.

최염의 사촌 동생 최림(崔林)은 성격이 내성적이라 별로 말이 없었다. 이 때문에 친구들은 그들 두 사람을 비교하며 최염을 칭찬하였다. 하지만 최염은 그들의 말에 동의하지 않고, 친구들을 만날 때마다 최림의 사람됨을 역설하였다. 그는 말하길, "최림은 내면적인 재주가 많은 사람으로, 아직 그의 가치를 아는 사람을 만나지 못했지만 머지않은 장래에 반드시 누군가가 그의 재능을 인정해 줄 것이야. '대기만성(大器晚成)'이라는 말처럼 큰 그릇을 빚으려면 작은 그릇보다 많은 시간과 노력이 필요하듯이, 사람도 나와 같은 작은 인물은 남들이 금세 알아보지만, 최림 같은 큰 인물은 알아보기까지 시간이 필요할 것이야. 그러므로 그대들은 최림을 과소평가하지 말게."

그 후 최림은 최염의 말처럼 조조에게 재능을 인정받고 주부(主簿)라는 관직을 받았다. 얼마 후 또다시 승진하여 조조의 참모가 되었는데, 그때는 이미 최염보다 훨씬 높은 관직에 있었다.

위의 이야기는 진(晉)나라의 학자 진수(陳壽)가 저술한 《삼국지(三國志)》·〈최염전(崔琰傳)〉에 보인다. "대기만성"은 크거나 귀중한 물건은 매우 긴 시간의 열정과 가공을 통하여 완성되는 것처럼, 재능 있는 사람도 오랫동안 각고의 노력과 단련을 통하여 비로소 완성된다는 것이다. 위의 성어가 처음으로 나타난 문헌은 노자(老子)인데, 여기서 "대기(大器)"는 우주 또는 노자사상의 중심인 "도(道)"를 말한다. 후에 다른 말로 "대재만성(大才晚成)"이라고도 하였는데, 역시 큰 인물은 결코 하루아침에 이루어지지 않는다는 것이다. 현재 우리 주위에서도 젊은 시절에는 무명으로 살다가 중년이 지난 어느 날 갑자기 혜성처럼 나타난 인물을 종종 볼 수 있다. 그가 성공스토리를 완성하기까지 얼마나 많은 세월을 피와 땀으로 삶을 개척하며 살아왔는지 짐작이나 하겠는가?

대증하약(對症下藥)

중국 동한(東漢) 말년 매우 걸출한 의학가(醫學家)가 있었는데, 사람들은 그를 화타 (華佗)라 불렀다. 그의 의술은 매우 뛰어났고, 더욱이 의도(醫道)와 한약(漢藥) 조제에 정통하여 사람들은 앞다투어 그에게 진료를 받았다. 사람들은 그를 신의(神醫)라 칭송 하였다. 그는 대체로 환자의 상태를 보고 자세히 관찰하여 진단하고, 병의 근원을 찾 아 증세에 맞게 약을 처방하였다.

어느 날 환자 두 명이 그를 찾아와 진료를 청하는데, 한 명은 이연(李延)이라 하고, 다른 한 명은 예심(倪尋)이라 하였다. 그들은 모두 두통과 고열로 시달렸는데 병세가 악화될 때마다 두통이 더욱 심해지고, 열도 더욱 높아졌다.

화타는 그들에게 자세히 증상을 묻고 맥을 짚었다. 그런 연후 신중하게 살펴보고 마침내 그들에게 약 처방을 알려 주자, 두 사람은 기쁜 마음으로 약방으로 달려갔다.

밖으로 나온 지 얼마 지나지 않아 두 사람은 서로 자신의 처방전을 살펴보고 이상 하게 여겼다. 두 사람의 증상이 매우 유사한데 어떻게 약 처방이 다를 수 있단 말인 가? 이연의 처방전은 땀을 내는 약이고, 예심의 처방전은 설사약이었던 것이다. 두 사람은 고개를 갸웃거리고 중얼거리면서 혹시 약을 잘못 처방한 것이 아닐까 하는 의 문에 휩싸였다.

두 사람은 황급히 다시 화타를 찾아갔다. 화타는 그들이 제기한 의문이 무엇인지 알고 웃으면서 말하길, "자네들은 안심하게, 약 처방은 잘못된 것이 없으니! 약은 구 체적인 상황을 파악하여 복용해야 하는데, 자네 두 사람의 증상은 서로 비슷하지만 발병의 원인이 전혀 다르다네. 예심의 병은 몸속에서 음식으로 인하여 일어났지만, 이연의 병은 외부에서 스며든 한기(寒氣) 때문에 생긴 것이네. 발병의 원인이 다르니

약 처방도 당연히 다를 수밖에 없네." 화타의 설명을 들은 두 사람은 모두 고개를 끄덕였다. 그들은 화타에게 사의(謝意)를 표한 뒤 안심하고 약을 복용하였고 금세 완쾌하였다. 이에 다시 화타를 찾아가 고마움을 전하며 "선생께서는 정말로 명성에 어울리는 '신의(神醫)'십니다."라고 하였다.

위의 이야기는 중국 진(晉)나라의 진수(陳壽)가 지은 《삼국지(三國志)》·〈위지(魏志)·화타전(華佗傳)〉에 보인다. 본래의 의미는 서로 다른 병의 증상은 약 처방을 달리 써야 한다는 말로, 어떤 구체적인 상황에 초점을 맞추어 문제를 해결하는 방법을 결정해야 함을 말할 때 쓰인다.

우리는 긴 인생을 살아가며 많은 여러 가지 일에 직면하게 되는데, 종종 문제의 핵심을 벗어나 헛다리 짚는 일이 발생한다. 모든 약은 그 증상에 맞게 사용해야 효과를 볼 수 있고, 그렇지 않을 경우 병세만 악화시킬 뿐이다. 그러나 정확하게 병세를 진단하기는 쉽지 않아 잘못 판단하여 일을 그르칠 때가 많다. 우리가 세상을 바라보는 안목을 키워 문제의 원인을 찾아 그에 따른 처방을 내릴 수 있다면 이야말로 "대증하약"의 능력을 갖춘 것이 아닐까?

도광양회(韜光養晦)

중국 삼국시대 유비(劉備)는 조조(曹操)가 자신을 해칠까 봐 늘 경계를 게을리하지 않았다. 텃밭에 나가 채소를 키우며 조용히 때를 기다리고 있는데, 그의 결의형제인 관우(關羽)와 장비(張飛)는 그 내막을 모르고 "형님, 어찌 천하의 큰일을 마음에 두지 않고 소인들의 일에만 몰두하십니까?"라고 물었다. 이에 유비는 "그것은 두 아우님이 모르는 소리일세."라고 대답하였다. 두 사람은 더 이상 묻지 않고 가 버렸다.

그러던 어느 날 조조는 술자리를 만들어 유비의 야심을 염탐하려 하였다. 유비에게 지금 천하의 영웅은 누가 있느냐고 물으니, 유비는 당시에 세상을 호령하고 있는 몇몇의 이름을 거론하였지만 자신은 언급하지 않았다. 그러자 조조는 조용히 손가락으로 유비를 가리킨 후, 다시 자신을 가리키며, "지금의 천하영웅은 그대와 나 조조뿐이오."라고 말하였다. 이 말을 들은 유비는 크게 놀라 들고 있던 수저를 그만 떨어뜨리고 말았다. 그때 마침 천둥과 번개가 크게 치고 있었다. 유비는 황급히 머리를 숙여 수저를 주우면서, "천둥과 번개에 놀라 수저를 놓쳤네요." 하며 당황해하였다. 이 광경을 본 조조는 "사나이 대장부가 어찌 천둥소리에 놀란단 말이오?"라며 빙그레 웃었다. 그 후 조조는 유비를 천하를 두고 다툴 경쟁 상대로 염두에 두지 않았다.

위의 이야기는 원말명초(元末明初)의 소설가 나관중(羅貫中)이 저술한 《삼국연의(三國演義)》에 실려 있다. 우리에게 《삼국지》로 잘 알려진 《삼국연의》는 동한(東漢) 말년부터 서진(西晉) 초기까지 백 년의 시간 동안 일어난 역사적 사실, 즉 동한 말기의 군웅할거와 위(魏), 오(吳), 촉(蜀)의 대립, 그리고 당시를 호령하였던 삼국 영웅들의 활약을 장회소설(章回小說)의 형식으로 생동감 있게 묘사하였다.

"도광양회"는 "도광(韜光)"과 "양회(養晦)" 두 단어가 결합된 것이다. "도광"은 빛을 거둔다는 의미로, 재능이나 명성을 드러내지 않는 것이다. "양회"는 몸을 숨기고 자신을 수양한다는 뜻으로 물러나 좋은 때를 기다리는 것을 말한다. 따라서 '도광양회'는 뛰어난 재능을 숨기고 어두운 곳에서 때를 기다리며 자신을 갈고닦는 것을 가리키는 것이다.

　　1989년 중국은 등소평(鄧小平)이 주재하는 중앙회의에서 당시의 국제정세를 분석한 후, 첫째 국제정세를 냉정히 관찰할 것, 둘째 우리의 전열을 정비할 것, 셋째 외교 문제에 침착하게 대응할 것을 역설하였다. 이 정책은 '도광양회'를 기조로 한 것으로, 중국은 이를 몇십 년 동안 유지하였다.

도리만천하(桃李滿天下)

당(唐)나라 사람 적인걸(狄仁傑)은 자(字)는 회영(懷英)이고, 태원(太原) 사람이다. 고종(高宗)은 적인걸을 재판과 옥사(獄事)에 관한 일을 담당하는 대리승(大理丞)에 임명하였다. 적인걸은 시비(是非)를 가리기 어려운 많은 사건을 명철한 판단으로 처리하여, 그의 판결에 불만을 갖는 사람이 하나도 없을 정도였다. 고종은 그의 능력을 인정하여 조정의 관리를 감찰하고 탄핵하는 일을 맡아 하는 시어사(侍御史)로 승진시켰다. 적인걸은 이번에도 권세가들의 압박에 굴하지 않고 공정히 법을 집행하여 많은 사람들의 칭송을 받았다. 이후 적인걸은 관직이 나날이 높아져, 무후측천(武后則天)이 통치하던 시기에는 재상(宰相)의 자리까지 올랐다.

그러나 재상이 된 지 4개월 후, 적인걸은 혹리(酷吏) 내준신(來俊臣)의 모함으로 옥에 갇히고 만다. 얼마 지나지 않아 석방이 되었지만 팽택령(彭澤令)으로 폄적되었다. 다시 몇 년 후, 적인걸은 거란족이 무후측천 정권에 불만을 가져 일으킨 반란을 진압하는 데 공을 세워 다시 재상에 임명되었다.

적인걸은 무후측천이 자신의 친족과 장역지(張易之), 장종창(張宗昌) 등과 같은 간악한 무리들을 총애하는 것을 보고 어진 사람을 등용할 것을 주장하였다. 이에 무후측천은 그에게 재상이 될 만한 사람을 추천하라고 하였다. 적인걸은 형주장사(荊州長史) 장간지(張柬之)를 추천하였고, 무후측천은 바로 장간지를 낙주사마(洛州司馬)에 제수하였다. 며칠 후, 무후측천이 다시 재상이 될 만한 사람을 추천하라고 하자 적인걸이 말하였다. "제가 지난번 추천한 장간지를 폐하께서는 아직 등용하지 않으셨습니다." 무후측천이 이미 그를 사마에 임명하였다고 하자 적인걸은 다시 말하길, "제가 추천한 사람은 재상의 자리에 적합한 사람이지 한낱 사마를 지낼 만한 사람이 아닙니다." 무후측천은 적인걸의 말을 듣고 장간지를 추관시랑(秋官侍郞)에 임명하고, 얼마 후 다시 재상으로 승차(陞差)시켰다.

이외에도 적인걸은 환언범(桓彦范), 경휘(敬暉), 두회정(竇懷貞), 요숭(姚嵩) 등을 추천하였고, 무후측천은 이들을 모두 중용하였다. 적인걸이 추천한 사람들이 요직(要職)에 등용된 후에는 조정의 기강이 확립되어 정치적으로 안정되었다.

적인걸은 소수민족의 장수라고 할지라도 능력이 있으면 추천하였다. 예컨대 거란의 장수 이해고(李楷固)와 낙무정(駱務整)은 군사를 이끌고 여러 차례 당나라를 공격하였다. 당나라 군대는 이들에게 패하여 많은 손실을 입었고, 전사한 장수들도 그 수가 적지 않았다. 후일 이들이 패하여 당나라에 투항해 오자 많은 사람들이 이들을 참형에 처할 것을 주장하였다. 그러나 이들의 능력을 높이 평가한 적인걸은 무후측천에게 과거의 일을 용서하고 관용을 베풀면 반드시 충성할 것이라고 주청하였다. 무후측천은 적인걸의 의견을 받아들였고, 과연 이해고는 거란과의 전투에 나가 크게 승리를 거두었다.

적인걸이 어질고 유능한 인재를 천거한 일들은 당시 사회에 매우 큰 영향을 주었다. 어떤 사람이 적인걸을 칭송하여 말하길, "그대는 정말 인재를 아끼는 분입니다. 조정의 문무대신(文武大臣)은 모두 그대가 천거한 사람들입니다. 그들이 모두 요직에 있으니, 뛰어난 문하생들이 천하에 가득한 것과 같습니다."

위의 이야기는 북송시기(北宋時期)의 사마광(司馬光)이 편찬한《자치통감(資治通鑑)》·〈당기(唐紀)·무후구시원년(武后久視元年)〉에 실려 있다. "도리만천하" 중의 "도리(桃李)"는 양성하는 후배나 가르침을 받는 제자를 뜻하는 것으로, 배출한 제자가 많아 천하 각지에 널리 퍼져 있는 것을 의미한다.

《맹자》는 군자가 갖는 세 가지 즐거움 중의 하나가 "천하의 영재를 얻어 가르치는 것"이라고 하였다. 자신이 가르친 후학이 성장하여 세상을 움직일 수 있다는 사실은 매우 보람되고 기쁜 일이다. 교육은 인류의 존속을 위해 반드시 필요한 일이기에 가르치는 자도 배우는 자도 진지한 자세로 임하면 반드시 보람된 결과를 얻을 수 있을 것이다.

도청도설(道聽途說)

　명(明)나라 사람 도본준(屠本畯)이 편찬한 소화집(笑話集) 《애자외어(艾子外語)》에는 다음과 같은 이야기가 실려 있다.

　제(齊)나라에 모공(毛空)이라는 사람이 있었다. 그는 근거 없는 말을 듣는 것을 좋아하고, 그런 말을 들으면 다른 사람에게 아주 재미있게 들려주었다. 하루는 애자가 모공을 만났다. 모공은 무슨 비밀인 듯 애자에게 어떤 사람의 오리가 한 번에 백 개의 알을 낳았다고 알려 주었다. 애자는 그 말이 믿어지지 않아 말하였다. "그럴 리가 없소." 그러자 모공은 "아마 두 마리 오리가 낳았을 것이오."라고 다시 말해 주었다.

　애사는 여전히 믿을 수 없다는 표정으로 "절대 그럴 리 없소."라고 대답하였다. 그러자 모공은 다시 말을 바꾸었다. "그렇다면 세 마리 오리가 낳았을 것이오." 애자는 그래도 믿지 않았다. "그것은 열 마리 오리가 낳은 것이오." 마지막에 애자는 확실하다는 어조로 이렇게 말하였다. 하지만 애자는 모공이 처음에 말한 알의 수를 줄이려 하지 않았으므로 당연히 그의 말을 믿을 수 없었다.

　모공은 애자가 믿지 않는 것을 보고 한참 생각하더니 다시 이렇게 말하였다. "지난달 하늘에서 고기 한 덩이가 떨어졌는데 그 길이가 삼십장(三十丈, 약 100미터)이고, 두께는 십장(十丈, 약 33미터)이나 되었소." 애자가 믿지 않자 모공은 급히 말을 바꾸었다. "그렇다면 길이는 이십장(二十丈, 약 66미터)이었을 것이오." 애자가 그래도 믿지 않자 모공은 어찌할 수 없다는 표정으로 말하였다. "그럼 십장(十丈)이라고 합시다."

　애자는 근거 없는 말을 일삼는 모공의 행동을 더 이상 참을 수 없어 화를 내며 말하였다. "세상에 어디 길이와 넓이가 십장(十丈)이나 되는 고기가 있단 말이오? 또 어떻게 고기가 하늘에서 떨어질 수 있소? 그래 그 고기가 어디에 떨어졌소? 당신이 직접 보았소? 방금 말한 그 집은 누구 집이오? 직접 가 보았소?" 모공은 애자가 질문을 퍼부어 대자 당황하여 얼버무리며 말하였다. "이것은 모두 길에서 사람들이 말하는 것을 들은 것이오." 애자는 이 말을 듣고 크게 웃으며 자신의 학생들을 돌아보며 말하였다. "너희는 모공처럼 길에서 들은 말을 전해서는 안 된다."

공자는 길에서 들은 말을 사방에 퍼뜨리는 무책임한 태도는 도덕을 무너뜨리는 것이라고 하였는데, 모공의 이러한 행동은 바로 그 일례(一例)이다.

위의 고사는 《논어(論語)》·〈양화(陽貨)〉편에 보인다. "도청도설"은 길에서 들은 이야기를 다시 길에서 다른 사람에게 전달하는 것, 또는 근거 없이 떠도는 소문을 가리킨다.

사람들은 남의 이야기를 좋아한다. 특히 좋은 말보다는 남을 해칠 수 있는 나쁜 말들이 난무한다. 현대 사회는 소문을 전달하는 매개가 매우 다양한데, 흔히 SNS(Social Network Service—사회 관계망 서비스)라 불리는 웹상에서 지인들과 인맥을 강화하고, 새로운 사람을 만나 인맥을 넓히며 많은 정보를 공유한다.

우리말 속담에 "발 없는 말이 천 리 간다."라고 하였듯 말은 순식간에 퍼지는 것이니, 늘 말을 삼가야 한다. 말은 누군가를 격려하고 용기를 줄 수 있지만 비수(匕首)가 들어 있는 말은 남을 해칠 뿐만 아니라, 자신도 그 피해를 입을 수 있다는 사실을 알아야 한다.

동감공고(同甘共苦)

전국시기(戰國時期), 연(燕)나라 소왕(昭王)은 능력도 뛰어날 뿐 아니라 선량하고 인자한 사람이었다. 그러나 그의 아버지 연왕쾌(燕王噲)는 어진 신하를 멀리하고 간신을 가까이하여 하마터면 제(齊)나라에 멸망당할 뻔하였다.

소왕은 즉위한 후, 연나라가 제나라에게 멸망당할 뻔했던 일이 나라의 수치라고 생각하여 원수를 갚을 결심을 하였다. 그러나 당시 연나라의 상황은 망하기 일보 직전이었으므로 그동안 방치되었던 급한 사항부터 우선 처리해야 하였다. 이에 소왕은 먼저 국력을 키워야겠다고 생각했지만, 무엇부터 손을 대야 할지 도무지 알 수 없었다.

어느 날 소왕은 곽외(郭隗)가 계책도 많고 재주도 비상하다는 말을 듣고, 즉시 그에게 와 줄 것을 부탁하였다. 소왕은 곽외에게 이렇게 가르침을 청하였다. "나는 우선 연나라를 부강하게 만든 다음 제나라를 공격하여 과거의 치욕을 씻고 싶소. 선생께서는 연나라를 부강하게 만들 무슨 좋은 계책이 있으신지 모르겠소?"

곽외가 대답하길, "인재를 모으는 것이 나라를 부강하게 만드는 관건입니다. 대왕께서는 우선 인재를 중시하는 마음을 가져 어진 사람 구하기를 목마른 듯이 하고, 친소(親疏)를 불문하고 인격과 능력을 갖춘 사람만 임용하는 명철한 군주가 되셔야 합니다. 그러면 그들이 왕을 위해 기꺼이 좋은 계책을 낼 것입니다."

소왕이 다시 물었다. "그렇다면 내가 어떤 사람을 청해야겠소?"

곽외가 대답하였다. "먼저 저처럼 평범한 능력을 가진 사람부터 써 보십시오. 저 같은 보통 사람도 등용되는 것을 보면, 천하의 인재들은 분명 먼 길을 마다하지 않고 대왕께 달려올 것입니다."

소왕은 곽외의 말이 일리가 있다고 생각하여 그를 스승으로 삼았다. 또한 곽외를 위해 아름다운 집을 지어 의식 걱정 없이 편안히 살게 해 주었다. 이 소문이 퍼져 나가자 과연 악의(樂毅), 추연(鄒衍), 극신(劇辛) 같은 사람들이 하나둘 연나라로 와 소왕을 위해 힘을 다하였다.

소왕은 기뻐하며 이들에게 중임을 맡겼다. 그뿐만 아니라 그들에게 항상 관심을 가져, 누구 집에 애경사가 있으면 반드시 친히 갈 정도로 살뜰히 대하였다. 오래지 않아 연나라에는 천하의 뛰어난 문신(文臣)과 무장들이 구름처럼 모여들었다.

소왕은 백성들에게도 자애로운 군주였다. 백성들이 기뻐하면 함께 기뻐하고, 백성들이 흉년으로 고통받으면 즉시 나라의 창고를 열어 그들을 구제하였다. 백성들은 그를 믿고 따르며 높이 떠받들었다. 그가 이렇게 백성들과 기쁨과 고난을 함께한 지 28년이 되었을 무렵, 연나라는 마침내 강국이 되었다.

이에 소왕은 원수를 갚을 때가 되었다고 생각하여 악의를 상장군(上將軍)에 임명하고, 진(秦), 초(楚), 한(韓), 위(魏), 조(趙)나라와 함께 제나라를 공격하자, 제나라는 대패하였고 그 나라 왕도 놀라 도망치고 말았다.

위의 이야기는 유향(劉向)의 《전국책(戰國策)》·〈연책일(燕策一)〉에 실려 있다. "동감공고"는 행복을 함께 누리고, 고난도 함께 짊어진다는 말로, 우리말 "동고동락(同苦同樂)"과 같은 의미를 담고 있다. 옛날 봉건시대 많은 군주들은 자신들은 향락과 사치에 빠져 있으면서, 백성들에게는 오직 충성과 부역만을 강요해 왔다. 그러나 어질고 현명한 군주는 늘 백성을 하늘처럼 여겨 "민심은 곧 천심(天心)"이라는 사상을 가지고 통치해 왔다. 그런 시대를 역사는 태평성대(太平聖代)로 기록하고 있으며, 훗날 많은 제왕들의 이상적인 통치 이념으로 삼았다.

우리 사회는 혈연과 지연으로 맺어진 사람들로 구성된 집단이기에 늘 "동감공고"의 책임과 의무를 지며 함께 살아가야 한다.

동병상련(同病相憐)

춘추(春秋) 말엽, 초(楚)나라 평왕(平王)이 비무극(費無極)의 참언을 믿고 태자 건(建)과 태부(太傅) 오사(伍奢)에게 벌을 내리려고 하자, 태자 건은 이를 알고 식구를 모두 데리고 달아났다. 오사에게는 오상(伍尙)과 오원(伍員)이라는 두 아들이 있는데, 당시 모두 외지에 나가 있었다. 평왕은 이들을 모두 죽일 생각으로 속임수를 써 오사에게 두 아들을 불러들이게 하였다. 오사는 자세한 상황을 모르고 두 아들에게 돌아오라는 편지를 썼다. 오상은 편지를 받고 초나라 도성으로 돌아와 오사와 함께 죽임을 당하였지만, 오원은 돌아오지 않고 멀리 달아나버렸다.

오원은 바로 오자서(伍子胥)이다. 오자서는 후에 오(吳)나라로 도망가 공자(公子) 광(光)의 신임을 얻어 그가 왕이 되는 데 큰 역할을 하였다. 광은 후일 오나라의 합려(闔閭)이다. 그는 즉위한 후 오자서를 중용하여 국가의 대사를 관장하게 하였다.

몇 년 후, 초나라의 또 다른 신하 극완(郤宛)도 간신들의 참언으로 일가족이 몰살 당하였다. 극완에게는 백비(伯嚭)라는 친척이 있었는데, 백비는 어려서부터 극완의 집에서 성장하여 그에게 깊은 애정이 있었다. 백비는 다행히 도망쳐 나와, 오자서가 오나라에서 높은 자리에 있다는 얘기를 듣고 그를 찾아갔다.

오자서는 백비의 처지가 과거의 자신과 아주 흡사하다고 생각하여 그에게 잘 대해 주었고 합려에게 추천하였다. 어떤 사람이 오자서가 적극적으로 백비를 돕는 것을 보고 이렇게 물었다. "백비는 이제 막 이곳에 온 사람입니다. 그 사람됨이 어떠한지도 잘 모르면서, 어찌 그를 그리 신임하십니까?"

오자서는 답하기를, "그와 나에게는 같은 원수가 있기 때문이오. 속담에 '같은 병이 있는 자는 서로를 불쌍히 여기고, 같은 근심이 있는 자는 서로를 도와야 한다.'라고 하였소. 그와 나는 같은 처지이니 마땅히 도와야지요."

합려는 오자서의 체면을 고려하여 백비를 거두고 벼슬까지 내렸다.

위의 이야기는 동한(東漢)시기 조엽(趙曄)이 지은 《오월춘추(吳越春秋)》·〈합려내전(闔閭內傳)〉에 실려 있다. "동병상련"은 같은 병이 든 사람이나 불행한 처지에 이른 사람끼리 서로 가엾게 여긴다는 뜻이다. 서로가 처한 사정이 유사하다 보니, 쉽게 동정하고 아픔을 함께 나눌 수 있기 때문이다.

인간이 심리적으로 가장 취약할 때가 병석에 누워 있거나 매우 어려운 상황에 놓여 있을 때다. 이럴 때 누군가가 동정의 손길을 내민다면 쉽게 잡게 되는데, 이는 서로의 고통을 잘 알고 있기 때문이다.

사람들 사이에는 아주 작은 일로 종종 다툼이 일어난다. 서로 자기 의견만 내세우고 상대방의 이야기는 들으려 하지 않기 때문이다. 남이 처한 상황을 내가 그 입장을 바꾸어 생각한다면 문제를 쉽게 해결할 수도 있을 것이다.

동산재기(東山再起)

사안(謝安)은 동진(東晉)시기 사람으로 젊은 시절부터 청담(淸談)으로 이름이 났다. 처음 벼슬길에 나선 지 한 달여가 지난 후 바로 사직하고, 이후에는 회계군(會稽郡) 산음현(山陰縣)에 있는 동산(東山)에 은거하였다. 당시 그는 사씨(謝氏) 집안 자제들의 교육을 담당하는 중요한 임무를 맡았지만, 평소 왕희지(王羲之), 손작(孫綽) 등과 함께 산수를 유람하며 시를 짓고 그림을 그리는 것으로 많은 시간을 보냈다. 조정에서 여러 차례 관직을 내리려 하였지만 매번 거절하였다. 사람들은 그가 산에서 나와 세상을 위해 일하지 않는 것을 매우 안타깝게 생각하였다.

사안은 나이 40세가 되었을 때 비로소 동산에서 나와 벼슬을 하였다. 그는 기백이 넘치고 도량이 넓을 뿐 아니라 냉철한 판단력을 지녀, 설령 목숨이 위험한 상황에 처한다 해도 전혀 동요하지 않고 평소처럼 태연하게 대처하였다. 다음의 두 가지 일화는 그의 이러한 면모를 잘 보여 준다.

어느 날, 사안은 은사(隱士) 손작과 함께 바다로 유람을 갔는데 홀연 거센 풍랑이 일어 배가 심하게 출렁거렸다. 배 안의 사람들은 모두 배가 뒤집힐까 봐 새파랗게 질려 두려움에 벌벌 떨었지만, 사안은 꿈적도 하지 않고 그대로 앉아 여전히 시를 지으며 술을 마셨다. 배 안에 있던 사람들은 그의 침착한 모습에 존경을 금할 수 없었다.

동진의 문제(文帝)가 병으로 죽자, 권신(權臣) 환온(桓溫)이 왕위를 찬탈할 음모를 꾸몄다. 환온은 지금의 강소성(江蘇省) 남경(南京) 서쪽에 지어진 신정(新亭)이라는 군막(軍幕)에서 술자리를 마련하고 왕탄지(王坦之)와 사안을 초대하였는데, 사실 이는 이들을 죽일 목적으로 준비한 '홍문(鴻門)의 연회'였다.

환온은 미리 휘장 뒤에 사람을 매복시켰다. 왕탄지는 칼을 든 사람이 갑자기 자신을 찌르려 하자 놀라 혼비백산하였다. 그러나 사안은 전혀 놀라는 기색 없이 왕탄지를 향해 이렇게 말했다. "동진(東晋) 왕조의 존망(存亡)이 이 회견(會見)에 달려 있습니다."

왕탄지는 놀라 식은땀이 나고 낯빛이 새하얘졌지만, 사안은 여전히 술을 마시며 대화를 이어갔을 뿐 아니라, 넌지시 의도적인 말로 환온이 잘못을 깨닫도록 하여, 결국 환온은 반란을 도모하려던 생각을 접었다.

사안은 이런 일이 있은 후 더욱 그 능력을 인정받아 재상의 자리까지 올랐다. 후에 전진(前秦)의 백만 대군이 동진을 공격했을 때, 총지휘관이었던 사안은 비수(淝水)의 전투에서 팔만의 군사로 그들을 크게 무질렀다. 이후 동진은 몇십 년 동안 평온을 유지할 수 있었다.

위의 이야기는 당대(唐代)의 방현령(房玄齡) 등이 지은 《진서(晉書)》·〈사안전(謝安傳)〉에 보인다. "동산재기"란 은퇴 후 다시 나와 어떤 요직을 맡거나 실패한 후 재기하여 다시 세상에 나오는 것을 말한다.

우리는 어떤 일에 도전하더라도 성공보다는 실패할 확률이 더 높다. 때로는 실패가 주는 교훈이 성공했을 때보다 더 클 때도 있는 것은, 값진 실패가 달콤하고 좋은 열매를 가져다주기 때문이다. 옛 성현들의 삶의 궤적을 찾아보면 많은 고난과 역경을 극복하고 마지막 인생 말년에 화려한 꽃을 피웠던 분들이 의외로 많다. 우리는 푸시킨의 말처럼, "삶이 그대를 속일지라도 결코 슬퍼하거나 노여워하지 말아야" 할 것이다.

동시효빈(東施效顰)

춘추(春秋) 말기 오(吳)나라와 월(越)나라가 패권을 다투었다. 오왕(吳王) 부차(夫差)는 즉위하자마자 오자서(伍子胥)를 대장군에 임명하고 월나라를 공격하였다. 오자서는 일거에 월나라를 정복하고 월왕(越王) 구천(勾踐)을 생포하였다. 구천은 부차의 측근에게 뇌물을 주어 자신이 다시 월나라로 돌아갈 수 있도록 부차를 설득해 줄 것을 부탁하였다. 결국 구천은 무사히 월나라로 돌아가게 되었고, 그는 망국의 왕이 되어 당한 굴욕을 되새기며 설욕(雪辱)을 다짐하였다. 그러나 자신의 이러한 속내를 전혀 드러내지 않고 부차를 걸려들게 할 속임수를 궁리하였다.

구천은 부차가 미색(美色)을 좋아한다는 사실을 알고 예쁜 여자들을 바쳤다. 이로써 부차는 점차 월나라에 대한 경계를 늦추었다. 한편 구천은 각지로 사람을 보내어 미인을 찾아오게 하였는데, 얼마 지나지 않아 어떤 사람이 서시(西施)라는 예쁜 여자를 데려왔다. 그녀의 일거수일투족에 사람들은 감탄을 금치 못하였다. 구천 역시 그녀의 미모에 마음이 움직였다. 구천은 부차가 서시의 모습을 보면 분명 반할 것이라고 확신하였다. 이렇게 아름다운 여인을 보내야 한다는 사실이 매우 마음 아팠지만 구천은 자신의 목적을 이루기 위해 서시를 부차에게 바쳤다.

특수한 정치적 사명을 띠고 오나라에 온 서시는 부차의 총애를 얻기 위해 온갖 노력을 기울였다. 결국 부차는 서시에게 빠져 정사를 등한시하고 온종일 향락을 즐겼다. 마침내 오나라는 월나라의 공격으로 멸망하고 만다. 오나라가 망한 후 서시는 구천의 모신(謀臣) 범려(范蠡)와 함께 떠나 생을 마쳤다고 전해진다.

서시가 구천에게 발탁되고, 부차가 향락에 빠져 정사를 돌보지 않도록 만들 수 있었던 것은 모두 그녀의 뛰어난 외모 때문이다. 당시 서시를 한 번 본 사람은 남녀노

소를 불문하고 그 아름다움에 넋을 잃었다. 이로써 후일 서시는 예쁜 여자를 가리키는 대명사가 되었다.

아내가 사랑스러우면 처갓집 말뚝에 대고 절을 한다는 말이 있듯이, 사람들은 서시가 병으로 아파 얼굴 찡그리는 모습까지도 아름답다고 생각하였다. 서시는 가슴에 병이 있어 증상이 나타나면 가슴을 움켜쥐고 미간을 찡그렸다고 한다. 이웃에 사는 못생긴 동시(東施)라는 여자가 그 모습을 보고 아름답다고 생각하여 흉내를 내었다. 그러나 사람들은 못생긴 여자가 가슴을 움켜쥐고 얼굴을 찡그리는 추한 모습에 모두 놀라 달아나버렸다. 동시효빈(東施效顰)은 바로 여기에서 생겨난 말이다.

위의 이야기는 《장자(莊子)》·〈천운(天運)〉에 보인다. "동시효빈"은 본래 추녀(醜女)가 미인을 모방한다는 의미지만, 후에는 맹목적인 모방은 오히려 손해를 본다는 의미로 사용되었다. 또한 가끔 겸양의 뜻으로 자신의 자질이 매우 둔하고 어리석어 다른 사람의 장점을 배웠지만 제대로 익히지 못하였다는 것을 표현하기도 한다.

"동시효빈"은 일상생활에서 흔히 볼 수 있다. 남들이 입은 멋진 의복, 몸에 걸친 다양한 장신구 등은 매우 화려하여 사람들의 이목을 끌기에 충분하다. 그러나 나에게 맞지 않은 의복이나 장신구는 오히려 본래의 나를 잃게 하기에 모든 것은 나에게 맞는 것을 선택하여야 한다. 외적인 아름다움을 추구하기보다는, 지식을 쌓아 포부를 이루고, 시비(是非)와 선악(善惡)을 가려 처신한다면 행복하고 건강한 삶을 누릴 수 있을 것이다.

동식서숙(東食西宿)

옛날 중국 전국시대(戰國時代) 제(齊)나라에 예쁜 딸을 가진 사람이 살고 있었는데, 어느 날 각기 다른 두 집안에서 며느리로 삼고자 그녀의 집으로 중매쟁이를 보내 청혼하였다. 동쪽에 살고 있는 젊은 청년은 추남이었지만 집안이 매우 부유하였으며, 서쪽에 살고 있는 젊은 청년은 준수한 미남이었지만 집안이 몹시 가난하였다.

부모는 결정하기가 어려워 딸아이에게 의향을 묻고 스스로 그 두 청년 중에서 배우자를 선택하도록 했다. 그 방법으로 그녀에게 "만약 네가 입을 열기가 곤란하면 말로 하지 말고 한쪽 어깨를 드러내 주면 우리는 너의 뜻을 알 수 있을 게다."라고 했다. 잠시 후에 딸아이는 양쪽 어깨를 모두 드러내었다.

이를 본 부모가 이상하게 여겨 그 이유를 묻자 딸이 대답하기를 "밥은 동쪽 집에서 먹고, 잠은 서쪽 집에 가서 자고 싶습니다."

위의 이야기는 동한시기(東漢時期) 응소(應劭)가 지은 《풍속통(風俗通)》·〈양단(兩袒)〉편에 기록되어 있고, 다른 말로는 "서식동면(西食東眠)"이라고 한다. 우리 나라에서는 "동가숙서가식(東家宿西家食)"이라는 말로 잘 알려져 있다. 이는 타인에게서 내게 이로운 것만 취한다는 의미로, 오로지 이익만을 쫓는 세태의 단면을 표현하고 있다.

사람들은 누구나 자신의 이익을 위해 살아가지만 거기에 지나치게 집착하면 문제를 실제에 맞게 해결할 수 없을 뿐만 아니라, 주위 사람들의 지탄을 면치 못할 것이며, 끝내는 자신의 인생에 씻을 수 없는 오점을 남기게 될 것이다.

동주공제(同舟共濟)

춘추(春秋)시기의 군사 전략가 손무(孫武)는 자가 장경(長卿)이고, 후세에는 손자(孫子), 손무자(孫武子), 병성(兵聖), 병가(兵家)의 영원한 스승, 병학(兵學)의 비조(鼻祖) 등으로 불리었다. 그는 전쟁에서 한 번도 패배한 적이 없다. 예컨대 오자서(伍子胥)와 함께 오(吳)나라 군대를 이끌고 초(楚)나라와 전쟁을 벌였는데 다섯 번 싸워 다섯 번 모두 이기고, 6만의 병사로 초나라 20만 대군을 무찔러 그 수도를 빼앗았다. 그가 지은 《손자병법(孫子兵法)》 13편은 병법가들에게 '병학의 경전'으로 추존되었다.

한번은 어떤 이가 손무에게 물었다. "어떻게 포진(布陣)해야만 적에게 패하지 않을 수 있습니까?" 그러자 손무가 대답하길, "만약 그대가 뱀의 머리를 치면, 뱀은 꼬리로 반격할 것입니다. 뱀의 꼬리를 치면, 뱀은 머리로 공격할 것입니다. 뱀의 몸통을 치면, 뱀은 머리와 꼬리를 함께 사용하여 칠 것입니다. 그러므로 포진에 뛰어난 장수는 뱀처럼 진형(陣形)을 짭니다. 머리와 꼬리가 서로 일체를 이루고, 전(前) · 중(中) · 후(後)가 서로 호응하여만 적의 공격에 무너지지 않습니다."

그 사람은 손무의 말을 듣고 전쟁에서 이기려면 반드시 뱀의 형태로 진형을 짜야 함을 알았다. 그러나 또 한 가지 의문이 생겨 물었다. "병사들이 뱀의 머리와 꼬리처럼 호응할 수 있을까요?" 손무가 말하길, "이것은 걱정할 필요 없습니다. 전쟁의 승패는 생사를 가르는 것이기에, 병사들은 단결하지 않을 수 없습니다. 예를 들어 어떤 두 사람이 평소에는 서로를 죽일 듯이 미워하지만, 함께 같은 배를 타고 강을 건너다 풍랑으로 목숨이 위태로운 지경이 되면 지난날의 원한은 모두 잊고 합심하여 배가 뒤집어지지 않도록 힘을 씁니다. 위급한 상황이 되면 원수마저도 함께 배를 타고 건너갈 수 있는데, 하물며 아무런 원한이 없고 평소 형제처럼 생각하는 병사들이야 어떠하겠습니까? 병사들은 분명 일체가 되어 뱀의 머리와 꼬리처럼 서로를 도울 수 있을 것입니다."

그 사람은 손무의 말이 매우 타당하다고 생각하여 더욱 그를 존경하게 되었다.

위의 이야기는 《손자(孫子)》·〈구지(九地)〉편에 나온다. "동주공제"는 함께 배를 타고 강을 건넌다는 뜻으로, 어려운 환경 속에서 한마음 한뜻으로 협력하여 어려움을 극복한다는 것을 비유한다.

전쟁이란 극한 상황 속에는 한마음 한뜻이 되지 않으면 승리하기 어렵다. 비단 전쟁뿐만 아니라 사회생활도 공동으로 이루어진 일들이 매우 많아, 혼자 독불장군(獨不將軍)이 되어 모든 것을 처리할 수는 없다. 누군가가 내 도움이 필요하듯, 나 또한 누군가의 도움을 받아야 할 때가 있다. 그래서 세상은 더불어 살아야 하는 것이다.

마저성침(磨杵成針)

이백(李白)은 당(唐)나라의 낭만주의 시인으로, 감숙(甘肅) 농서(隴西) 성기(成紀) 사람이다. 다섯 살 때, 아버지를 따라 사천(四川)의 창릉(昌隆)으로 이주하였다. 이백은 아버지가 돈이 많은 상인이어서 부유한 환경에서 성장할 수 있었다. 그는 타고난 자질은 매우 뛰어났으나 어려서부터 칼이나 창 등의 잡기(雜技)를 익히는 것을 좋아하여 공부를 게을리하였다.

어느 날 이백은 책을 읽다가 지루한 생각이 들어 밖으로 놀러 나갔다. 그는 작은 개울가에서 한 할머니를 만났는데, 그 할머니는 쇠막대 하나를 들고 힘껏 돌에 갈고 있었다. 이백은 이상하게 생각되어 물었다. "할머니, 지금 무엇을 하고 계시나요?" 할머니는 고개를 들어 이백을 쳐다보며 말하길, "이것을 갈아 바늘을 만들려고 한단다."

이백은 더욱 괴이하게 느껴져 다시 물었다. "이렇게 두꺼운 쇠막대를 갈아 바늘로 만드는 것이 가능할까요?" 할머니는 웃으면서 말하길, "멈추지 않고 계속 갈면 쇠막대가 점차 가늘어지겠지. 포기하지 않고 끝까지 하면 반드시 바늘을 만들 수 있을 거야. 그렇지 않겠니?"

이백은 할머니의 말을 듣고 큰 깨달음을 얻어 이제부터 공부를 열심히 해야겠다는 결심을 하였다. 훗날 그는 마침내 중국을 대표하는 유명한 시인이 되어 훌륭한 작품을 많이 남겼다.

위의 이야기는 남송시기(南宋時期) 축목(祝穆)이 저술한 《방여승람(方輿勝覽)》·〈미주(眉州)·마침계(磨針溪)〉편에 실려 있다. "마저성침"은 쇠공이를 갈아 바늘로 만든다는 뜻으로, 어떤 어려운 일이라도 굳은 의지를 가지고 부단히 노력한다면 충분히 어려움을 극복하고 좋은 결과를 얻을 수 있다는 말이다.

　쇠공이를 가지고 바늘로 만든다는 일은 오랜 시간 노력해야 가능한 일이다. 어쩌면 거의 불가능에 가까운 일인지 모른다. 그러나 한 사람의 의지가 바다를 메우고 산을 옮길 수 있다는 이야기는 옛날부터 줄곧 전해지고 있다. 실제로 지금은 산을 깎아 집을 짓거나 도로를 만들고, 바다를 메워 옥토로 만들지 않는가? 주어진 목표를 향해 분발하고 최선을 다한다면 반드시 그 목표를 달성할 수 있을 것이다.

만성풍우(滿城風雨)

  북송(北宋)의 시인 사무일(謝無逸)과 반대림(潘大臨)은 서로 뜻이 잘 통하는 친구이지만, 각기 강서(江西) 임천(臨川)과 호북(湖北) 황주(黃州)에 떨어져 있기 때문에 서신을 왕래하며 우정을 나눌 수밖에 없었다.

  한번은 사무일이 반대림에게 안부를 묻는 편지에서 근래 새로 지은 시가 있으면 자신에게 보여 줄 것을 청하였다.

  사무일의 편지를 받은 반대림은 반가워하며 즉시 이러한 답신을 보냈다. "지금은 하늘이 맑고 날씨가 쾌청하여 어떤 경물을 보아도 절로 감흥이 일지만, 아쉽게도 마음을 심란하게 하는 속된 일들이 흥취를 방해한다네. 어제 한가로이 침대에 누워 있는데, 창밖에서 간간이 풍랑 소리와 가을 숲을 적시는 빗소리가 들려오더군. 이에 갑자기 시흥(詩興)이 몰려와 일어나, 하얀 벽에 '성에 비바람 소리 가득하니 중양절 가까워지고(滿城風雨近重陽)'라고 적었네. 그런데 바로 그때 세금을 독촉하러 사람이 오는 바람에 흥이 완전히 깨지고 말았어. 그래서 자네에게 이 한 구절만 올릴 수밖에 없게 되었네."

  후에 반대림은 가난과 병 때문에 먼저 세상을 떠났다. 사무일은 이를 매우 애통해하며 '만성풍우근중양(滿城風雨近重陽)'이라는 구절을 이용해 〈보망우반대림시(補亡友潘大臨詩)〉를 지었는데, 그 내용은 다음과 같다.

    성에 비바람 소리 가득하니 중양절 가까워지고,
    노란 국화 향기 사람의 마음 더욱 어지럽히네.
    안개 속 부서지는 사나운 파도에 어렴풋한 적벽,
    서쪽 바라보니 더욱 반대림이 그리워지네.

滿城風雨近重陽, 無奈黃花惱意香.
雪浪翻天迷赤壁, 令人西望億潘郞.

　가을비 내리는 날의 쓸쓸한 정경(情景)을 생동적으로 묘사한 '만성풍우근중양(滿城風雨近重陽)'은 비록 미완성이지만 인구에 회자되는 명구(名句)가 되었다. 만성풍우(滿城風雨)라는 성어는 이로부터 비롯되었다.

　위의 고사는 북송(北宋)의 시인 반대림(潘大臨)이 지은 미완성 작품에 관한 내용으로, 당시의 승려 혜홍(惠洪)이 지은 《냉재야화(冷齋夜話)》에 실려 있다. "만성풍우"는 본래 온 성안에 비바람 소리가 가득하다는 의미로, 중양절 전날의 비 오는 정경을 묘사한 것이다. 후에는 어떤 일이 널리 퍼져 나가 의견이 분분하여 시끌벅적함을 일컫는 것으로 사용되었다.
　사람들은 좋은 일보다 좋지 않은 일에 더 관심을 가지며, 그 일에 자신들의 의견을 내놓는다. 물론 진심으로 당사자에게 위로하는 사람도 있으나, 어떤 사람들은 마음속으로 은근히 고소해하며 시비에 가담한다. 아마도 주위 사람들과의 화젯거리로 이만큼 재미있는 일이 없기 때문일 것이다. 그러나 주관도 없이 시비를 논하는 것은 부화뇌동일 뿐이다.

망매지갈(望梅止渴)

삼국(三國)시기의 유명한 정치가 조조(曹操)는 용병(用兵) 과정에서 나타나는 문제를 잘 해결하기로 유명하다. 어느 해 조조는 대군을 이끌고 행군하고 있었다. 그러나 시간이 오래 지났는데도 우물이 나오지 않아 병사들은 갈증을 참으며 행군할 수밖에 없었다. 정오가 되자 햇볕은 견디기 힘들 정도로 따가웠다. 무거운 무기를 짊어진 병사들의 몸은 온통 땀으로 범벅이 되어 그야말로 한 발자국도 뗄 수 없는 지경에 이르렀다.

조조는 마른 입술만 핥으며 걸어가는 병사들의 모습을 바라보고 마음이 초조해졌다. 그는 길을 안내하는 사람을 불러 부근에 우물이 있는지 물었지만 부정적인 대답만 들었다. 조조는 병사들을 잠시 쉬게 한 다음, 각기 다른 방향으로 사람들을 파견해 우물을 찾아보게 하였다.

한참이 지나고 우물을 찾으러 나간 사람들이 모두 울상을 하고 돌아왔다. 빈 물통만 들고 돌아온 그들은 조조에게 그곳은 황무지라서 물줄기를 찾는 것 자체가 불가능하다고 보고하였다.

조조는 사태의 심각성을 알고 그곳에 오래 머무를 수 없다고 판단하였다. 그러곤 그는 기지를 발휘해 큰 소리로 물이 있다고 외쳤다. 병사들은 물이 있다는 소리를 듣고 전부 일어나 물이 어디 있느냐고 물었다.

조조는 앞을 가리키며 "이 길은 내가 예전에 와 본 곳인데, 멀지 않은 곳에 넓은 매화 숲이 있다. 그곳은 매실이 많이 달릴 뿐 아니라 열매가 크기 때문에 갈증을 해소할 수 있을 것이다. 그러니 빨리 걸어가도록 하여라."라고 독려하였다.

병사들은 매실 얘기만 듣고도 입에 침이 고이면서, 그렇게 목마르다는 생각이 들지 않았다. 조조는 병사를 이끌고 계속해서 행군하였다. 어느 정도 시간이 흐른 후, 조조의 군대는 마침내 그 지역을 벗어나 우물이 있는 곳에 이르렀고, 그들은 실컷 물을 마시고 행군을 계속하였다.

위의 이야기는 남조(南朝) 유송(劉宋)의 유의경(劉義慶)이 지은 《세설신어(世說新語)》·〈가휼(假譎)〉편에 실려 있다. "망매지갈"은 매실이 신맛을 내기 때문에 사람이 먹는다는 생각을 하게 되면 침이 저절로 돌아 갈증을 없애 준다는 의미이다. 후에는 실현 가능성이 없는 헛된 상상으로 자기 자신을 위로한다는 것을 비유하였다.

조조는 삼국시대 걸출한 군사가(軍事家)이며 정치가이다. 군사들을 이끌고 행군 중에 나타난 갈증을 해소하기 위해 언급한 매실은 잠시나마 군사들을 위로해 준다. 이처럼 어려운 상황에서 슬기롭게 대처한 임기응변은 그의 지혜로운 한 단면을 보여 준다.

망양보뢰(亡羊補牢)

옛날 중국 전국시대(戰國時代) 초(楚)나라에 장신(莊辛)이라는 사람이 있었는데, 어느 날 초양왕(楚襄王)에게 말하길, "대왕의 왼쪽에는 총애를 받는 주후(州侯)가 있고, 오른쪽에는 하후(夏侯)가 있으며, 수레 뒤쪽에는 언릉군(鄢陵君)과 수릉군(壽陵君)이 따르는데, 지나치게 사치스럽고 황음무도(荒淫無道)하여 정치를 돌보지 않으니, 초나라는 곧 망하게 될 것입니다."

그러자 초양왕(楚襄王)이 말하길, "경(卿)은 노망이 들었구려! 어찌 우리 초나라가 망한다고 말하는가?" 장신은 대답하길, "신(臣)이 보기에는 반드시 그러합니다. 결코 일부러 저주의 말을 하는 게 아닙니다. 만약 대왕께서 늘 이 네 사람을 총애하신다면, 우리 초나라는 망하지 않을 수 없습니다. 신은 잠시 조(趙)나라로 피해 있다가 그 때를 지켜볼 것입니다." 장신이 조나라로 피신한 지 다섯 달이 못 되어, 진(秦)나라는 단번에 초나라의 수도인 영(郢)을 비롯한 여러 지역을 점령하였다. 초양왕은 제(齊)나라 성양(城陽) 지역으로 피신해 있으면서 수레를 조나라로 보내 장신을 데려오게 했다. 장신이 오자, 초양왕은 "과인(寡人)이 그대의 말을 듣지 않았다가 오늘과 같은 비참한 상황에 처하였구려, 어찌하면 좋겠는가?"라고 하였다.

장신은 대답하길, "신은 일찍이 이런 속담을 들어 본 적이 있습니다. 토끼를 보면 눈짓으로 사냥개를 시켜 잡게 해도 늦지 않고, 양을 잃은 다음에도 양의 우리를 고치면 늦지 않다고 들었습니다. 또한 신이 듣기에 상(商)나라 탕왕(湯王)이나 주(周)나라 무왕(武王)은 모두 겨우 백 리밖에 안 되는 땅을 가지고 나라를 크게 융성하게 하였지만, 하(夏)나라 걸왕(桀王)이나 상(商)나라 주왕(紂王)은 드넓은 천하를 가지고 있으면서도 결국 폭정으로 나라를 잃고 말았습니다. 지금 초나라는 비록 작지만 아직 수

천 리나 되는데 어찌 백 리 정도의 나라와 견줄 수 있겠습니까?"

위의 이야기는 《전국책(戰國策)》·〈초사(楚四)〉 편에 보이는 것으로 다른 말로는 "보뢰망양(補牢亡羊)"이라고도 하며, 어떤 일을 실패한 다음 바로 만회할 수 있다는 의미로 사용되나, 우리말에서는 한번 실패한 일은 영원히 돌이킬 수 없음을 나타낸다. 우리말 속담에 있는 "소 잃고 외양간 고치기", "사후 약방문(死後藥方文)" 등이 같은 의미로 사용되고 있다.

목동이 양 한 마리를 늑대에게 잃었는데도 울타리를 고치지 않는다면 나머지 양들까지 안심할 수 없는 것이다. 우리는 일상생활에서 종종 부딪치는 다양한 문제들을 그냥 둘 수 없으며, 빨리 그 원인을 찾아 고치고자 노력한다면 목동의 경우처럼 두 번 다시 양을 잃는 일은 없을 것이다.

명락손산(名落孫山)

옛날 손산(孫山)이라는 선비가 과거에 응시하기 위해 서울에 가려고 하였는데, 그에게는 말을 아주 재미있게 하는 재주가 있었다. 길을 떠나는 날, 마을의 한 노인이 그를 찾아와 자신의 아들 역시 과거를 보러 서울에 간다며 함께 가 줄 것을 청하였다. 손산은 길동무 삼아 함께 가면 좋을 것도 같아 흔쾌히 승낙하였다.

두 사람은 무사히 서울에 도착해 과거를 보았고 함께 결과를 기다렸다. 합격자 발표가 있는 날, 손산은 긴장하며 이름을 붙인 방(榜) 앞으로 다가갔다. 그러나 아무리 찾아도 자신의 이름이 보이지 않았다. 크게 실망한 손산은 정신이 아득해져 서 있기가 힘들 정도였다. 그는 마지막으로 한 번 더 살펴보고 그래도 자신의 이름이 보이지 않으면 그 자리를 뜰 생각이었다. 그런데 지금까지 보이지 않던 자신의 이름이 맨 아래에 적혀 있는 것이 보였다. 순간 안도의 한숨이 나오며 긴장이 풀리고, 비로소 얼굴에 웃음이 돌았다. 그때서야 함께 과거를 보러 온 노인의 아들이 생각나 방을 자세히 훑어 보았지만 그의 이름은 찾을 수 없었으니, 낙방한 것이 분명하였다.

손산은 숙소로 돌아와 노인의 아들에게 결과를 알려 주었다. 그는 크게 실망하며 서울에 며칠 더 머무르겠다고 하였다. 그러나 손산은 기쁜 소식을 얼른 가족들에게 알려 주고 싶은 마음에 다음 날 아침 일찍 귀향길에 올랐다.

고향 사람들은 손산이 급제하였다는 소식을 듣고 모두 그의 집을 찾아와 축하 인사를 하였으며, 노인 또한 자신의 아들 소식을 듣기 위해 찾아왔다. 손산은 아들이 합격하지 못했다는 말을 직접적으로 할 수가 없어, 이렇게 시를 읊었다. "합격자 명단 가장 마지막에 내 이름 손산이 있고, 그대의 아들 이름은 손산 뒤에 있네." 아들의 이름이 합격자 명단 마지막에 있는 손산보다 더 뒤에 있다는 것은 불합격하였다는 의미이다. 노인은 이처럼 재주가 있는 손산도 겨우 꼴찌로 합격하였으니 그보다 못한 자신의 아들이 불합격한 것은 당연하다고 여기며 아무 말 없이 자리를 떴다.

위의 고사는 송대(宋代) 범공칭(范公偁)이 지은《과정록(過庭錄)》에 보인다. "명락 손산"은 이름이 손산 뒤에 있다는 의미로 과거에 합격한 사람 중 마지막 명단에 손산 이 있고, 그 뒤는 모두 불합격한 사람들이란 말이다. 따라서 어떤 시험에서 탈락하거 나 또는 어떤 일에 아쉽게 선발되지 못한 것을 비유한다.

우리는 어떤 일을 실천에 옮겨 성공이 눈앞에 왔을 때, 간발의 차이로 아쉽게 실패 하는 경우가 있다. 그럴 때면 탄식하고 아쉬워하며 미련을 내려놓지 못한다. 실패는 누구나 경험하지만, 이를 재기의 발판으로 삼아 성공하는 자는 드물다. 긴 인생살이 에서 실패를 경험하지 않는 사람이 어디 있겠는가?

명찰추호(明察秋毫)

　전국(戰國)시기, 군주(君主)들은 전쟁을 벌여 천하의 패권을 차지하려는 야망을 가졌고, 제(齊)나라 선왕(宣王) 또한 그중 하나였다.

　맹자(孟子)를 만난 선왕은 패자(霸者)인 제나라 환공(桓公)과 진(晋)나라 문공(文公)의 일을 물었다. 하지만 평소 인정(仁政)을 강조해 온 맹자는 선왕의 물음에는 대답하지 않고, 왕도(王道)를 펼치면 천하에 적이 없게 될 것이라고 권하였다. 선왕이 관심을 보이며 왕도에 대해 묻자 맹자가 말하였다. "백성의 생활이 안정되어야 천하를 통일할 수 있습니다. 이리하면 천하의 어떤 힘도 이를 막지 못할 것입니다." 선왕이 물었다. "저 같은 왕도 백성의 생활을 안정되게 할 수 있습니까?" 맹자가 말하였다. "할 수 있습니다." 선왕이 다시 물었다. "무엇을 근거로 제가 할 수 있다고 하시는 것입니까?"

　맹자가 선왕에게 말하였다. "저는 대왕께서 인애(仁愛)의 마음을 베푸신 것을 본 적이 있습니다. 언젠가 요리사가 소 한 마리를 끌고 지나가는데, 왕께서 벌벌 떠는 소의 모습을 보시고 불쌍히 여기는 마음에 소를 양으로 대체하신 적이 있습니다. 이것은 바로 대왕의 어진 마음이 드러난 것입니다. 이와 같은 어진 마음이 있으면 천하를 통일할 수 있습니다. 어떤 자는 소를 양으로 바꾼 것은 대왕께서 인색하기 때문이라고 말하지만, 저는 대왕께서 벌벌 떨며 사지로 향하는 소를 불쌍히 여겨 그리하신 것을 잘 압니다. 하지만 대왕께서 사람들을 탓하실 필요는 없습니다. 그들이 어찌 대왕의 진정(眞情)을 이해할 수 있겠습니까? 그러나 죄 없는 가축이 불쌍해서 그런 것이라면 소와 양은 어떤 차이가 있는 것입니까?"

　맹자가 이어서 말하였다. "만일 어떤 사람이 대왕께 '저는 힘이 세서 무게가 몇천

근이나 되는 물건을 거뜬히 들어 올릴 수 있지만, 깃털 하나는 들어 올리지 못합니다. 저는 가을날 짐승의 몸에 새로 자라난 미세한 털은 똑똑히 볼 수 있지만, 앞에 쌓인 땔감은 보이지 않습니다.'라고 말한다면 믿을 수 있겠습니까?"

선왕이 대답하길, "당연히 믿지 못합니다."

그러자 맹자는 다시 말을 이어 나갔다. "대왕의 어진 마음으로 짐승은 목숨을 구하였지만 백성은 그렇지 못하였습니다. 무슨 이유이겠습니까? 깃털 하나를 들어 올리지 못하는 것은 힘을 쓰지 않은 것이고, 앞에 쌓인 땔감을 보지 못하는 것은 눈으로 보지 않은 것입니다. 백성이 안정된 생활을 하지 못하는 것은 대왕께서 은혜를 베풀지 않았기 때문입니다. 만약 어진 정치를 펼쳐 천하를 통일하려 하지 않는 것은 대왕께서 하지 않으려는 것이지 할 수 없는 것이 아닙니다."

선왕은 맹자의 말에 아무런 대꾸도 하지 못하였다.

위의 이야기는 《맹자(孟子)》·〈양혜왕상(梁惠王上)〉편에 보인다. "명찰추호"는 시력이 매우 좋아 사물의 미세한 부분까지도 자세히 관찰할 수 있다는 것을 뜻하며, 후에는 사람의 통찰력이 매우 뛰어나다는 것을 형용한다.

관찰력은 사람마다 매우 다르다. 짐승 터럭 같은 미세한 사물을 잘 볼 수 있다는 것은 이미 뛰어난 시력을 가진 사람이다. 그러나 마음의 눈 또한 매우 중요하니, 두 눈으로 볼 수 있는 것은 때론 진실이 아닐 수도 있기 때문이다. 우리 일상생활 속에서 일어나는 많은 일들은 두 눈과 마음으로 판단하고 결정해야 한다.

모수자천(毛遂自薦)

중국 전국시대(戰國時代), 조(趙)나라의 재상 평원군(平原君) 조승(趙勝)은 집에 문무를 겸비한 수천 명의 문객(門客)을 거느리고 있었다. 그중 모수(毛遂)라는 식객(食客)이 있었는데, 평원군 문하에 이미 삼 년이나 있었고, 전혀 사람들에게 알려지지 않았다.

기원전 257년 진(秦)나라는 조(趙)나라를 공격하였고, 조나라 수도 한단(邯鄲)은 진나라 군사들에게 포위되어 사태가 매우 긴박하였다. 다급해진 조나라 효성왕(孝成王)은 평원군을 초(楚)나라로 보내어, 초나라 왕을 설득하여 조나라와 함께 진나라의 침략에 대항하고자 하였다.

평원군은 문객 중에서 이십 명을 선발하여 함께 초나라로 가고자 하였으나, 아무리 찾아봐도 겨우 열아홉뿐이었다. 이때 모수가 자리에서 일어나 평원군에게 "제가 나리를 모시고 함께 가겠습니다."라고 하자, 평원군은 대답하길, "이번 초나라 방문은 매우 중요한 임무를 띠고 가는 것이지 놀러 가는 것이 아닙니다. 재능 있는 사람은 여러 사람들 가운데 마치 끝이 날카로운 송곳이 자루 속에 있다가 금세 자루를 뚫고 나오는 것과 같습니다. 그대가 이곳에 머문 지 이미 삼 년이나 되었지만 어떤 일을 특별히 행한 적이 없으니, 그냥 이곳에 남는 것이 좋겠습니다."라고 대답하였다.

그러자 모수는 "저를 나리의 자루에 넣어 주십시오. 저의 날카로움이 빛을 발할 것입니다."라며 간청하였다. 평원군은 그의 의지가 굳게 서 있는 것을 보고 함께 가는 것을 허락하였다.

평원군 일행이 초나라에 도착하자, 초왕(楚王)은 매우 오만하게 굴며, 평원군 한 사람만 궁전으로 들어가 용무를 볼 수 있게 하고, 나머지 일행은 단지 계단 아래서 기다리게 하였다. 평원군은 현재 조나라가 처한 상황과 이해득실을 고려하여 초왕을 설득하려 하였지만 실패하고 말았다. 동행한 열아홉 명 문객들 또한 뾰족한 방법이 없어 초조해하고 있을 때, 모수는 보검(寶劍)을 손에 들고 화살처럼 빠른 걸음으로 계단을 뛰어올라 초왕 앞으로 나아갔다. 초왕은 갑자기 나타난 사람이 매우 화가 나 있는 모습을 보고 크게 놀랐으나, 평원군의 문객인 것을 알고, 곧바로 말하길, "그대는 어서 물러나시오. 난 그대의 주인과 이야기 중인데 그대와 무슨 관계가 있소?"

모수는 조금도 주눅 들지 않고 초왕을 향하여 소리치길, "초나라는 몇백만이나 되는 정예병이 있지만 지난번 전쟁에서 진나라 몇만의 군사에게 대패하여 많은 성(城)과 토지를 빼앗겼습니다. 이 일로 우리 조나라도 큰 부끄러움을 느꼈기 때문에 귀국과 연합하여 진나라에 복수하고자 하는 것입니다."

초왕은 모수의 말이 매우 일리가 있다고 여겼다. 게다가 모수가 보검을 들고 위협을 가하는 처지라 서둘러 동맹을 맺고, 곧바로 군사를 보내어 조나라를 도와 한단에 대한 진나라의 포위를 풀게 하였다.

일을 잘 마무리 지은 후, 평원군은 마음에서 우러나오는 말로 모수를 칭찬하길, "선생은 참으로 놀랍습니다! 세 치의 혀로 능히 백만 대군을 물리쳤으니. 제가 안목이 부족하여 미처 선생을 몰라 뵈었습니다." 이때부터 평원군은 감히 모수를 업신여기지 못하고 늘 상빈(上賓)으로 대접하였다.

위의 고사는 사마천(司馬遷)의 《사기(史記)·평원군우경열전(平原君虞卿列傳)》에 보이는데, "모수자천"은 스스로 용기를 내어 자신을 다른 사람에게 추천하는 것을 말한다. 대부분의 사람은 자기가 어떤 재능이 있어도 쉽게 남에게 드러내지 못한다. 그것은 타인에 대한 배려일 수도 있겠지만 또한 자기 스스로에 대한 용기가 부족해서이기도 하다. 하지만 현재는 과거와 많이 다르다. 물론 때론 자신의 재능이나 능력을 감출 필요가 있겠지만, 그 재능과 능력이 내 이웃이나 사회나 국가에 도움이 된다면 굳이 사양하며 겸손할 필요가 있겠는가? 요즘 사회 활동으로 각광받는 "재능기부"는 바로 나를 사회에 추천하여 봉사하는 일이다.

모순(矛盾)

옛날 초(楚)나라에 창(矛)과 방패(盾)를 파는 사람이 있었는데, 자기가 팔고 있는 방패가 튼튼하다고 큰 소리로 자랑하길, "내 방패는 매우 견고하여 어떤 물건이라도 이것을 뚫지는 못할 것이다." 조금 지나자, 이번에는 자기의 창을 가지고 자랑하기 시작하였다. "내 창끝은 날카롭기가 그지없어, 이 세상의 그 어떤 물건이라도 뚫지 못하는 것이 없다." 이에 지나가던 나그네가 그에게 이르길, "만약 그대의 창으로 그대의 방패를 찌르면 어떻게 되겠는가?" 이 초나라 사람은 아무런 대답도 하지 못했다.

무릇 찔러서 뚫지 못하는 방패와 찔러서 뚫지 못하는 것이 없는 창은 함께 동시에 존재할 수 없는 것이다.

위의 이야기는 《한비자(韓非子)》·〈난일(難一)〉편에 보이는데, 당시 사회의 한 단면을 보여 주고 있다. 우리는 일상생활 속에서 단지 눈앞의 이익만을 추구하여 전후 사정을 고려하지 않는 경우가 종종 있게 된다. 그러다가 앞뒤가 모순된 진퇴양난에 빠지는 상황이 연출되곤 한다. 이것은 올바른 가치관에서 출발한 것이 아니라, 지나친 탐욕에 마음의 눈이 어두워져 인지능력이 떨어졌기 때문이다. 모순된 말 한마디는 사람들의 웃음거리가 되고 믿음을 잃을 수 있으므로 말과 행동은 늘 실제에 맞아야 한다.

목불견첩(目不見睫)

　옛날 중국 전국시대(戰國時代) 초(楚)나라 장왕(莊王)은 월(越)나라를 정벌하려고 하였다. 이에 두자(杜子)는 극력으로 간(諫)하길, "대왕께서는 무엇 때문에 월나라를 정벌하려 하십니까?" 대왕은 대답하길, "월나라는 정치가 어지럽고, 군사들이 나약하기 때문이오." 그러자 두자(杜子)는 이렇게 말했다. "신(臣)은 성정(性情)이 우매하고 식견(識見)은 부족하지만, 이 일로 걱정이 많습니다. 사람의 지혜는 우리가 가진 눈동자와 같습니다. 백 발자국 밖에 있는 물건은 볼 수 있어도, 자기의 눈동자 밑에 붙어 있는 눈썹은 보지 못합니다. 우리 초나라 군사는 진(秦)나라에 패배한 이후, 수백 리나 되는 영토를 잃었습니다. 이는 바로 우리 군사가 매우 허약하다는 것을 말해 주고 있습니다. 장교(莊蹻)가 국내에서 반란을 일으켜도 아직 진압하지 못하는 것은, 바로 우리 초나라 정치가 매우 혼란스럽기 때문입니다. 군사가 나약하고 정치가 어지러운 지금의 초나라 상황은 결코 월나라보다 못하지 않습니다. 만약 그래도 대왕께서 월나라를 정벌하려고 하신다면, 대왕의 지혜는 마치 백보(百步) 밖은 보면서도 자기 자신의 눈썹은 보지 못하는 눈동자와 같습니다." 초장왕(楚莊王)은 이 이야기를 듣고 월나라를 정벌하려던 계획을 포기하였다.

　위의 이야기는 중국 전국시대(戰國時代) 한비자(韓非子)가 지은 《한비자(韓非子)》·〈유로(喩老)〉편에 기록되어 있고, 간단하게 줄여 "목첩(目睫)"이라고도 한다. 우리말 속담에 "등잔 밑이 어둡다."라는 말처럼 멀리 있는 것은 잘 보아도 가까이 있는 것은 소홀히 하고 잘 보지 못하는 것을 가리킨다.

많은 사람들이 남을 비평하기를 좋아한다. 남을 비평하려면 상대방을 잘 이해하고 있어야 가능하고, 또한 자신의 행동은 비평받는 사람과 달라야 할 것이다. 그러나 다른 사람은 가혹하게 비평하면서도, 자기 스스로의 처신이 옳은지에 대해서는 돌아보지 못할 때가 많다. 아마 이런 이유로 어느 철인(哲人)은 "너 자신을 알라!"라는 말로 우리들에게 일침을 가하고 있나 보다.

목불식정(目不識丁)

당(唐)나라 헌종(憲宗) 때, 장홍정(張弘靖)이라는 관원이 있었다. 그는 성정이 교활하여 윗사람에게는 알랑거리지만 아랫사람에게는 모질기가 그지없었다. 그런데도 조정으로부터는 상당한 신임을 얻어, 벼슬길에 나선 지 얼마 되지 않았는데도 유주절도사(幽州節度使)에 임명되었다.

유주의 백성들은 이번에 오는 절도사가 훌륭한 관원일 것이라 기대하며, 부임하는 그의 얼굴을 한번 보기 위해 거리로 나왔다. 그러나 유주의 풍속을 전혀 알지 못할 뿐 아니라, 부귀한 집안 출신이었던 장홍정은 호화롭게 치장한 수레를 타고 삼군(三軍)의 호위를 받으며 부임하였다. 유주의 백성과 관리들은 이러한 그의 모습에 실망을 금할 수 없었다.

부임한 지 얼마 안 되어 장홍정은 뭔가 큰 성과를 내고 싶었지만 어디서부터 시작해야 할지 알 수가 없었다. 그러다가 그는 유주가 궁벽한 시골이므로 풍속을 개량하여 백성들의 생각을 개화시킬 필요가 있다는 생각을 하게 되었다. 그의 생각으로는 안록산(安祿山)의 난이 유주에서 처음으로 일어났기 때문에 안록산과 관련된 모든 것을 없애면 풍속을 바꿀 수 있을 것 같았다. 이에 장홍정은 안록산의 무덤을 파헤쳐 시신을 훼손하였다. 그러나 백성들은 장홍정의 이러한 처사에 크게 실망하여 이렇게 말하였다. "우리는 백성을 위하는 훌륭한 관리인줄 알았지, 무덤을 파헤쳐 시신이나 훼손하는 사람이라고는 생각도 못 했어."

그런데 장홍정만 백성을 실망시킨 것이 아니라, 그의 밑에 있는 관리들의 행동은 더 가관이었다. 특히 위옹(韋雍)과 장종후(張宗厚)라는 두 부하가 그러하였다. 두 사람은 온종일 하는 일 없이 무리지어 곤드레만드레가 될 정도로 술만 마셔 댔다. 술에 취하면 항상 병사에게 불을 밝혀 자신들을 집까지 데려다주게 하였다. 한밤중에 대낮처럼 불을 환히 밝히고 술에 취해 왁자지껄 떠들어 대니, 사람들은 잠을 제대로 잘 수 없어 이들을 아주 미워하였다.

위옹과 장종후는 평소 원래 유주 관청에서 일하던 관원들에게 대단히 가혹하게 굴었다. 조금이라도 자신들의 뜻에 어긋나면 그들을 안록산과 한패인 반역자라고 욕을 하였으며, 혹여 변명이라도 하면 채찍질을 하거나 감옥에 가두어버렸으므로 두 사람에 대한 원성이 자자하였다.

어느 날, 위옹이 또 술에 취해 병사들에게 마구 소리를 질러 댔다. "지금 천하가 이처럼 태평무사한데, 너희들이 큰 돌 두 개 무게의 활을 당길 수 있는 능력이 있다 한들 그게 무슨 소용이란 말이냐? 게다가 너희는 '정(丁)' 자도 모르는 무식쟁이가 아니냐?" 병사들은 분노했지만 감히 항변하지 못하고 속으로만 이를 갈 뿐이었다.

사실 이러한 일은 일도 아니었다. 전임 유주절도사 유총(劉總)은 조정에 돌아간 지 얼마 안 되어 자신을 따르던 병사들을 위로하기 위해 유주에 100만 관(貫)의 돈을 보냈다. 그러나 세상 사람들의 손가락질 따위는 아랑곳하지 않는 장홍정은 20만 관은 자신이 쓰고 80만 관만 병사들에게 나누어 주었다.

하지만 이 일은 얼마 지나지 않아 유주의 백성들에게 발각되었다. 병사들의 인내 역시 한계에 이르러 더 이상 위옹과 장종후의 모욕을 참으려 하지 않았고, 장홍정의 지휘를 받는 것도 거부하였다. 그들은 위옹과 장종후를 죽이고 장홍정을 구금하였다. 이 소식은 조정에 알려지고, 얼마 후 장홍정은 좌천되었다.

위의 이야기는 오대시기(五代時期) 후진(後晉)의 유구(劉昫) 등이 편찬한《구당서(舊唐書)》·〈장홍정전(張弘靖傳)〉편에 보인다. "목불식정"은 고무래를 보고도 그것이 고무래 정(丁) 자인 줄 모른다는 의미로, 글자를 전혀 모르는 것을 말한다. "낫 놓고 기역 자도 모른다." 역시 같은 뜻으로 일자무식을 이르는 말이다.

과거 우리나라도 문맹률이 매우 높았다. 다행히 조선 초기에 세종대왕의 한글 창제로 일반 백성들이 의사를 쉽게 글로 표현할 수 있었다. 하지만 글을 읽고 쓴다는 것은 봉건왕조 시대에는 귀족이나 부유층의 특권이었다. 근·현대에 와서도 경제적으로 힘든 삶을 살아온 사람들은 교육을 받을 기회가 거의 없었다. 다행히 우리나라가 급속히 발전하면시 교육의 기회를 평등하게 해 주는 의무교육이 실현되어 사회와 국가를 발전시키는 데 큰 역할을 하고 있다.

묵수성규(墨守成規)

중국 전국(戰國)시기는 각 나라 간의 분쟁으로 전쟁이 잦아 백성들의 생활이 도탄에 빠졌다. 묵자(墨子)는 묵가학파(墨家學派)의 창시자로 겸애(兼愛)와 비공(非攻)을 주장하고 전쟁을 반대하였다.

한번은 초(楚)나라 왕이 송(宋)나라를 공격하기 위해, 공수반(公輸班)이라는 유명한 기술자에게 적의 성을 공격하는 데 사용할 사다리를 만들게 하였다. 묵자는 이 일을 알고 열흘 밤낮을 걸어 초나라 수도에 도착하였다. 그는 초나라 왕을 만나 이렇게 말했다. "대왕께서 송나라를 공격하려 하신다고 들었는데, 그런 일이 있습니까?" 그러자 초나라 왕은 대답하길, "예, 사실입니다." 묵자가 다시 말하길, "반드시 송나라를 점령할 자신이 있어야 공격할 수 있습니다. 만약 싸움에서 지면 상황은 더 나빠질 것입니다. 저는 결코 송나라를 이길 수 없다고 생각합니다."

초나라 왕은 당연히 그의 말을 믿지 않았다. 그래서 묵자는 이런 제안을 하였다. "그렇다면 제가 성을 수비할 수 있는 기구를 만들었는데, 공수반이 만든 사다리를 이용하여 성으로 들어갈 수 있는지 보시면 어떻겠습니까?" 그리하여 공수반이 만든 사다리로 묵자가 지키는 성을 공격하였는데, 연달아 아홉 번을 공격하였지만 모두 실패하고 말았다. 다음에는 서로 역할을 바꾸어 공수반이 수비를 하고 묵자가 공격하였다. 묵자는 아홉 번을 공격했고, 성은 아홉 번 모두 함락되었다.

그러나 공수반은 패배를 인정하지 않고 이렇게 말하였다. "나는 이미 대응할 방법을 알았소. 단지 말하고 싶지 않을 뿐이오." 그러자 묵자는 대답하길, "나는 그대가 어떤 방법으로 나와 대응할지 알고 있소. 단지 말하고 싶지 않을 뿐이오." 초나라 왕은 일부러 이해가 가지 않는다는 표정을 지으며 물었다. "선생은 공수반의 뜻을 이해하셨습니까?" 묵자가 진지한 태도로 말하였다. "당연히 이해합니다. 그것은 바로 저를 죽이려는 것입니다. 제가 죽으면 송나라를 지킬 사람이 없으니, 초나라가 단번에 송나라를 점령할 수 있을 것이라 생각하겠지요? 그러나 저는 이미 300명의 제자들에게 이 기구를 싣고 송나라로 가게 하였습니다. 그들은 지금 송나라에서 기다리고 있지요. 나를 죽인다 해도 결국 초나라가 패배한다는 사실을 바꾸지는 못합니다. 어떻게 하실 작정입니까?"

초나라 왕은 한숨을 내쉬며 어찌할 수 없다는 태도로 말하였다. "좋습니다. 송나라를 공격하려던 계획을 취소하지요." 이에 묵자는 작별 인사를 하고 초나라를 떠났다.

위의 이야기는 《묵자(墨子)》·〈공수(公輸)〉편에 보인다. 묵자는 전국초기(戰國初期) 송(宋)나라 사람으로, 중국 역사상 유일한 농민 출신 사상가이다. 당시 백가쟁명(百家爭鳴)의 시대에 유가(儒家)와 더불어 "현학(顯學)"이라 칭해지고, 그의 사후 묵가(墨家)는 세 개 학파로 나뉘어졌다. 제자들은 묵자의 생애와 사적에 근거하여, 그의 어록(語錄)을 수집정리 《묵자(墨子)》를 완성하였다.

"묵수성규"는 사상이 보수적이며, 옛날 규범을 지키고 바꾸지 않는 것을 말한다. 후에는 옛것만 고집하여 조금도 변하는 않는 것을 가리키는 말로 쓰이는데, 시대의 흐름과 변화에 맞추어 생각과 제도를 고쳐 가야만 새로운 것을 발견할 수 있다.

문정약시(門庭若市)

　중국 전국시대(戰國時代)에 제(齊)나라 재상을 지낸 추기(鄒忌)라는 사람이 있었다. 그는 키가 매우 크고 준수(俊秀)한 외모를 가진 멋진 남자였다. 어느 날 아침, 조복(朝服)을 입고 관모(官帽)를 쓴 그는 습관적으로 거울을 마주하고 자신의 모습을 자세히 살펴보았다. 그러곤 갑자기 자기 아내에게 "나와 성곽의 북쪽에 살고 있는 서공(徐公)과 비교하면 누가 더 인물이 뛰어나다고 보시오?"하고 물었다. 서공은 제나라의 유명한 미남자(美男子)였다. "당연히 그대가 훨씬 더 미남이지요. 서공이 어떻게 당신과 비교할 수 있나요?" 그의 아내는 바로 이렇게 대답하였으나, 추기는 그 말을 듣고도 자기가 서공보다 미남자라고는 생각되지 않았다. 이에 그는 다시 그의 젊은 애첩(愛妾)에게 똑같은 질문을 하였는데, 애첩은 별로 생각하는 기색도 없이 "서공은 결코 당신과 비교할 수 없지요."라고 하였다. 추기는 반신반의하였다.

　다음 날 추기 집에 손님이 찾아왔다. 추기가 또 같은 질문을 손님에게 물었다. 손님은 말하길, "서공이 어떻게 공(公)과 같은 아름다움을 갖추었습니까?" 며칠 후에 마침 서공이 추기를 찾아왔다. 추기는 이때다 싶어 자세히 서공을 훑어보고는, 자기 자신이 확실히 서공만큼 미남이 아니라는 것을 알았다. 추기는 이일을 계기로 이러한 생각을 하게 되었다. "제(齊)나라 위왕(威王)은 일국의 군왕이기에 나보다 더 많은 아부를 받고, 그의 눈을 가리는 일도 많을 것이다." 이에 그는 위왕에게 말하길, "저는 본래 인물이 서공만 못한데, 아내와 애첩과 손님은 모두 제가 서공보다 낫다고 말합니다. 그 이유는 아내는 저를 편애하고, 애첩은 저를 두려워하며, 손님은 제게 무언가 부탁을 하려고 비위를 맞추며 진실을 말하지 않은 것입니다. 대왕께서는 일국의 군왕이시니, 누군들 편애하지 않고, 두려워하지 않고, 대왕의 마음을 얻으려고 하지 않겠습니까? 보아하니 대왕께 아부하는 사람이 많을 것이며, 또한 대왕을 눈멀고 귀먹게 하는 일들이 적지 않을 것입니다." 추기는 위왕이 만약 진실한 마음으로 많은 사람들의 의견을 구한다면 나라에 큰 도움이 될 것이라고 간언(諫言)하였다.

위왕은 추기의 말을 듣고 매우 좋은 생각이라 여기고 곧바로 영을 내리길, "누구를 막론하고 과인(寡人)의 잘못을 지적하는 사람은 상상(上賞)을 줄 것이요, 글을 써서 과인을 계도하는 사람은 중상(中賞)을 내릴 것이며, 조정이나 또는 저잣거리에서 과인의 실수를 언급하여, 과인의 귀에 들어온다면 하상(下賞)을 줄 것이다!"

이런 내용을 담은 방(榜)을 붙이자, 앞다투어 간언하는 사람들이 끊임없이 몰려와 매일같이 대궐의 정문이 시장처럼 북적거렸다.

위의 고사는 서한(西漢)의 유향(劉向)이 지은 《전국책(戰國策)》·〈제책일(齊策一)〉에 보인다. 《전국책》은 전국시대(戰國時代) 전략가들의 정치, 외교, 군사 등에 관한 책략을 모아 편찬한 것이다. 그 후 동한(東漢) 반고(班固)가 완성한 《한서(漢書)》·〈정숭전(鄭崇傳)〉에 "문전성시(門前成市)"라는 말이 있어 회자(膾炙)되었으며, 우리나라에도 "문전성시"라는 말이 남아 현재까지 사용되고 있는데, "문정약시(門庭若市)"와 "문전성시(門前成市)"는 같은 말이다. 이외에도 "문전약시(門前若市)", "문정여시(門庭如市)" 등으로도 사용되고 있다. "문정약시"는 대문 앞 찾아오는 사람들로 인해 저잣거리처럼 북적거린다는 말로, 정치적인 세도가나 부잣집에 늘 사람들의 발길이 이어짐을 의미한다.

지금도 옛날과 크게 다르지 않는데, 많은 사람들은 자신의 이해관계에 따라 사람을 선택하고 교제를 이어간다. 그러나 낮과 밤이 서로 뒤바뀌듯, 세상도 종종 변화를 거듭하며 발전한다. 지금 만나는 사람이 정치적인 세력이 있든 부자이든, 또는 현실에서 뜻을 이루지 못하고 어렵게 살아가고 있는 사람이든, 우리는 지나치게 한쪽에 치우치지 말아야 한다. "문정약시"의 영화(榮華)는 영원하지 않기 때문이다.

민불료생(民不聊生)

전국(戰國)말기, 서쪽에서 굴기(崛起)한 진(秦)나라는 그와 대적할 만한 나라가 하나도 없을 정도로 국력이 강성하였다. 진나라의 맹장(猛將) 백기(白起)가 이궐(伊闕)에서 한(韓)나라와 위(魏)나라를 크게 물리치자, 제후들은 모두 두려움에 떨었다. 이후에도 진나라는 자주 한나라와 위나라를 침략하여 수백 개에 달하는 성을 얻었고, 이로 인해 수많은 사람들이 목숨을 잃었다. 위나라는 수도 대량(大梁, 지금의 개봉(開封) 서북쪽에 위치)이 포위당하는 위험에 처하게 되었다. 다행히 제(齊)와 조(趙) 두 나라가 구원병을 보내 주겠다고 하자, 진나라 소왕(昭王)은 위나라에 대한 포위를 풀고 초(楚)나라를 공격하라는 명령을 내렸다.

백기가 대군을 이끌고 초나라를 공격하니, 초나라 양왕(襄王)은 수도를 버리고 진(陳)나라로 달아났다. 다시 1년이 지난 후, 백기는 또 대군을 이끌고 대량을 공격하였는데, 이번에는 아주 위나라를 완전히 무너뜨릴 계획이었다. 그러나 한나라가 구원병을 보내와 공략에 실패하고 말았다.

상황이 이러하자 소왕은 거짓으로 한·위 두 나라와 화해하고, 두 나라가 함께 힘을 합쳐 초나라를 공격하도록 요구하였지만 몇 개월이 지나도 두 나라는 출병하지 않았다. 초나라는 진나라가 다시 공격하려는 것을 알고 황헐(黃歇)을 파견해 화해를 청하였다.

황헐은 초나라의 귀족으로 당시 좌도(左徒)라는 벼슬을 맡고 있었다. 진나라에 도착한 그는 소왕에게 다음과 같이 말하였다. "현재 진나라를 위협하는 것은 사실 초나라가 아니고 한·위 두 나라입니다. 진나라의 침략으로 많은 백성이 죽임을 당하고, 살아 있는 사람들 또한 생계를 유지할 수 없어 이리저리 떠돌기 때문에, 두 나라는 진나라에 깊은 원한을 가지고 있습니다. 그러므로 지금 진나라가 한·위 두 나라와 연합하여 초나라를 공격하는 것은, 이들에게 질서를 회복하고 생산을 늘려 세력을 키울 기회를 주는 것입니다. 만일 한·위 두 나라가 연합하여 창을 겨누면 진나라는 전멸할 수도 있습니다. 그러므로 초나라와 연합하여 한·위 두 나라를 공략하는 것이 옳습니다." 소왕은 황헐의 주장이 일리가 있다고 여겨 바로 초나라와 동맹을 맺었다.

위의 이야기는 서한(西漢) 사마천(司馬遷)의 《사기(史記)》·〈장이진여열전(張耳陳餘列傳)〉에 실려 있다. "민불료생"은 백성들이 의지하고 살아갈 수 있는 방법이 없어 생활이 지극히 어려운 것을 말한다.

인류의 역사는 전쟁의 역사라고 해도 과언이 아니다. 왕조가 부패하고 혼란할 때는 항상 민란이 일어나 새로운 역사의 시작을 열어 갔다. 그 오랜 세월 전쟁과 혼란으로 민초들은 생존을 위해 온갖 고초를 견디어 내야 하였다. 그래서 집정자는 늘 백성들을 핍박하면서도 두려워하였다. 《순자(荀子)》·〈왕제(王制)〉편의 "물은 배를 띄울 수도 있지만 또한 배를 물속으로 가라앉힐 수도 있다(水則載舟, 水則覆舟)."라는 말은 백성들의 무서운 힘을 설파한 것이다.

반문농부(班門弄斧)

전설에 의하면 채석기(采石磯)는 당(唐)나라의 유명한 시인 이백(李白)이 물에 빠져 죽은 곳이라고 한다. 아마도 이백이 이곳에 머무른 적이 있어 이러한 전설이 나왔을 것이다. 주변에 있는 이백의 무덤, 적선루(謫仙樓), 착월정(捉月亭) 등의 명소(名所)는 지금도 사람들의 발길이 끊이지 않는다.

명(明)나라 시인 매지환(梅之渙)은 이백의 무덤을 지나다가 주변에 많은 시가 적혀 있는 것을 보았다. 그가 보니 대구나 압운이 전혀 맞지 않고 내용도 유치하여 시라고 할 수 없는 것이었다. 매지환은 화가 나서 다음과 같은 시를 적었다.

채석강 강변에 흙더미 쌓여,
이백의 이름 천고에 전해지네.
오고 가는 사람들 모두 시 한 수 적어 놓으니,
이는 노반의 집 문전에서 도끼를 휘두르는 것과 같네.
采石江邊一堆土, 李白之名高千古.
來來往往一首詩, 魯班門前弄大斧.

이 시는 자신의 시가 매우 훌륭하다는 착각에 빠진 나그네들을 매우 직설적으로 풍자하였다. "반문농부"는 '노반문전농대부(魯班門前弄大斧)'라는 구절에서 나온 것이다.

노반은 춘추시대(春秋時代) 노(魯)나라 사람으로 노반(魯般), 공수반(公輪般)이라고도 불린다. 전해지는 기록에 의하면 목공(木工)에 사용되는 도구는 모두 노반이 발명하였다고 한다. 예컨대 목공에서 사용되는 자는 노반척(魯班尺)이라고 부른다.

노반은 기계 방면에도 뛰어난 재능을 보였다. 그가 만든 자물쇠는 안쪽에 설치하여 밖으로 전혀 흔적이 드러나지 않을 뿐 아니라, 반드시 그것에 딱 맞게 제작된 열쇠여야만 열 수 있다고 한다.

《묵자(墨子)》에는 노반이 만든 나무새에 대한 이야기가 있는데, 그것은 바람의 힘을 이용하면 하늘 높이 날 수 있을 뿐 아니라 3일 동안 떨어지지 않는다고 한다.

노반은 또 수레의 구조를 개량하고, 기계의 힘으로 가는 나무 수레와 말도 만들었다. 또한 이 수레와 말은 나무 인형이 앉아 운전하도록 하였다.

노반은 적의 성을 공격할 때 사용하는 기계도 만들었는데, 이는 실제로 전쟁이 벌어졌을 때 큰 힘을 발휘하였다고 한다. 후일 묵자의 영향을 받아 노반은 더 이상 전쟁 도구를 제작하지 않고, 백성의 생활과 생산 활동에 필요한 물건만 발명하였다. 이후 사람들은 그를 목수(木手)의 시조로 받들었다.

위의 고사는 당대(唐代) 유종원(柳宗元)이 지은 〈왕씨백중창화시서(王氏伯仲唱和詩序)〉에 실려 있다. "반문농부"는 본래 노반의 집 앞에서 도끼를 휘두른다는 의미로 전문가 앞에서 아는 체하는 것을 이른다. 우리말 속담에 '공자 앞에서 문자 쓴다.'라는 말과 같다.

전문가는 오랜 시간 끊임없이 노력하여 얻어지는 것으로, 어느 한 분야에 정통한 사람을 말한다. 그 사람이 쏟은 열정과 의지는 여느 일반 사람들이 미치지 못한다. 우리는 그들의 능력과 재능, 그리고 전문성을 인정하여야 한다. 천년의 대시인(大詩人) 이백 앞에서 시를 언급하는 것은 바로 '반문농부'하는 일이다.

배궁사영(杯弓蛇影)

중국 춘추시대(春秋時代) 진(晉)나라에 악광(樂廣)이라는 사람이 살고 있었는데, 술을 즐겨 마셨을 뿐만 아니라 손님들과 어울리기를 좋아하였다. 어느 날 그는 매우 친한 친구 한 명을 집으로 초대하여 술을 마시게 되었다. 술자리에서 그의 친구가 술잔을 들었을 때 갑자기 술잔 속에 작은 뱀 한 마리가 꿈틀거리고 있는 것을 발견하였다. 친구는 약간의 두려움을 느끼며 억지로 그 술을 모두 마셨다.

친구는 집으로 돌아온 후, 배 속이 조금씩 거북하고 아파오기 시작하였다. 그는 점점 더 큰 두려움에 빠지면서 생각하길, "혹시 조금 전 술잔 속에 있던 뱀이 움직이고 있는 것은 아닐까? 아마 독사일지도 몰라?" 얼마 지나지 않아 친구는 몸져눕고 말았다.

악광은 그 소식을 듣고 문병하러 찾아갔다가 비로소 친구가 병이 난 연유를 알게 되었다. "작은 술잔에 어떻게 뱀이 들어갈 수가 있지?" 악광은 아무리 생각해도 도저히 이해할 수 없었다. 집에 돌아와서 집안 곳곳을 둘러보다가 불현듯 벽에 걸려 있는 활 하나를 발견하였다. 원래 친구가 말한 그 작은 뱀은 바로 이 활이 술잔 속에서 그림자로 비치던 것이다.

다음 날 악광은 마차를 보내 친구를 다시 집으로 불러왔다. 그러곤 친구를 지난번 술을 마셨던 자리에 앉히고 다시 그에게 술 한 잔을 건네주었다. 친구는 술잔을 받자마자 "술잔 속에 뱀이 있어서, 난 절대로 마실 수 없네."라며 황급히 소리를 질렀다. 악광은 큰 소리로 웃고 나서 벽에 걸려 있는 활을 가리키며 친구가 보게 하였다. 그런 다음 활을 내려놓자 술잔 속에 있던 뱀도 함께 사라졌다. 그제야 친구도 크게 깨달았고, 얼마 후 친구의 병도 깨끗이 나았다.

위의 이야기는 중국 동한(東漢)시기의 학자 응소(應劭)가 편찬한《풍속통의(風俗通義)》·〈괴신(怪神)〉편에 보인다. 풍속통의는 다른 말로《풍속통(風俗通)》이라고도 한다. 당대(唐代) 이전에는 모두 30권이었으나, 송대(宋代)에 와서 일실(逸失)되어 현재는 열 권만 전해지고 있다.

"배궁사영"은 술잔 속에 비친 구부러진 활의 그림자를 뱀으로 여긴다는 뜻으로, 실체가 없는 사물이 사실로 간주되어 스스로를 옭아매는 것을 말한다.

위에서 언급한 내용은 매우 극단적인 것이지만 우리의 일상생활 속에서도 흔히 볼 수 있는 이야기이다. 본래는 전혀 실체가 없는 것이지만 우리들 스스로 만들어 낸 사물에 대한 금기, 터부, 미신 등은 사람들의 사고(思考)를 멈추게 하고 자신을 옭아매는 역할을 한다. 문제의 본질을 정확히 파악하고 침착하게 대처한다면 어리석은 생각으로 인해 나타나는 현상은 사라질 것이다.

배수진(背水陣)

　중국에서 처음으로 천하를 통일하였던 진(秦)나라가 멸망하고, 명장 한신(韓信)이 여러 나라와 패권을 다투던 때의 일이다. 한(漢) 고조(高祖) 유방(劉邦)은 한신에게 군사 일만여 명을 내어주며 조(趙)나라 정벌을 명하였다. 이에 맞서 조나라 왕은 이십만 대군을 거느리고 태행산(太行山)의 정형관(井陘關)에서 진을 치고 있었다. 한신은 조나라 군사들을 물리치기 위하여 일만의 군사들로 하여금 강가에 진지를 구축하게 하고, 강을 등지고 전투태세에 들어갔다. 또 다른 한편으로는 이천 명의 기병(騎兵)들로 하여금 조나라 군사들을 에워싸고 잠복하게 하였다.

　얼마 후 조나라 이십 만 대군은 강가의 한나라 군사들을 향해 진격해 왔다. 그러나 한나라 군사들은 큰 강을 뒤에 두고 있기 때문에 후퇴하거나 도망칠 수 없어 결사항전할 수밖에 없었다. 이때 숲속에 잠복하고 있던 이천 명의 한나라 군사들이 조나라 진영을 기습하자, 조나라 군사들은 힘없이 무너지기 시작했다. 사기를 잃은 조나라 군사들은 이미 대세가 기울었다는 것을 알고 다시 그들의 군영으로 돌아가려 하였으나, 어느새 사방에는 한나라 깃발이 나부끼고 있었다. 그러자 패전을 절감한 조나라 군사들은 이곳저곳으로 흩어져 달아났고, 한나라 군사들은 사기가 충천하여 그들을 추격, 큰 승리를 거두었다.

　훗날 누군가 한신에게 "배수진은 병법에서 가장 금기시하는 것인데, 장군께서는 어찌하여 이런 전법을 쓰셨습니까?"라고 묻자, 한신은 "내 자신을 사지(死地)에 버려두고 죽을힘을 다하여 살려고 노력한다면 반드시 살 수 있다는 기록은 병법서에도 나와 있습니다. 지난번처럼 적은 강하고 아군은 약한 상황에서 죽기로 싸우고자 하는 결심이 없다면 질 수밖에 없는 것이므로, 퇴로를 없애고 군사들이 사력(死力)을 다해 싸울 수 있도록 한 것입니다."라고 대답했다.

위의 이야기는 수많은 전쟁을 치르며 한(漢)나라의 기초를 다진 한신에 얽힌 고사로, 사마천(司馬遷)의 《사기(史記)》·〈회음후열전(淮陰候列傳)〉에 보인다. 본뜻은 물가를 등지고 싸우는 전법을 말하는 것이지만, 지금은 의미가 확대되어, 물러설 수 없는 막다른 골목에서 새로운 돌파구를 찾기 위하여 마지막 노력을 기울이는 것을 가리킨다.

내 자신을 사지(死地)에 두고 살아남기 위하여 분발한다면, 일반적인 상황에서보다 훨씬 큰 성과를 낼 수 있다. 인생이란 늘 평탄한 길을 가는 것은 아니기 때문에, 때론 험준한 산을 넘어야 하고, 때론 깊은 강을 건너야 할 때도 있다. 다만 가장 힘들고 열악한 환경에서도 자신을 잃지 않고 힘써 노력한다면 분명히 밝고 희망찬 미래를 기약할 수 있을 것이다.

백발백중(百發百中)

　전국(戰國)말엽은 제(齊), 초(楚), 연(燕), 한(韓), 조(趙), 위(魏), 진(秦) 등의 일곱 나라가 서로 경쟁하며 전쟁을 벌여 전국칠웅(戰國七雄)의 시대라고도 한다. 당시는 소진(蘇秦)이 주장한 합종책(合從策)과 장의(張儀)가 내세운 연횡책(連衡策)이 주요 정치 쟁점이었다. 합종책은 당시 동쪽에 있던 연, 초, 한, 위, 조, 제 6국이 연합하여 서방의 진나라에 대항하려고 한 정책이고, 연횡책은 진나라와 6국이 각각 손을 잡게 함으로써 진나라의 발전을 꾀한 책략이다. 각 나라들은 자국의 이익을 위하여 많은 종횡가(縱橫家)들을 각국에 파견하여 유세를 벌였다.

　당시 소려(蘇厲)라는 모사(謀士)가 있었다. 그는 진나라 장군 백기(白起)가 위나라 수도 대량(大梁)을 공격하려 한다는 소식을 들었다. 진나라가 대량을 점령하면 가까이 있는 주(周)나라 역시 위험하기 때문에 소려는 주나라 왕에게 이렇게 말하였다. "최근 몇 년 동안 백기는 한나라와 조나라 등을 공격하여 많은 땅을 얻었습니다. 백기가 대량을 차지하게 되면 주나라 또한 위험하게 됩니다. 백기의 출병(出兵)을 막을 방법을 생각해야 합니다."

　이에 주나라 왕은 소려를 진나라에 파견하여 백기를 설득하도록 하니, 소려가 백기를 만나 말하였다. "초나라에 양유기(養由基)라는 사람이 있었습니다. 그는 활쏘기의 명수라 백 보 밖의 거리에서도 버드나무 잎을 명중하였습니다. 그의 화살은 백발백중으로, 사람들이 모두 그의 활 솜씨를 칭찬하는데, 어떤 사람이 '이 사람에게 어떻게 활을 쏘아야 하는지 가르쳐 줘야 하겠군.'이라고 하는 것입니다. 양유기는 이 말을 듣고 화가 나 '나에게 어떻게 활을 쏘는지 가르쳐 준다면서, 왜 나를 대신해 버드나무 잎을 쏘지 않는 것이오?'라고 하였습니다. 그러자 그 사람은 '나는 당신에게 활 쏘는

법을 가르칠 재주는 없습니다. 그러나 이런 생각을 해 본 적은 없습니까? 당신은 활쏘기에는 백발백중이지만 잘 쉬는 방법을 모릅니다. 몸이 피곤해져 한 발이라도 명중하지 못하면 당신의 명성은 그대로 곤두박질칠 것입니다.'라고 대답하였습니다."

계속해서 그는 "요 몇 년 동안 장군은 한나라와 조나라 등을 격파하여 많은 땅을 얻었습니다. 지금 다시 대량을 공격하려 한다고 들었는데, 만약 이번 싸움에서 지면 이전의 많은 공로는 모두 수포로 돌아가게 됩니다. 그러니 병이 났다는 핑계로 출병하지 않는 것이 좋을 것 같습니다."라며 정중히 권유하였다.

백기는 소려의 말을 듣고 코웃음 쳤다. "나는 지금까지 백전백승(百戰百勝)이었건만 어찌 이번 싸움에서 승리할 수 없다는 말이오?" 백기는 소려의 말을 듣지 않고 출병하여 위나라를 크게 이겼다. 이번 전쟁에서 세운 공로로 백기의 명성은 이전보다 훨씬 높아졌다.

위의 이야기는 서한(西漢) 유향(劉向)이 정리한 《전국책(戰國策)》·〈서주책(西周策)〉에 보인다. "백발백중"은 활솜씨나 사격술이 매우 뛰어나 매번 목표물을 명중시키는 것을 말한다. 또한 어떤 일을 시행함에 있어서 확실하게 처리하여 절대 실수하지 않는 것을 비유하기도 한다.

백발백중은 신기(神技)에 가까운 재주로 평범한 인간이 갖기는 어렵다. 그러나 내가 좋아하는 일에 몰두하다 보면 남들이 따라올 수 없는 경지에 이를 수 있다. 모든 일은 그 시작이 있으며, 끊임없는 각고의 노력을 통하여 결국에는 입신(入神)의 경지에 오를 수 있는 것이다.

백보천양(百步穿楊)

　초(楚)나라에 양유기(養由基)라는 활을 잘 쏘는 사람이 있었다. 당시 반호(潘虎)라는 사람 역시 활을 잘 쏘기로 이름이 났다. 반호는 양유기가 자신보다 높게 평가받는 것을 불만스럽게 생각하여 그에게 시합을 청하였다. 두 사람은 오십 보 밖에 있는 과녁의 중심을 맞추기로 약속하였다. 반호가 먼저 활을 당겨 쏘았는데 연속하여 세 번 모두 과녁의 중심을 맞추었다. 구경하던 사람들이 환호성을 보내자, 반호는 득의양양해하며 양유기에게 가르침을 청하였다.

　양유기는 주위를 한 번 둘러본 다음 이렇게 말하였다. "오십 보 밖에 세워진 과녁은 거리가 너무 가깝고 중심에 표시된 원 또한 너무 크니, 백보 밖에 있는 버드나무 잎사귀를 맞추는 것으로 합시다." 말을 마친 그는 백 보 밖에 있는 버드나무를 가리키면서 목표물로 삼을 나뭇잎을 골라 빨간색으로 칠하게 하였다. 그가 쏜 화살은 휙 소리를 내며 날아가 버드나무 잎사귀 한가운데에 명중하였다.

　반호는 이 사실을 믿을 수 없어 직접 나뭇잎 세 개를 골라 빨간색 표시를 한 후, 양유기에게 다시 한 번 활을 쏘아 달라고 청하였다. 양유기의 화살은 이번에도 정확히 명중하였고, 구경하던 사람들은 우레와 같은 갈채를 보냈다. 이에 반호 또한 양유기의 활 솜씨에 감탄하며 기꺼이 패배를 인정하였다.

　그때 어떤 사람이 양유기를 향해 냉소 지으며 이렇게 외쳤다. "백 보 밖에서 나뭇잎을 쏘아 맞혔으니, 반호에게 그 재주를 가르쳐 줄 수 있겠지?" 이 말을 들은 양유기는 화가 나 되물었다. "그러는 당신은 나를 가르칠 준비가 되었소?" 그러자 그가 조용한 목소리로, "나는 결코 당신에게 어떻게 활을 쏘아야 하는지 가르치려는 것이 아니라, 어떻게 해야 당신의 명성을 지켜 나갈 수 있는지 일깨워 주려는 것이오. 당신은 생각해 본 적 있소? 당신의 기력이 다하여 한 발이라도 맞추지 못하면 백발백중이라는 명성은 한순간에 무너지고 만다는 것을. 정말로 활쏘기에 능한 사람은 그 명성을 잘 지켜 나가야 하오."라고 대답하였다.

양유기는 그의 말이 일리가 있다고 여겨 거듭 예를 갖추며 감사의 마음을 표시하였다.

위의 고사는 《전국책(戰國策)》·〈서주책(西周策)〉에 보인다. "백보천양"은 백 보 밖에서 버드나무 잎사귀를 쏘아 맞힌다는 말로 현대적인 표현으로는 사격 솜씨가 뛰어난 것을 일컫기도 하며, 때로는 의미가 확대되어 어떤 분야의 재주가 매우 뛰어난 것을 나타내기도 한다.

우리말에서는 주로 "백발백중"이란 말로 사용되고 있는데, 백 번을 쏘아 백 번을 맞힌다는 것은 거의 신기에 가까운 재주라 할 수 있다. 사람은 누구나 자신만의 특기를 가지고 있지만 그 재능을 살려 미래를 준비한다는 것은 쉽지 않은 일이다. 재능이란 어느 날 갑자기 만들어지는 것이 아니고, 오랜 시간 스스로 갈고 닦을 때 비로소 원숙한 경지에 이를 수 있기 때문이다.

백절불요(百折不撓)

　동한(東漢)시기에 교현(喬玄)이라는 사람이 있었다. 그는 성격이 강직하고 악을 원수처럼 미워하여, 관직에 있을 때 악행을 저지르는 자를 보면 그냥 보아 넘기지 않고 끝까지 대항하였다. 사람들은 용감하면서도 과단성 있는 그의 정신을 칭찬하였다.

　교현은 젊은 시절 수양현에서 공조(功曹)라는 벼슬을 지냈다. 한 번은 예주자사(豫州刺史) 주경(周景)이 수양에 왔다. 교현은 주경에게 진(陳)나라 재상 양창(羊昌)의 죄상을 아뢰며, 자신을 파견해 그 진상을 조사하도록 허락해 줄 것을 청하였다. 주경의 허가를 받은 교현은 우선 양창의 주변 사람들을 모두 잡아들여 그의 죄상을 조사했다. 당시 양창의 뒤를 봐주던 대장군 양기(梁冀)는 이 소식을 듣고 격문을 보내 곤경에 빠진 양창을 구해 주려 하였다. 동시에 주경에게도 교현을 불러들이고 양창에 대한 조사를 중단하라는 성지(聖旨)가 내려왔다. 그러나 교현은 격문을 공표하지 않고 양창에 대한 조사를 신속히 진행하여, 마침내 그가 죄에 상응하는 벌을 받도록 하였다.

　한(漢) 나라 영제(靈帝) 때, 교현은 상서령(尙書令)의 자리에 올랐다. 교현은 태중대부(太中大夫) 개승(蓋升)이 영제의 총애를 빙자하여 뇌물을 받았다는 증거를 확보하였다. 교현은 즉시 개승을 파면시켜야 한다는 상소를 올렸다. 그러나 영제는 개승을 벌하기는커녕 오히려 그의 지위를 올려 주었다. 얼마 후 교현은 개승이 하는 행동을 보고 울분을 참지 못하여 병을 핑계로 사직하였다.

　한번은 교현의 어린 아들이 혼자 문 앞에서 놀고 있다가 세 명의 도둑에게 잡히는 일이 발생하였다. 도둑들은 돈을 주면 아들을 풀어 주겠다고 하였지만 교현은 이에 응하지 않았다. 이 소식을 들은 사예교위(司隷校尉) 양구(陽球)는 하남윤(河南尹), 낙양령(洛陽令)과 함께 병사들을 데리고 교현의 집으로 갔다. 그들은 도둑들이 혹시 교현의 아들을 죽일까 걱정되어 함부로 행동하지 못하였는데, 서로 대치하는 상황에서 교현이 이렇게 소리쳤다. "너희들이 아무리 그래도 소용없다. 나 교현이 아들의 목숨이 아까워 너희처럼 나라를 좀먹는 도적들을 그대로 놔줄 것 같으냐?" 교현은 양구에게 그들을 공격할 것을 재촉하였다. 이에 병사들이 공격하여 그들을 모두 죽였는데, 안타깝게도 교현의 아들 역시 도적들의 손에 죽고 말았다.

이후 교현은 궁에 들어가 황제에게 유괴 사건의 범인은 반드시 사살하고, 재물로 인질을 구하는 것을 금지하는 명령을 내려 이러한 범죄를 근절할 것을 상소하였다. 황제는 교현의 건의를 받아들여 이러한 내용을 적은 조서를 공표하였다. 이후 사람을 인질로 삼아 돈을 요구하는 범죄는 거의 자취를 감추게 되었다.

교현이 세상을 떠났을 때 집안 형편이 너무 가난하여 그의 장례는 아주 간소하게 치러졌다. 동한(東漢)시기의 문학가 채옹(蔡邕)이 그를 위해 지은 〈태위교공비(太尉喬公碑)〉에는 이런 내용이 적혀 있다. "교공(喬公)은 성정(性情)이 근엄하고 사치를 싫어하여, 검소하고 소박한 것을 숭상하였다. 백절불요하여 어떤 경우에도 자신의 의지에 따라 원칙을 지켰다."

위의 고사는 동한의 문학가 채옹의 《태위교공비(太尉喬公碑)》에 보이는데, 교현이 공사(公私)를 엄격히 구분하고 사회적 정의를 위하여 백절불요한 업적을 칭송한 글이다. "백절불요"는 아무리 어려운 상황에 처한다고 해도 결코 굴복하여 물러나지 않는다는 의미이다.

백절불굴(百折不屈) 또는 불요불굴(不撓不屈)도 같은 의미로 사용된다. 일반적으로 어떤 큰 문제에 봉착하여 자신의 생각이나 지조를 버리고 무조건 타인의 의견을 좇는 일이 비일비재하다. 역사에 등장하는 많은 위인들은 자신의 '백절불요' 정신을 지키려다가 목숨을 잃는 일이 다반사였다. 그러나 사회적 정의나 자신의 신념 때문에 결코 불의에 타협하지 않는 백절불요의 정신은 우리 모두의 귀감이 되었다.

봉모린각(鳳毛麟角)

사초종(謝超宗)은 남조(南朝) 유송(劉宋)시기의 저명한 문인이고, 그의 조부는 산수시인(山水詩人)으로 유명한 사령운(謝靈運)이다. 사초종은 학문을 좋아할 뿐 아니라 재주도 출중하여 당시 상당히 명성이 있었다.

사초종은 일찍이 신안왕(新安王) 유자란(劉子鸞) 밑에서 상시(常侍)라는 벼슬을 지낸 적이 있다. 당시 왕부(王府)의 주요 문서나 서신은 모두 그가 작성하였다. 사초종은 신안왕의 모친 은섭의(殷涉儀)가 세상을 떠났을 때 애도의 글을 지어 효무제(孝武帝)에게 올렸다. 효무제는 그 글을 읽고 크게 칭찬하며 함께 있던 신하들에게 이렇게 말하였다. "사초종은 정말 봉황의 털을 지닌 사람이야. 사씨 가문에서 또 하나의 사령운이 나왔군."

당시 그 자리에 우위장군(右衛將軍) 유도융(劉道隆)이 함께 있었다. 그는 평소 배운 것이 적고 재주도 없어, 효무제가 사초종을 '봉황의 털을 가지고 있다.'라고 칭찬하는 말을 들으면서 '봉황의 털'이 무슨 의미인지 이해하지 못했을 뿐 아니라, 이것을 사초종이 가지고 있는 무슨 진기한 보물을 말하는 것이라고 생각하고 당장 사초종의 집으로 달려갔다.

사초종은 자신을 찾아와 다짜고짜 진기한 보물이 있는지 묻는 유도융을 보고 영문도 모른 채 맞이하며 말하였다. "이처럼 가난한 집에 무슨 진기한 보물이 있겠습니까?" 그러자 유도융은 말하길, "폐하께서 마련하신 연회에 참석하여, 그대가 봉황의 털을 가지고 있다는 말을 들었습니다." 유도융은 사초종 부친의 이름이 사봉(謝鳳)인 것도 모르고, 계속 봉황의 털, 즉 '봉모(鳳毛)'를 보여 달라고 졸랐다. 옛날에는 왕이나 조상의 이름에 쓰인 글자를 사용하지 않는 것이 관습이었다. 이를 피휘(避諱)라고 하는데, 무인(武人)인 유도융은 자신도 모르는 사이에 사초종 부친의 이름을 계속 부르는 큰 실례를 하였던 것이다.

사초종은 부친의 이름자를 듣고는 당황하여 신발도 제대로 벗지 않고 급히 안으로 들어가 나오지 않았다. 유도융은 그가 봉황의 털을 찾으러 들어간 줄 알고 날이 어두워질 때까지 기다리다가 결국 화가 나 씩씩대며 돌아갔다.

이 일이 당시 화제가 되면서 "봉모린각"이라는 성어가 생겨났다.

위의 이야기는 남조(南朝) 송(宋) 유의경(劉義慶)이 지은 《세설신어(世說新語)》·〈용지(容止)〉편에 보인다. "봉모린각"을 직역하면 봉황의 터럭과 기린(麒麟-성인이 이 세상에 나올 징조로 나타난다는 상상의 동물)의 뿔을 말하는데, 매우 진기하고 희귀한 사람이나 동물을 말한다.

세상에는 많은 평범한 사람들이 살아가고 있지만 가끔 특이한 능력이나 비범한 재주를 가진 이인(異人)들을 볼 수가 있다. 윗글에 등장하는 사초종은 글 잘 짓는 재주를 가지고 있어서 황제에게 봉모(鳳毛)라는 칭찬을 들을 수 있었다. 사람들은 누구나 한두 가지 잘할 수 있는 장점을 가지고 있는데, 스스로 감춰진 능력을 계발하여 발전시켜 나가지 못하고 마는 경우가 의외로 많다. 따라서 우리는 다양한 사회 활동을 통하여 나에게 잠재된 역량을 키워 가는 노력이 필요하다.

부탕도화(赴湯蹈火)

　동한(東漢) 말년, 한(漢)나라 황실의 세력이 약화되자 각 지역의 군벌들은 세력 확장을 위해 끊임없이 전쟁을 벌였다. 형주자사(荊州刺史)를 맡고 있던 유포(劉表)는 전쟁에 대해 관망하는 태도를 취하였다.

　199년, 원소(袁紹)와 조조(曹操)의 군사가 관도(官渡)에서 대치(對峙)하고 있었으며, 유표는 쌍방을 모두 지지한다는 입장을 표명하였다. 그러나 원소가 사람을 보내와 지원을 부탁하자 말로는 그러겠다고 하면서도 행동에 옮기지 않았다. 조조가 도움을 청했을 때도 적당한 말로 얼버무리고 말았다.

　모사(謀事) 한숭(韓嵩)은 유포의 어정쩡한 태도를 보고 말하길, "장군의 결정이 쌍방의 전투에 중대한 영향을 미칠 것이기 때문에 신중하게 한쪽을 선택하셔야 합니다. 계속 이처럼 애매모호한 태도를 취하면 분명 양쪽 모두에게 원한을 살 것입니다."

　한숭은 유표에게 천하의 형세(形勢)를 설명하며 조조가 반드시 승리할 것이니, 그의 편으로 들라고 하였고 다른 장수들 역시 한숭의 의견에 동조하였다. 하지만 유표는 쉽게 결정을 내리지 못하고 한숭에게 말하길, "지금 조조가 황제를 허도(許都)로 모시고 왔으니, 선생이 가서 상황을 한번 살펴보면 어떻겠습니까?"

　그러자 한숭은 심각한 표정을 지으며 말하였다. "저는 장군의 부하이니 명령을 내리시면 펄펄 끓는 물이나 활활 타오르는 불 속도 마다하지 않고 목숨을 바칠 각오로 임무를 수행할 것입니다. 그러나 신중히 고려하셔야 합니다. 이미 황제와 조조의 뜻에 부응하겠다는 결정을 내리신 것이라면 제가 허도로 가는 것이 옳지만, 아직 생각을 정하지 않고 저를 보냈는데 만약 황제께서 제게 관직이라도 내리시면 저는 황제의 신하이기에 더 이상 장군을 위해 일할 수 없습니다. 그러한 상황이 되면 저를 난처하게 하지 마십시오."

유표는 이번에도 분명한 대답은 하지 않은 채 한숭을 허도로 보냈다. 한숭이 예상하였던 대로 헌제(憲帝)는 그를 영릉태수(零陵太守)에 제수하였다. 한숭은 부임지로 출발하기 전 유표에게 이별을 고하기 위해 갔다.

유표는 한숭이 자신을 배신하였다고 생각하여 죽이려고 하였다. 좌우의 다른 신하들은 놀라 유표에게 한숭을 살려 줄 것을 간청하였으나, 한숭은 표정 하나 변하지 않고 자신이 허도로 가기 전 했던 말을 다시 언급하며, 지금 자신을 죽인다면 이는 유표가 자신을 배신한 것이지 자신이 유표를 배신한 것이 아니라고 하였다. 이에 유표는 한숭을 죽이지는 못하고 옥에 가두어버렸다.

위의 이야기는 서진(西晉)의 저명한 역사학자 진수(陳壽)가 저술한 《삼국지(三國志)》·〈위서(魏書)·유표전(劉表傳)〉에 실려 있다. "부탕도화"는 펄펄 끓는 물로 뛰어들고, 활활 타오르는 불구덩이로 걸어 들어간다는 의미로 어떤 일을 실행하기 위하여 전심전력을 다한다는 말이다.

무엇인가를 이루기 위해 어렵고 힘든 일을 견딘다는 것은 참으로 쉽지 않다. 그러나 고대 그리스의 철학자 아리스토텔레스는 "인내는 쓰지만 그 열매는 달다."라는 말을 남겨 후세인들에게 인내의 중요성을 역설하였다. 오늘 하루도 부단히 참고 노력하면 머지않아 영광의 날이 반드시 찾아올 것이다.

부형청죄(負荊請罪)

중국 전국시대(戰國時代) 조(趙)나라에 인상여(藺相如)라는 대신(大臣)이 있었는데, 매우 지혜롭고 성격이 대담하였다. 당시 진(秦)나라는 매우 강성하였지만 상대적으로 조나라는 허약하여 진왕은 호시탐탐(虎視耽耽) 조나라를 침략하고자 하였다. 조(趙) 혜문왕(惠文王) 18년, 진나라는 드디어 군사를 보내 조나라 석성(石城)을 함락시키고, 조왕(趙王)을 청하여 민지(澠池)에서 만나 담판을 짓자고 하자, 조왕은 인질로 사로잡힐까 두려워하여 약속한 장소로 가지 않으려 하였다. 이에 인상여는 만약 가지 않으면 진나라는 조나라를 더욱 업신여길 것이라 생각하고, 조왕을 권유하여 가도록 하였다.

민지에서 인상여는 위험에 처해 있는데도 전혀 두려워하지 않고, 기지(機智)와 용기로 진왕을 꾸짖고 조나라의 위엄을 세웠다. 귀국 후 조왕은 인상여를 크게 칭찬하고 상경(上卿)에 제수하여, 관직이 대장군 염파(廉頗)보다 높았다.

조왕이 이처럼 인상여를 신임하니, 대장군 염파는 매우 큰 불만을 갖게 되었다. 그리고 그는 인상여를 만나면 반드시 망신을 주겠다고 사람들에게 알렸다. 이 사실을 안 인상여는 늘 염파를 피해 다녔으며, 부하들에게 절대로 염파의 사람들과 부딪치지 말라고 명하였다.

어느 날 인상여가 마차를 타고 외출하는데, 저 멀리 염파의 마차가 다가오는 것을 보고 황급히 부하들에게 마차를 골목 안으로 피하도록 하였다. 이것을 본 부하들은 도저히 이해할 수 없었고, 모두들 염파가 무서워 피하는 것이라 여겼다. 그러곤 인상여에게 말하길, "대감의 지위는 염파 장군보다 높은데 왜 매번 피해만 다니십니까? 계속 이러시면 저희들은 정말 참을 수 없습니다."

인상여가 조용히 그들에게 "염 장군과 진왕을 비교한다면 누가 더 위엄 있고 무서

운가?"라고 묻자, 모두들 이구동성으로 말하길, "그야 물로 진왕이지요." 이어서 인상여는 묻기를, "옳은 말이다. 내가 진왕을 얼굴을 마주보며 꾸짖었는데, 설마 염파 장군 따위를 두려워하겠느냐? 지금 진나라가 조나라를 선뜻 공격하지 못하는 것은 조나라 문무백관 모두가 한마음 한뜻이 되어 있기 때문이다. 우리 두 사람은 두 마리 호랑이에 비유될 수 있는데, 두 호랑이가 싸우면 반드시 그중 한 마리는 크게 다치거나 죽게 되어, 진나라에 조나라를 공격할 수 있는 좋은 기회를 제공해 주는 것이다. 너희들은 국가의 대사가 중요다고 생각하느냐? 아니면 개인적인 체면이 중요하다고 생각하느냐?" 그의 부하들은 인상여의 말을 듣고 모두 큰 감동을 받았다.

이 말이 염파의 귀에까지 들어가자, 염파는 크게 깨닫고 뉘우쳤다. 그는 웃옷을 벗고 매를 등에 지고 인상여의 집을 찾아가 죄를 청하였다. 그는 침통한 목소리로 "저는 거칠고 천박한 사람이라 정말 장군께서 이처럼 관대하게 대해 주실 줄은 몰랐습니다."라며 사죄하였다. 인상여는 염파의 이처럼 정성 어린 행동을 보고 황급히 등에 있는 매를 풀어 주고 술잔을 기울이며 생사를 함께하자고 맹세하였다.

위의 이야기는 서한(西漢) 사마천(司馬遷)의 《사기(史記)》·〈염파인상여열전(廉頗藺相如列傳)〉에 보인다. 여기서 "부(負)"는 등에 지는 것을 말하고, "형(荊)"은 매, 곤장 등을 뜻하는데, 이것을 고대(古代)에서는 형구(形具)로 사용하였다. "부형청죄"는 매를 등에 지고 벌을 청한다는 의미로, 정성을 다해 사죄하는 것을 말한다.

윗글에 등장하는 염파(廉頗)는 당시 조나라 최고의 장수로 전국시기의 백기(白起), 왕전(王翦), 이목(李牧) 등과 더불어 4대 명장에 포함된다. 그는 모든 전쟁에서 승리를 거두어 높은 관직을 받았지만, 인상여와의 갈등으로 인해 위와 같은 이야기가 전해지고 있다.

사람들은 종종 나보다 지위가 높거나 재주가 뛰어난 자를 시기하고 미워한다. 그래서 형제간의 갈등, 친구 간의 갈등, 그리고 직장 동료들 간의 갈등을 유발한다. 염파도 우리들 주위에서 흔히 볼 수 있는 인물이다. 염파의 우직하고 거친 행동은 전쟁에서 세월을 보낸 전형적인 장군이라는 것을 금세 알 수 있다. 반면 여기에 대비되는 인상여라는 인물은 뛰어난 지략과 용기를 갖춘 훌륭한 책사(策士)이자 재상으로 손색이 없다. 국가를 위한 일념에서 모든 것을 양보하고 인내하면 결국 좋은 결과를 가져오는데, 우리 사회에서 인상여 같은 인물은 찾을 수 없는 것인가? 아마 우리의 눈이 어두워 그를 알아보지 못할 뿐이리라.

분도양표(分道揚鑣)

　　남북조(南北朝) 북위(北魏) 효무제(孝武帝) 때, 원지(元志)라는 사람이 있었다. 그는 하간공(河間公) 척발제(拓跋齊)의 손자로 인품이 고결하고 정직하면서도 언변이 좋고 일처리가 능숙하였다.

　　원지는 낙양령(洛陽令)으로 있을 때, 권력가들을 두려워하거나 고개를 숙이려 하지 않았다. 어느 날, 그는 어사중위(御史中尉) 이표(李彪)와 서로 마주쳤다. 이치대로라면 원지는 직위가 이표보다 낮기 때문에 먼저 양보해야 하지만 그렇게 하지 않았다. 이에 화가 난 이표가 말하길, "내가 너보다 윗사람이니 당연히 먼저 양보해야 한다." 원지가 대답하였다. "이곳은 낙양령인 나의 관할 지역인데 어찌 먼저 길을 양보한단 말입니까?"

　　두 사람의 언쟁은 좀처럼 끝이 나지 않았다. 이에 그들은 결국 시비를 가리기 위해 효문제를 찾아갔다. 이표가 "어사중위인 저의 직위가 더 높은데 낙양령이 무슨 자격으로 감히 대드는 것입니까?"라고 하자, 원지가 말하길, "저는 낙양의 지방관입니다. 낙양에 사는 사람이라면 누구나 제 손을 거쳐야만 호적에 이름을 올릴 수 있습니다. 그런데 제가 일반 관리처럼 어사중위에게 머리를 조아리며 양보해야 한단 말입니까?"

　　효문제는 이들의 논쟁을 듣고 웃으면서, "낙양은 과인의 도성이니, 그대들은 제각기 갈 길을 가시오. 이후에는 서로 길을 달리하여 다니면 될 일이오."라며 답을 내려 주었다.

　　위의 이야기는 남북조시기(南北朝時期) 북제(北齊)의 위수(魏收)가 지은 기전체(紀

傳體)로 이루어진 단대사(斷代史) 《위서(魏書)》·〈하간공제전(河間公齊傳)〉에 실려 있다. "분도양표"는 서로 길을 나누어 말을 몰고 나간다는 뜻으로, 서로 추구하는 목적이 다르니 각자의 길을 간다는 것을 비유한다.

우리는 일생 동안 수많은 사람들을 만난다. 그중 서로 마음이 맞는 사람도 있고, 전혀 그렇지 않은 사람도 있다. 추구하는 목표나 가치관이 서로 다르면 함께 일을 추진하기가 쉽지 않으며, 설사 함께한다고 하더라도 결코 좋은 결과를 만들 수도 없다. 그래서 중국 《명현집(名賢集)》에서는 "서로 마음이 다르고 말이 통하지 않으면 아예 침묵하며 말하지 않는 게 낫다."라고 하였다.

불익이비(不翼而飛)

　중국 전국시기(戰國時期), 진(秦)나라 소왕(昭王)은 대장군 왕계(王稽)에게 조(趙)나라 도성 한단(邯鄲)을 공격하게 하였는데 17개월이 지나도 적을 함락시키지 못하였다. 왕계가 이 때문에 고민하고 있는데 장(莊)이라는 사람이 계책을 내놓았다. 그가 왕계에게 말하길, "장군은 왜 병사들을 위로하고 포상하지 않으십니까? 이러면 원망은 줄고 사기는 진작되어 조만간 한단을 공략할 수 있을 것입니다." 그러나 왕계는 오만한 태도로 말하길, "나는 단지 왕의 명령에 복종할 뿐 다른 일은 생각하지 않는다." 그러자 장이 이렇게 반박하였다. "그렇지 않습니다. 아버지가 아들에게 바라는 것에는 할 수 있는 것과 할 수 없는 것의 차이가 있습니다. 예컨대 아버지가 아들에게 '아내와 헤어지고 첩을 팔아라.'라고 하면 이는 아들이 할 수 있는 일입니다. 그러나 '너의 처와 첩을 그리워하지 마라.'라고 하면 이는 아들이 할 수 없는 일입니다."

　왕계가 눈을 부릅뜨고 쳐다보았지만 장은 계속 말을 이어 갔다. "지금 장군은 왕의 신임을 받고 있지만 군신(君臣)의 관계는 혈육 관계인 부자간의 정을 넘지 못합니다. 병사들은 신분은 미천하지만 역시 감정이 있는 사람들입니다. 그런데 장군은 평소 왕의 신임만 믿고 병사들은 안중에 두지 않았습니다. 병사들은 이미 장군에게 불만을 품고 있을 것입니다. 속어에 이런 말이 있습니다. '세 사람이 호랑이가 있다고 말하면 사람들은 모두 정말로 호랑이가 있다고 믿고, 열 사람이 장사의 힘이 쇳덩이를 부러뜨릴 수 있을 정도로 세다고 말하면 사람들은 그것을 정말이라고 믿습니다. 여러 사람이 모두 그렇다고 하면 사물도 변하게 할 수 있습니다.' 사람들의 말은 날개 없이도 사방으로 날아갈 수 있습니다. 병사들의 힘과 마음이 하나 되면 그 역량은 훨씬 커질 것입니다. 그러므로 병사들을 위로하고 포상하셔야 합니다."

그러나 왕계는 끝까지 장의 건의를 받아들이지 않았고, 그 후에 진나라 군대는 오히려 조나라에 포위당하고 말았다. 그러자 어떤 이가 몰래 소왕에게 가서 왕계가 모반을 하였다고 고발하자, 소왕은 크게 노하여 왕계를 죽이고 말았다.

위의 이야기는 서한(西漢) 유향(劉向)이 편찬한《전국책(戰國策)》·〈진책(秦策)〉에 보인다. "불익이비"는 날개가 없어도 멀리까지 날아갈 수 있다는 뜻으로, 현재는 물건이 갑자기 사라지는 것을 비유하거나 어떤 일이 급속히 전파되는 것을 말한다.

우리말 속담의 "발 없는 말이 천 리 간다.", 한자어의 "언비천리(言飛千里)" 역시 말은 순식간에 멀리까지 퍼져나갈 수 있으니, 늘 조심하라는 것이다. 예부터 말 때문에 화를 입은 일화가 수없이 많다. 나는 무심코 한 말이지만 상대방 가슴에 큰 상처를 남길 수도 있으니, 항상 신중하게 처신하고 남을 해치는 말은 삼가야 할 것이다.

불입호혈, 언득호자(不入虎穴, 焉得虎子)

동한(東漢)의 봉거도위(奉車都尉) 두고(竇固)는 흉노를 공격하여 크게 승리하였다. 그는 반초(班超)를 가사마(假司馬)에 봉하고, 이오(伊吾 - 지금의 신강(新疆) 합밀(哈密) 일대)를 공격하게 하였다. 양쪽 군대가 포류해(蒲類海)에서 교전을 벌인 결과, 반초는 적을 크게 무찌를 수 있었다. 두고는 반초의 능력이 뛰어나다고 생각하여 그의 막료인 종사(從事) 곽순(郭恂)과 함께 서역에 사신으로 가게 하였다.

반초 일행은 선선(鄯善)이라는 나라에 도착하였다. 처음 선선의 왕은 사절단을 극진하게 대접하였지만, 얼마 후 선선 왕이 돌연 그들을 냉대하고 회피하는 것이었다. 이에 반초가 일행들에게 말하길, "선선 왕의 태도가 냉랭해졌다고 생각하지 않는가? 내 생각에는 분명 흉노에서 사신을 보내와 그들의 말을 듣고 우왕좌왕 갈피를 못 잡는 것 같네."

이에 반초는 한나라 사신을 접대하는 선선 왕의 시종을 찾아가 일부러 책망하듯 말하였다. "흉노에서 사신들이 온 지 여러 날 된 것으로 아는데, 그들은 어디 묵고 있소?" 시종은 두려워하며 흉노 사신에 관한 일을 모두 말하였다. 반초는 시종을 감금한 뒤, 자신이 데리고 온 장수와 병사들을 모두 소집하고 말하길, "흉노에서 사신이 온 지 겨우 며칠밖에 되지 않는데도 선선 왕은 우리를 냉대한다. 선선 왕이 우리를 흉노에게 넘기면 아마 목숨을 부지하기 어려울 것이다. 그대들의 생각은 어떠한가?" 장수와 병사들은 이구동성으로 말하길, "우리는 이미 위험한 상황에 놓여 있습니다. 죽든 살든 명령하시는 대로 따르겠습니다." 그러자 반초는 "호랑이 굴에 들어가지 않으면 어찌 호랑이 새끼를 잡을 수 있겠는가? 지금으로서는 한밤중에 불로 흉노 사신을 공격하는 수밖에 없네. 그들은 우리의 허실(虛實)을 모르니 분명 두려움에 허둥댈 것이야. 그 틈을 타 흉노의 사신들을 완전히 없애버려야 해. 그러면 선선 왕도 놀라 생각을 바꾸겠지."라고 하였다. 장수와 병사들이 "이 일은 곽종사와 상의해야 하지 않을까요?"라고 묻자, 반초가 흥분하여 말하길, "그럴 필요 없네. 곽종사는 용속(庸俗)한 문인이라 겁이 많아, 이 일을 알면 분명 기밀을 누설하고 말거고, 그러면 우리는 위험을 면치 못할 것이야." 장수와 병사들은 모두 반초의 말에 동의하였다.

날이 어두워지자 반초는 흉노 사신의 진영을 공격하였다. 그는 10여 명의 사람들에게 북을 들고 뒤쪽에 숨어 있다가, 불을 보면 북을 치며 고함을 지르라고 하였다. 다른 사람들은 모두 무기를 들고 흉노 진영 앞 양쪽에 매복하였다. 마침 바람도 세게 불어와 반초는 바람의 방향을 따라 불을 붙였다. 불은 순식간에 타올라 불길이 하늘을 뒤덮었다. 흉노 사신은 갑자기 일어난 일에 놀라 허둥댔다. 순식간에 30여 명의 흉노족이 죽임을 당하고, 나머지 사람들은 모두 불에 타 죽었다. 다음 날, 반초가 밤에 있었던 일을 곽순에게 말하자, 곽순은 놀라 얼굴이 새파랗게 변하였다. 반초는 그의 생각을 간파하고, "그대가 이번 행동에 참여하지 않았지만, 내가 어찌 그 공로를 독점하겠는가?" 이 말을 들은 곽순은 비로소 표정이 밝아졌다. 반초가 선선 왕에게 흉노 사신의 머리를 보여 주자 대경실색(大驚失色)하였다. 반초는 이치를 들어 선선 왕을 설득하기 시작하였다. 마침내 선선 왕은 한나라와 좋은 관계를 유지하기 위해 아들을 인질로 보내기로 결정하였다.

위의 이야기는 반초(班超)의 용감하고 과단성 있는 행동을 보여 주는 일화로, 남조 시기(南朝時期) 송(宋) 범엽(范曄)의 《후한서(後漢書)》·〈반초전(班超傳)〉에 보인다. "불입호혈, 언득호자"는 호랑이 굴에 들어가지 않고 어떻게 호랑이 새끼를 얻을 수 있느냐는 의미이다. 우리말 속담에서도 똑같이 사용되고 있는데, 뜻한 바를 이루려면 위험을 무릅쓰고 도전하여 고난을 이겨 낼 수 있는 용기가 필요하다.

일반적으로 사람들은 현실에 안주하고 위험을 감수하지 않으려 한다. 그러나 원대한 포부나 야심을 가지고 있다면 대담한 행동도 때론 필요하다. 세상은 도전하는 사람에게 성공의 기회가 주어지기 때문이다.

불학무술(不學無術)

서한(西漢)시기의 명장(名將) 곽거병(霍去病)은 곽광(霍光)이라는 배다른 동생이 있었다. 곽거병이 흉노 정벌에 성공하고 수도 장안(長安)으로 돌아올 때 곽광을 함께 데려와 군영에 배치하였다. 2년 후 곽거병이 죽고, 곽광은 봉거도위(奉車都尉)에 임명되어 무제의 호위를 담당하였다. 소심하고 신중한 성격의 곽광은 예법을 철저히 준수하였다. 황제의 안전을 책임지는 일에서도 실수를 한 적이 없어 무제의 신임을 얻었다. 무제는 세상을 떠나기 전, 곽광에게 아들 유불릉(劉弗陵)을 잘 보좌하여 국정을 이끌어 갈 것을 부탁하기도 하였다. 곽광은 소제(昭帝) 유불릉이 죽은 후에는 유하(劉賀)와 유순(劉詢)을 차례로 옹립하여 황제로 세웠다. 곽광은 서한의 안전과 발전에 큰 공로를 세웠다.

선제(宣帝)가 즉위한 후, 곽광의 아내 곽현(霍顯)은 딸을 황후로 만들고, 이를 기반으로 곽광의 세력을 공고히 다지고 싶었다. 그러나 선제가 허씨(許氏)를 황후로 삼자, 곽현은 의녀(醫女)와 짜고 허황후를 독살하였다. 허황후가 죽고 곽광의 딸 곽성군(霍成君)이 황후가 되었다. 곽광이 죽자 선제는 성대하게 장례를 치러 주었다. 허황후가 낳은 아들 유석(劉奭)이 태자로 책봉되자 곽현은 여러 차례 그를 독살하려 했지만 성공하지 못했다. 이에 곽씨 일가는 정변(政變)을 도모하였지만 계획이 누설되어 멸문의 화를 당했다.

동한(東漢)의 역사학자 반고(班固)는 자신의 저술 《한서(漢書)》에서 곽광을 이렇게 평했다. "곽광은 학문을 배우지 않고 지식이 없어 이치에 어두웠다."

위의 이야기는 동한(東漢) 반고(班固)가 지은 《한서(漢書)》·〈곽광전(霍光傳)〉에 실려 있고, "불학무술"은 학문을 익히지 않아 학식이 없고 세상 이치에 어둡다는 의미이다. 현대에는 학문을 익히지 않아 특별한 재능이 없다는 뜻으로 사용되고 있다.

우리가 세상의 이치를 익혀 나가는 데는 학교 공부도 중요하지만 사회생활에서 얻는 것도 매우 많다. 고대 희랍의 유명한 시인이자 정치가인 솔론(Solon)은 "사람은 일생 동안 끊임없이 배워야 하는데, 젊은 날에는 이상과 생활의 안정을 위하여, 중년에는 공허한 마음을 보충하기 위하여, 노년에는 천천히 배움의 맛을 음미하고 그곳에서 즐거움을 찾기 위한 것이다."라고 역설하였다.

불한이율(不寒而慄)

한(漢)나라 무제(武帝) 때 의종(義縱)이라는 사람이 있었는데, 그는 젊은 시절 강도였다. 그의 누나는 의원이고, 의술이 높아 태후(太后)의 병을 고친 적이 있다. 태후가 그의 누나를 특별히 아꼈기 때문에 의종은 누나의 힘으로 무제에게 등용되어 상당군(上黨郡)의 현령이 되었다.

의종은 현령으로 부임한 후, 권세를 믿고 횡포를 부리는 자들을 무서워하지 않고 대담하게 업무를 추진하며, 매사를 법에 따라 엄격히 처리하였다. 이로써 그의 관할 지역에는 도둑이 발붙이지 못했고, 백성들의 생활은 이전보다 훨씬 호전되었다. 의종의 치적(治積)은 조정에까지 알려졌고, 정기적으로 이루어지는 관리들의 업적 평가에서 그의 이름은 항상 앞에 놓였다. 그리하여 얼마 지나지 않아 승진을 거듭하여 장안령(長安令), 하내도위(河內都尉), 남양태수(南陽太守) 등을 맡게 되었다.

그가 남양태수로 부임했을 때의 일이다. 그곳에는 관도위(關都尉)라는 관직을 담당한 영성(寧城)이라는 사람이 있었다. 영성은 건방지고 포악한 관리로 이름이 났으며, 전답도 많이 가지고 있어 대단한 부자였다. 그는 의종이 남양태수로 부임한다는 소리를 듣고 두려운 생각이 들었다. 그리하여 의종이 도착하는 날 길에 나가 일부러 겸손한 모습을 하고 영접하였다. 의종은 그의 생각을 간파하여 방자하고 오만한 그의 버릇을 고쳐 놓기로 마음먹었다. 의종은 부임하자마자 바로 영성은 물론 그의 가족까지 조사하여 죄에 따라 중벌을 내렸다. 남양에서 못된 행실만 일삼는 악덕 인사들은 의종이 추호의 여지도 없이 영성의 일을 처리하는 것을 보고 놀라 다른 고을로 달아나 버렸다. 남양의 관리와 백성들은 모두 의종을 두려워하였다.

이후 의종은 다시 정양군(定襄郡, 지금의 내몽고) 태수로 가게 되었다. 흉노를 정벌하러 가는 한나라 군사는 모두 정양군에서 출발하는데, 이곳은 치안이 혼란할 뿐 아니라 관리들도 안하무인(眼下無人)이어서 전쟁에 악영향을 미쳤다. 의종은 부임한 후 바로 못된 관리들에게 본때를 보여 주었다. 먼저 죄는 무거운데 가벼운 처벌을 받은 감옥의 죄수 200여 명을 모두 극형(極刑)에 처하고, 몰래 감옥에 가 죄수들을 면회한 그 가족 200여 명도 사형에 처했다. 의종은 하루 만에 400여 명을 죽인 것이다. 당시 결코 추운 날씨가 아닌데도, 이러한 소식을 들은 사람들은 모두 자신도 모르게 몸을 부들부들 떨었다.

위의 이야기는 서한(西漢)의 사마천(司馬遷)이 지은 《사기(史記)》·〈혹리열전(酷吏列傳)〉에 보인다. "불한이율"은 날씨는 별로 춥지 않은데 극도의 공포감 때문에 온몸이 떨리는 것을 말한다. 우리말 "모골(毛骨)이 송연(悚然)하다."와 같은 의미이다.

위에서 언급한 의종은 작은 권세를 믿고 백성들을 괴롭히는 악한 관리들이나 범법 행위를 일삼는 나쁜 사람들을 무자비하게 극형으로 다스렸다. 이런 광경을 목도한 사람들은 큰 두려움에 떨었으며, 두 번 다시 악행을 일삼지 못하였다. 비록 의종은 엄격하게 법을 집행하였지만 함부로 많은 사람들을 죽였다는 문제에서 자유롭지 못하여, 《사기》에서는 〈혹리열전(酷吏列傳)〉에 두었으니, 이는 후세의 판단을 보고자 한 것이다.

비아박화(飛蛾撲火)

남북조(南北朝)시기 양(梁)나라에 도신(到藎)이라는 사람이 있었다. 그는 금자광록대부(金紫光祿大夫) 도개(到漑)의 손자로 태자사인(太子舍人), 선성왕주부(宣城王主簿), 태자세마(太子洗馬), 상서전중랑(尙書殿中郞) 등의 벼슬을 지냈다.

도신은 어렸을 때부터 총명하고 시와 문장을 짓는 데 뛰어났다. 양나라 무제(武帝) 소연(蕭衍)은 그의 재주를 높이 평가하여 함께 술을 마시며 문장 짓는 것을 즐겼다. 어느 날 도신은 양무제를 따라 경구(京口)의 북고루(北固樓)에 올라 경치를 감상하는데, 양문제가 그에게 시를 한 수 지어 보라고 권하였다. 도신이 얼른 시를 한 수 지어 바치자, 양무제는 그것을 도개에게 보여 주며 말하길, "도신의 재주는 정말 뛰어나네. 이전에 자네가 지은 문장은 모두 도신이 대신 써 주었을 것이야." 그러면서 양무제는 도개에게 〈연주(連珠)〉라는 시를 한 수 지어 선물하였는데, 그 내용은 이러하다.

묵 갈아 글을 쓰고, 붓 휘날려 문장 짓는 것이,
마치 나방이 불을 향해 뛰어들며, 자신 태우는 것을 애석히 여기지 않는 듯,
그대 이미 이렇게 늙었으니, 어린 손자가 대신 글을 지어도 된다네.
研磨墨以騰文, 筆飛毫以書信.
如飛蛾之撲火, 豈焚身之可吝?
必耄年其已及, 可假之于少藎.

위의 이야기는 당(唐)나라 초기의 저명한 사학가 요사렴(姚思廉) 등이 지은 《양서(梁書)》·〈도개전(到漑傳)〉에 보인다. 《양서》는 당(唐) 태종(太宗) 이세민(李世民)의

명을 받아 7년에 걸쳐 완성한 역사서로, 문자가 간결하고 화려한 문사(文辭)는 회피하여 사마천의 문풍을 계승하였다고 일컬어진다.

"비아박화"는 부나방이 불을 향해 달려드는 것으로, 스스로 죽음을 재촉하거나, 자신의 능력을 헤아리지 못하고 무모하게 일을 만들어 큰 화를 자초함을 비유한다. 사람들은 누구나 이익을 좇는 존재이다. 붉게 타오르는 불빛이 추위를 막아 주고 어둠을 밝힐 수 있지만 때론 치명적인 화가 될 수 있는 것처럼, 이익에 눈먼 행동 역시 그러하기에 깊이 생각하고 행동해야 할 것이다.

사면초가(四面楚歌)

　중국 역사에서 폭정(暴政)으로 유명했던 진시황(秦始皇)이 죽고, 새로운 시대의 영웅으로 떠오른 항우(項羽)와 한(漢)나라 고조(高祖) 유방(劉邦)이 천하의 패권을 놓고 다투던 때의 이야기이다.

　기원전 202년, 항우와 유방은 원래 홍구(鴻溝 – 지금의 하남성 영현)를 동서로 나누어 경계로 삼고 서로 침범하지 않기로 했다. 하지만 그 후 유방은 장량(張良)과 진평(陳平)의 권유에 따라, 항우가 군사적으로 가장 쇠약해졌을 때 그를 멸망시키기로 하였다. 이에 한신(韓信), 팽월(彭越), 유가(劉賈) 등에게 동쪽으로 팽성(彭城 – 지금의 강소성 서주)에 있는 항우의 진지를 습격하도록 명하여, 해하(垓下)에 있는 항우를 여러 겹으로 포위하였다.

　이때 항우의 병사들은 이미 얼마 남지 않았으며, 먹을 식량도 바닥난 상태였다. 이날 밤 항우는 사방의 군영에서 들려오는 초(楚)나라 노랫소리를 듣고는 기절할 듯이 놀랐다. "벌써 유방이 초나라를 점령했단 말인가? 어떻게 그의 군영에 초나라 병사들이 이처럼 많은가?" 혼잣말로 중얼거리는 항우는 전의(戰意)를 완전히 상실하고 말았다. 그는 군막에서 술을 마시며, 스스로 시 한 수를 써 내려 갔다.

　　힘은 산을 뽑고 기운은 세상을 뒤덮지만,
　　시세가 불리하여 말이 나아가지 않네.
　　말이 나아가지 않으니 어찌하리,
　　우희(虞姬)여! 내가 어찌하면 좋겠는가?"

力拔山氣蓋世, 時不利兮騅不逝.
騅不逝兮可奈何, 虞兮虞兮奈若何.

항우는 그의 애첩 우희와 함께 노래 부르며 절망의 나락으로 떨어졌다. 우희는 끝내 항우의 말 앞에서 자진으로 생을 마감하였으며, 불세출의 영웅 항우 또한 살아남은 병사들을 이끌고 오강(烏江)으로 가서 자신의 허리춤에 차고 있던 칼로 역사의 뒤안길로 사라졌다.

위의 이야기는 지금으로부터 이천여 년 전에 일어난 사실(史實)로, 당시의 상황을 눈에 보이듯 생생하게 전하고 있다. "사면초가"는 사마천(司馬遷)의 《사기(史記)》·〈항우본기(項羽本紀)〉에 보이며, 사방이 적들로 포위되어 고립무원(孤立無援)의 상태에 이른 것을 말한다.

세상은 더불어 살아가는 것이라고 말한다. 늘 나와 함께 동고동락하는 가족을 비롯하여, 학교에서의 친구, 사회에서의 직장 동료 등은 부대끼며 살면서도, 또 가끔은 한 잔 술로 서로의 시름을 달래 줄 수 있는 소중한 사람들이다. 이들이 내 곁에 있기에 더욱 큰 용기와 굳은 신념으로 힘차게 나아갈 수 있는 것이다. 깊은 산속에 홀로 고립(孤立)되어 무원(無援)의 처지라면 어떠하겠는가? 정말 생각만 해도 아주 끔직한 일이다.

사본축말(捨本逐末)

전국(戰國)시기, 제(齊)나라 왕은 조위후(趙威后)의 안부를 묻기 위해 조(趙)나라에 사신을 보냈다. 사신은 조나라에 처음 가는 것이기에 당연히 조위후를 본 적이 없지만, 어질고 덕이 높은 황후라는 말을 들었기 때문에 즐거운 마음으로 길을 떠났다. 그는 조위후가 안부를 묻기 위해 가는 자신을 만나면 크게 기뻐하며 상을 내릴지도 모른다고 생각하였다.

사신은 밤낮을 쉬지 않고 말을 달려 마침내 조나라 수도 한단(邯鄲)에 이르렀다. 그의 눈에 비친 한단은 매우 번화한 도시였다. 울긋불긋 화려한 색으로 장식한 집들이 즐비하고, 도시 한가운데는 맑은 물이 흐르며, 시장은 많은 사람들로 크게 붐볐다.

사신은 조위후가 있는 궁으로 들어갔다. 조위후는 단아한 모습으로 앉아 인자한 웃음으로 그를 맞이하였다. 예를 갖춰 인사를 올린 사신은 조위후의 안부를 묻는 제나라 왕의 친필 서한을 전하였다. 그러나 어찌된 영문인지 조위후는 편지는 뜯어보지 않고, 금년 제나라의 수확이 어떤지 물었다. 사신이 좋다고 대답하자, 다시 백성들의 생활이 어떤지 물었다. 이번에도 좋다고 하자, 다시 제나라 왕의 건강이 어떤지 물었다. 사신은 이번에도 좋다고 대답하였다.

사신은 조위후의 물음에 하나하나 대답하였지만 속으로는 기분이 좋지 않았다. 솔직한 성격의 사람인 그는 조위후가 자상하면서도 마음이 넓은 사람인 것을 보고 대담하게 물었다. "저는 마마의 안부를 여쭈라는 왕의 명령을 받들고 일부러 왔습니다. 제나라 대왕의 일을 먼저 묻고, 다음에 수확과 백성에 관한 일을 물으시는 것이 이치에 합당한데, 어찌 비천한 것을 앞에 두고 존귀한 것을 뒤에 두신 것입니까?"

그러자 조위후는 웃으며 말하길, "내가 수확과 백성의 일을 먼저 묻고, 왕의 일을 나중에 물은 것은 다 이유가 있소. 생각해 보시오. 수확이 좋지 못하면 백성들은 어떻게 살아 나갈 수가 있겠소? 백성이 없으면 어찌 왕이 있을 수 있겠소? 때문에 그렇게 묻는 것이 타당하오. 그렇게 묻지 않는 것은 근본은 버리고 중요하지 않은 말단만 좇는 것이오. 그대의 생각은 어떠하오?"

사신은 조위후의 말에 아무런 대답을 하지 못하였고, 사람들이 왜 조위후를 어질고 덕이 높다고 칭찬하는지 확실히 알 수 있었다.

위의 이야기는 전국시대 말기 진(秦)나라의 승상 여불위(呂不韋)가 문객들과 편찬한 《여씨춘추(呂氏春秋)》·〈상농(上農)〉편에 실려 있다. "사본축말"은 일을 행하는 데 있어 근본을 버리고 지엽적인 것만 찾는 것을 말하며, 지금은 일의 경중(輕重)을 생각하지 않아 문제의 핵심을 풀지 못하는 것을 비유한다.

지금도 많은 사람들은 일의 선후(先後)와 경중을 모른다. 일의 핵심인 근본을 찾으려고 노력하지 않고, 부질없이 지엽적인 문제에 몰두하다 낭패를 본다. 사물의 이치와 사람들과의 관계를 정확히 파악하고 일의 근본을 좇는다면 쉽게 문제를 해결할 수 있을 것이다.

사생취의(捨生取義)

춘추시기(春秋時期) 진(晉)나라에 예양(豫讓)이라는 용사(勇士)가 있었는데, 진나라의 대신(大臣) 지요(智瑤)는 그의 재주를 아껴 중용하였다. 후에 지요는 조양자(趙襄子) 등에게 죽임을 당하였고, 예양은 그의 원수를 갚기 위해 조양자를 죽일 계획을 세웠다.

몇 개월 후, 예양은 몸에 장애가 있는 노복으로 분장하고 조양자의 집에 잠입하여 그를 죽일 기회가 오기를 노리고 있었다. 예양은 발을 절뚝거리며 조양자의 화장실로 들어가 벽에 칠을 하는 척하였다. 그런데 조양자는 순간 누군가가 자신을 죽이려 한다는 느낌이 들어, 아랫사람에게 집안 곳곳을 뒤져 자객을 찾아내라고 명령하였다. 결국 자객을 잡았는데 알고 보니, 지요의 원수를 갚기 위해 들어온 예양이었다. 조양자는 그의 의로운 행동에 감동하여 석방하였다.

예양은 지요의 원수를 갚는 일이 실패로 돌아가자 밤낮으로 궁리하며 다시 계획을 세웠다. 어느 날, 그는 한 가지 방법을 찾아내고, 즉시 행동에 옮겼다. 그는 먼저 눈썹과 수염을 밀고, 불에 새빨갛게 달궈진 숯을 삼켜 목청을 망가뜨렸다. 여기에 변장까지 하자 사람들은 전혀 그가 누구라는 것을 알아차릴 수 없었다. 친구들이 그에게 "먼저 조양자의 밑으로 들어가 신임을 얻은 다음 그를 살해하는 것이 더 쉽지 않겠는가?"라고 권하였지만, 예양은 말하길, "사람으로서 어찌 그런 의롭지 못한 일을 할 수 있단 말인가?"

어느 날, 예양은 조양자가 외출한다는 사실을 미리 알게 되었다. 조양자가 가는 길에 다리가 하나 있는데, 예양은 그곳에서 조양자를 죽이기로 계획하고 잠복하고 있었다. 조양자의 수레가 다리에 이르렀을 때, 말이 갑자기 놀라 울어 대기 시작하였다.

조양자가 사람을 시켜 조사하여, 마침내 다리 밑에서 예양을 찾아냈다. 조양자가 말하였다. "의(義)를 행하기 위해 목숨도 아까워하지 않는 그대의 행동은 정말 존경받을 만하다. 그러나 이번에는 그대를 용서해 줄 수가 없도다." 그러자 예양은 말하길, "조공(趙公)의 호의에는 감사드립니다. 그러나 죽기 전에 청이 하나 있으니, 제게 그 도포를 벗어 주십시오. 제게 주인의 원한을 갚는 의미로 나리의 도포를 칼로 세 번 찌르게 해 주시면 죽어도 여한이 없을 것입니다." 조양자는 예양의 충정(忠情)에 감동하여 도포를 벗어 주었다. 예양은 조양자의 도포를 찢은 후 자신의 목을 베어 자결하고 말았다.

위의 이야기는 사마천(司馬遷)의 《사기(史記)》·〈자객열전(刺客列傳)〉에 실려 있다. "사생취의"는 자신의 목숨을 버리고 의로움을 좇는다는 뜻으로, 목숨으로 정의를 얻는다는 말이다. 《논어(論語)》·〈위령공편(衛靈公篇)〉에 나오는 "살신성인(殺身成仁)" 역시 같은 의미로 사용한다.

예양의 고사는 "선비는 자신을 알아주는 자를 위하여 죽는다(士爲知己者死)"라는 의리의 표본이 되어 오래도록 아름다운 일화로 전해져 왔다. 의리를 소중히 여긴다고 말하면서도 현실적 이해관계 앞에서 이를 실천하기는 대단히 어렵다. 그러기에 어느 시대를 막론하고 "사생취의"를 실천한 이들은 정의를 향한 가장 숭고한 정신의 소유자로 칭송되었다.

사회부연(死灰復燃)

서한(西漢)시기, 양(梁)나라에 한안국(韓安國)이라는 사람이 있었다. 그는 한나라 경제(景帝)의 동생인 효왕(孝王) 밑에서 중대부(中大夫)라는 벼슬을 하고 있었는데, 경제와 효왕이 서로 오해를 풀고 화해하는 데 큰 역할을 하여 명성을 얻었다.

이후 한안국은 법률에 저촉된 행위로 인해 몽현(蒙縣)으로 압송되어 옥살이를 하게 되었다. 몽현의 옥리(獄吏) 전갑(田甲)은 이 기회에 한안국에게서 돈을 뜯어내려고 하였다. 전갑이 자신에게 돈을 주지 않으면 큰 고통을 겪을 것이라고 위협하자, 한안국은 말하길, "그러지 말게. 내가 지금 죄를 지어 감옥에 있지만, 이것으로 내 인생이 끝났다고 생각하면 안 되네. 옥살이를 마치고 나가면 다시 큰일을 도모하여 옛 명성을 되찾을 것이야. 사그라진 재가 다시 타오른다는 말도 모른단 말인가?" 그러자 전갑이 말하길, "사그라진 재가 다시 타오른다고? 그러면 내가 오줌을 갈겨 꺼 버릴 것이오." 한안국은 이처럼 무지몽매한 전갑의 태도에 기가 막혀 헛웃음만 지었다.

며칠 후, 양나라의 두태후(竇太后)가 한안국을 내사(內史)의 관직에 임명한다는 조서를 내렸다. 죄수의 신분에서 하루아침에 높은 자리에 올랐으니 한안국의 말처럼 정말 사그라진 재가 다시 타오른 것이다.

전갑은 이 소식을 듣자마자 한안국의 보복이 두려워 벼슬을 버리고 달아났다. 한안국은 사실을 알고 전갑의 가족들에게 말하였다. "만약 전갑이 두려워 나타나지 않는다면, 너희 집안은 멸족의 화를 당할 것이다." 전갑은 이 말을 전해 듣고 한안국에게 가서 사죄할 수밖에 없었다. 그는 웃옷을 벗고 부형청죄(負荊請罪)하였다. 한안국은 그의 이런 모습에 냉소하며 말했다. "지금 사그라진 재가 다시 타올랐으니, 자네 한 번 오줌을 갈겨 보게나." 전갑은 하얗게 질린 얼굴로 벌벌 떨며 계속 용서를 구하였다.

그러자 한안국이 말하길, "너 같은 소인배를 벌하는 것은 내 손을 더럽히는 것이다. 계속 일하기를 원하느냐? 원한다면 앞으로는 다시 자신의 힘을 과시하며 다른 사람을 괴롭히지 말거라. 착실히 일하며 과거의 잘못을 뉘우친다면 지난날의 잘못을 묻지 않겠다."

한안국은 이후에도 전갑에게 잘 대해 주었다. 이에 전갑뿐만 아니라 다른 옥리들도 과거의 잘못을 뉘우치며 더 이상 다른 사람을 능멸하지 않았다.

위의 이야기는 사마천(司馬遷)의 《사기(史記)》·〈한장유열전(韓長孺列傳)〉에 실려 있다. "사회부연"이란 이미 죽었던 불씨가 다시 살아난다는 뜻으로, 세력을 잃었던 사람이 다시 득세함을 이르는 말이다. "권토중래(卷土重來)"도 같은 의미로 사용된다.

한 번의 실패가 인생의 끝자락을 말하는 것은 아니다. 인류 역사에 남는 인물 중 "사회부연"하여 마지막에 빛을 본 사람들이 의외로 많다. 어려운 환경에서도 묵묵히 자신의 목표를 향해 걸어가면, 설령 좌절을 겪어도 결국 희망의 끈을 찾을 수가 있을 것이다.

삼고초려(三顧草廬)

중국 동한(東漢) 말년, 한(漢)나라 종실(宗室)인 예주목(豫州牧) 유비(劉備)는 줄곧 한나라 왕실을 부흥시키고자 하는 생각을 가지고 있었지만, 그를 도와 계책을 낼 만한 군사(軍師)가 없다는 사실에 고심하고 있었다. 후에 유비는 융중(隆中-지금의 호북성 양양)에 절세의 기인(奇人) 제갈량(諸葛亮)이 살고 있다는 사실을 알게 되는데, 그는 박학다식(博學多識)하며 지혜와 지략이 뛰어나고 깊은 사람이었다. 유비는 제갈량의 도움을 받아 한나라를 바로 세워야 한다는 일념을 더욱 굳게 하였다.

이에 유비는 관우(關羽)와 장비(張飛) 두 아우를 데리고 융중에 있는 와룡강(臥龍崗)으로 제갈량을 만나러 갔다. 하지만 공교롭게도 제갈량은 출타하고 집에 없어, 유비 일행은 실망한 채 발길을 돌려야만 하였다.

며칠 후, 유비 일행은 어느 추운 겨울날 눈보라를 무릅쓰고 다시 제갈량을 방문하였지만, 이번에도 제갈량은 어디론가 유람을 떠난 뒤였다. 유비는 부득이 서신 한 장을 남겨 제갈량에 대한 그리움을 나타내고, 아울러 세상에 나와 자신을 도와 어지러운 나라를 구할 것을 간곡히 청하였다.

다음 해 봄날, 유비는 자신의 정성을 나타내기 위하여 목욕재계(沐浴齋戒)한 후, 다시 한 번 제갈량을 방문하고자 하였다. 그러자 관우가 제갈량은 헛된 이름만 있을 뿐 실제는 보잘것없는 사람일 것이니 가지 말라고 권하였다. 장비도 말하길, "저 혼자 찾아가겠습니다. 만약 그가 오지 않으려 한다면 아예 새끼줄로 묶어 끌고 오겠습니다."

유비는 이 말을 듣자마자 크게 화를 내며 장비를 꾸짖었다. 그리곤 세 번째로 두 아우를 데리고 제갈량을 방문하였다. 유비 일행이 융중 제갈량의 초가집에 이르렀을 때, 마침 그는 낮잠을 자고 있었다. 유비는 그를 깨우고 싶지 않아 줄곧 밖에서 제갈량이 일어나길 기다렸다. 두 시간 정도 지나자 마침내 그가 깨어났다.

　제갈량은 유비 같은 귀한 신분을 가진 사람이 세 번씩이나 찾아오고, 태도 또한 매우 공손한 모습을 보고 훌륭한 제왕이 될 수 있다는 것을 알았다. 제갈량은 유비의 간청을 받아들이고 산을 내려와, 온 힘을 다해 유비를 보좌하여 마침내 촉한(蜀漢) 왕조를 세우게 되었다.

　위의 이야기는 서진(西晉)의 진수(陳壽)가 편찬한 《삼국지(三國志)》·〈촉지(蜀志)·제갈량전(諸葛亮傳)〉에 보이며, 다른 말로는 "삼고모려(三顧茅廬)"라고도 한다. "삼고초려"는 온갖 정성을 다해 여러 번 청하는 것을 말한다. 예부터 야심가들은 인재를 얻기 위하여 모든 수단과 방법을 동원하였는데, 얼마나 많은 인재가 자신의 곁을 지켜 주느냐에 따라 천하의 대세가 결정되곤 하였다. 인재들 또한 자신의 포부와 이상을 실현하기 위하여 힘 있는 야심가를 필요로 하였다. 지략가인 제갈량도 유비를 만났기 때문에 자신의 이름을 역사에 남기고 꿈을 실현할 수 있었던 것이다.

　오늘날도 옛날과 크게 다르지 않다. 대권(大權)에 대한 야망이 있다면 먼저 천하의 인재를 모으고 자신의 세력을 키워 나가야 한다. 뜻을 함께하는 정치 집단이 정도(正道)를 걸고 국민들의 지지를 얻는다면, 그들의 생각을 세상에 펼칠 수 있는 기회를 얻게 되는 것이다.

삼인성호(三人成虎)

중국 전국시대(戰國時代)에 위(魏)나라 방총(龐葱)이 태자를 모시고 조(趙)나라 수도 한단(邯鄲)으로 인질이 되어 가게 되었다. 방총은 떠나기에 앞서 위나라 왕에게 묻기를, "만약 지금 어떤 한 사람이 저잣거리에 호랑이가 나타났다고 말하면 대왕께서는 믿으시겠습니까?" 그러자 왕은 말하길, "믿지 않을 것이오." 방총은 또 묻기를, "만약 어떤 두 사람이 저잣거리에 호랑이가 나타났다고 말하면 대왕께서는 믿으시겠습니까?" 그러자 왕은 말하길, "과인은 반신반의할 것이오." 방총은 또다시 묻기를, "만약 어떤 세 사람이 저잣거리에 호랑이가 나타났다고 말하면 대왕께서는 믿으시겠습니까?" 그러자 왕은 "이번에는 과인이 그 말을 믿을 것이오."

방총은 이어서 말하길, "저잣거리에는 분명 호랑이가 있을 수 없는데, 단지 호랑이가 있다는 세 사람의 말만 듣고 대왕께서는 그 말을 쉽게 믿으셨습니다. 조(趙)나라 한단(邯鄲)에서 위(魏)나라 수도 대량(大梁)까지는 여기서 저잣거리보다 훨씬 먼 거리입니다. 제 등 뒤에서 헐뜯는 사람은 세 사람보다 훨씬 많을 것입니다. 대왕께서는 그들의 말을 가벼이 믿지 마시고 깊이 살펴 주시기 바랍니다." 그러자 왕은 말하길, "과인이 잘 알아서 처리할 것이오."

이에 방총은 왕에게 이별을 고하고 태자와 함께 조나라의 인질로 갔다. 그러나 그가 떠나자마자 왕에게 참소(讒訴)하는 사람들이 줄을 이었다. 후에 태자는 인질에서 풀려 돌아왔지만, 위나라 왕은 다시 방통을 만나 주지 않았다.

위의 이야기는 《전국책(戰國策)》·〈위이(魏二)〉편에 보이고, 다른 말로는 "삼부성호(三夫成虎)" 또는 "삼인시호(三人市虎)"라고 한다. 이 말은 유언비어가 반복해서 전파되면 사람의 마음이 흔들려 거짓이 진실이 될 수도 있다는 것을 설명한 것이다.

우리는 세상을 살며 실증되지 않은 많은 부언(浮言)에 예속되거나 현혹된다. 진실은 시간이 지나면 밝혀지기도 하지만, 때론 영원히 역사 속에 묻히기도 한다. 따라서 무엇보다 진실과 거짓을 가릴 줄 아는 혜안과 올바른 판단력을 길러야 할 것이다.

새옹지마(塞翁之馬)

옛날 변방 근처에 말 타기와 활쏘기를 좋아하는 한 노인이 살고 있었다. 어느 날 그의 집에서 기르던 말 한 마리가 갑자기 변방 너머 오랑캐들이 사는 지역으로 들어가자, 이웃들은 매우 애석해하며 노인을 위로하였다. 그러자 그는 말하길, "이것이 좋은 일이 될지 어찌 알겠습니까?"

몇 달이 지나자 잃어버린 그의 말은 오랑캐의 준마를 데리고 돌아왔다. 이번에는 사람들이 모두 축하의 인사를 건넸다. 그러자 노인은 말하길, "이 일로 화가 미칠지 누가 알겠습니까?"

집안에 좋은 말이 있어 말 타기를 즐기던 그의 아들은 어느 날 그만 말에서 떨어져 다리가 부러지고 말았다. 사람들은 모두 찾아와 노인의 불행을 위로하였다. 하지만 노인은 말하길, "이것 또한 좋은 일이 될지 어찌 알겠습니까?"

일 년 뒤에 오랑캐들이 대거 변방을 침략하자 마을의 청년들은 전쟁터로 나가 거의가 죽었지만. 유독 그의 아들만이 다리가 불구였던 관계로 부자가 모두 목숨을 보전할 수 있었다.

"새옹지마"는 《회남자(淮南子)》에 나오는 이야기로, 다른 말로 "새옹실마(塞翁失馬)" 또는 "북수실마(北叟失馬)"라고 한다. 이는 세상에 존재하는 만물은 모두 양면성을 지니고 있어, 우리들 주위에서 늘 일어나고 있는 "화(禍)"와 "복(福)"은 절대적이지 않고 상황의 변화와 조건에 따라 수시로 변할 수 있다는 것을 의미한다.

많은 변화를 겪으면서도 한순간의 미동도 없이 다가올 미래를 예측하고 준비하는 새옹(塞翁)의 마음에서, 우리는 달관의 경지에 이른 초인의 모습을 상상해 볼 수 있다.

사람은 누구나 삶에 대해 나름의 가치관과 목적을 가지고 살아가지만, 언제나 성공이 보장되는 것은 아니다. 설사 현재의 상황이 여의치 못하더라도 인내하고 착실히 준비해 나가면, 머지않아 반드시 좋은 기회가 주어지고 복(福)도 함께 찾아올 것이다.

생령도탄(生靈塗炭)

십육국(十六國)시기, 전진(前秦)의 황제 부견(苻堅)은 승상 왕맹(王猛)의 도움으로 중앙집권을 강화하고, 농업 생산에 주력함으로써 국력을 신장하여 북방 대부분의 지역을 통일하고, 동진(東晉)의 토지도 일부분 점령할 수 있었다. 후에 왕맹이 병이 들어 먼저 세상을 뜨자, 부견은 자신의 판단만을 믿고 마구잡이로 전쟁을 벌여 많은 사람이 죽었을 뿐 아니라, 국가의 재정 또한 바닥이 났다. 이에 백성들의 원성은 날로 높아지고, 부견의 통치 능력에 회의를 갖는 사람들도 갈수록 많아졌다. 특히 건원(建元) 19년(383년), 부견은 80만 대군을 동원하여 비수(淝水)에서 동진과 전투를 벌였는데 크게 패하였고, 이 틈을 타 각 부족의 수령들은 독립을 선언하였다.

얼마 지나지 않아, 후연(後燕)과 후진(後秦)이 연합하여 전진을 공격하였다. 전진의 도성 장안(長安)이 고립무원(孤立無援)의 처지가 되는 바람에 부견은 오장산(五將山)까지 도망갔지만, 결국 후진 요장(姚萇)의 군대에게 사로잡혀 어느 절에 구금되었다. 요장은 부견에게 옥새를 내놓으라고 협박하였지만, 부견은 오히려 그에게 욕설을 퍼부으며 말을 듣지 않았다. 이에 요장은 부견을 목매달아 죽였다.

전진의 유주자사(幽州刺史) 왕영(王永)은 이 소식을 부견의 아들 부비(苻丕)에게 알리고, 그를 다음 왕으로 옹립하였다. 다음 해, 부비는 새 조정의 인사를 단행하고 왕영을 좌승상에 임명했다.

왕영은 좌승상 자리에 오르자마자 격문(檄文)을 작성하여, 전진 각지에 흩어져 있는 무장 세력이 연합하여 후진의 요장과 후연의 모용수(慕容垂)를 토벌할 것을 요청하였다. 격문의 내용은 이러하다. "부견 황제께서 적의 손에 죽임을 당하고 도성이 함락된 이후, 우리나라는 줄곧 재기하지 못하고 있습니다. 백성들의 삶은 도탄(塗炭)

에 빠진 것처럼 고통스럽기 그지없습니다. 이 격문을 전달받은 각 지방의 관원들은 모두 병마(兵馬)를 이끌고 임진(臨晉)에 모여 함께 작전을 의논하도록 합시다."

그러나 안타깝게도 후진의 군사력이 너무 막강하여 전진의 무장 세력은 제대로 싸워 보지도 못하고 패배하였다. 이후 전진은 세력이 더욱 약화되어 결국 후진에게 멸망하고 말았다.

위의 이야기는 당대(唐代) 방현령(房玄齡)이 지은 《진서(晉書)》·〈부비재기(苻丕載記)〉에 실려 있다. "생령도탄"은 정치가 혼란한 시기에 백성들이 곤궁한 상황에 처한 것을 형용한다. 어느 시대를 막론하고 인류의 역사는 전쟁을 통하여 이루어졌다. 전쟁은 전투에 임하는 군인들만 죽어가는 것이 아니라, 집에 남아 있는 가족들도 전쟁의 소용돌이에 휩쓸려 길에 버려지거나 배고픔에 지쳐 죽게 된다. 이외에도 정치가 부패한 나라에서는 가혹한 세금과 탐관오리의 등쌀에 고향을 등지고 떠나는 백성들이 많았다. 공자 또한 "가혹한 정령(政令)과 막중한 조세는 호랑이보다 무섭다."라고 하지 않았는가?

선발제인(先發制人)

　진(秦)나라 말기, 잔혹한 통치에 항거하는 백성들의 반란이 전국 곳곳에서 일어났다. 그중 진승(陳勝)과 오광(吳廣)이 이끈 반란군의 세력이 가장 컸는데, 이들은 진나라 통치에 불만을 품은 각지의 백성과 귀족들을 규합하여 계속 세력을 확대해 나갔다.

　당시 회계(會稽)군수 은통(殷通)은 이 기회에 진나라를 무너뜨릴 생각을 갖고 있었다. 이에 항량(項梁)을 만나 그의 생각을 떠보았다. 항량은 큰 소리로 대답하길, "장강(長江) 서쪽 일대의 백성이 모두 진나라의 통치에 반기를 드는 것은, 바로 진나라의 운이 다하였음을 말하는 것입니다. 이때 누구든지 먼저 움직이는 자는 다른 사람을 제압할 수 있을 것이고, 나중에 움직이는 자는 다른 사람에게 제압을 당할 수밖에 없을 것입니다." 그러자 은통이 말하길, "그대의 집안은 대대로 초(楚)나라의 장군이었다고 들었습니다. 이번 일은 아무래도 그대의 힘을 빌려야 하겠습니다."

　그러나 항량은 은통이 담력이 부족해 큰일을 감당하기 어려울 것이라고 판단하고, 밖으로 나가 줄곧 문 앞에 서 있던 조카 항우(項羽)에게 몇 마디 당부를 하고 돌아와 말하였다. "밖에 있는 제 조카 항우를 불러 한 번 만나 보십시오." 은통이 그러겠다고 하자 항량은 항우를 들어오게 하였다. 은통이 보니 체격이 건장하고 용맹스러워 보이는 한 청년이 서슬이 시퍼런 큰 칼을 들고 들어오는데 섬뜩함이 느껴졌다. 은통은 그를 자세히 훑어보면서 칭찬하길, "과연 장군 집안의 후예답습니다."

　항우가 은통의 옆으로 다가가 서자, 항량이 그에게 눈짓을 보냈다. 그 순간 항우의 칼이 은통을 내리쳤다. 항량과 항우는 은통의 머리와 그가 지니고 있던 관인(官印)을 들고 회계 관청으로 가서 다시 백여 명의 관원들을 죽였다. 사람들은 놀라 사색이 되어 바닥에 엎드려 감히 고개를 들지 못하였다.

이어 항량은 평소 알고 지내던 권력가나 관원들을 모두 불러 자신이 회계군수 은통을 죽였다는 사실을 알리며, "지금 우리는 오중(吳中)의 군대를 움직여 재빨리 주변 지역을 공격해야 합니다. 우리가 오중 일대를 먼저 장악해야 주도권을 잡을 수 있습니다."라고 역설하였다.

위의 이야기는 동한(東漢)의 사학가 반고(班固)가 편찬한《한서(漢書)》·〈항적전(項籍傳)〉에 실려 있다. "선발제인"은 먼저 행동하는 사람이 주동적인 위치에 서게 되어 상대를 제압할 수 있다는 의미이다.

진(秦)나라 말기 정권이 부패하고 도적들이 도처에서 설치자, 백성들은 도탄에 빠졌다. 이에 진승(陳勝)과 오광(吳廣)을 중심으로 한 농민봉기가 일어나 큰 세력을 형성하였다. 그들은 "왕후장상이 어디 씨가 있느냐?"라는 구호를 외치며 진나라 폭정에 항거하였다. 진승은 왕으로 옹립되어 장초(張楚) 정권을 세웠으나, 자신의 마부였던 장가(莊賈)에 의해 피살되는 비운을 맞았다. 훗날 한(漢)나라 고조(高祖) 유방(劉邦)은 전국을 통일한 후, 그를 "은왕(隱王)"에 봉하였다.

어떤 일이든 먼저 행동으로 실천하기는 쉽지 않다. 역사에 이름을 남긴 사람들은 만난(萬難)을 무릅쓰고 자신의 이상을 실현하기 위해 앞장서서 사람들의 호응을 이끌어 냈으며, 결국에는 역사의 한 줄기 흐름을 바꿀 수 있었다.

성동격서(聲東擊西)

진(秦)나라가 멸망한 후, 유방(劉邦)과 항우(項羽)는 천하를 차지하기 위해 자주 전쟁을 벌였다. 어느 해 여름, 유방은 팽성(彭城)에서 항우의 초(楚)나라 군대에게 대패하였다. 그러자 유방을 따르던 많은 사람들이 항우에게 투항하였는데, 위표(魏豹) 역시 초나라 군사력이 크게 우세한 것을 보고 유방을 배신하고 항우와 손을 잡았다.

위표의 배신은 군사적으로 유방에게 큰 위협이 되었다. 좌우 협공(挾攻)을 당할 위험에 처할 수 있기 때문이다. 이에 유방은 여생(酈生)을 파견해 위표를 한나라로 다시 돌아오도록 설득하였으나 거절당하였다. 유방은 하는 수 없이 한신(韓信)을 좌승상(左丞相)으로 삼아 군사를 이끌고 위표를 공격하게 하였다.

위표는 한나라 군사들이 공격하러 온다는 소식을 듣고 백직(柏直)을 대장군에 임명하며, 그에게 군사를 이끌고 황하 동쪽의 포판(蒲坂)을 지키고, 황하를 건널 수 있는 임진진(臨晋津)을 봉쇄하여 한나라 군대가 강을 건너지 못하게 막으라고 명하였다. 백직은 부하들에게 백성들의 배를 전부 다른 곳으로 이동시켜 아무도 강을 건너지 못하게 하였는데, 그는 이처럼 철저히 지킨다면 설령 한나라 군사들의 몸에 날개가 있다 해도 황하를 건너오기 어려울 것이라고 자신하였다. 이에 위표는 안심하고 편안히 잘 수 있었다.

한신은 포판의 지세가 험준하고 백직의 수비가 철통같은 것을 보고 이곳에서 공격하면 적을 이기기 어려울 것이라 판단하였다. 그는 한참을 궁리하다 '성동격서'의 전술을 생각해 냈다. 한신은 군대를 포판 맞은편에 주둔시키고 사방에 한나라 깃발을 세운 뒤, 배 한 척을 가져오게 하였다. 그런 다음 낮에는 병사들의 훈련하는 소리가 사방에 진동하고, 밤에는 장군과 병사들이 횃불을 들고 마치 황하를 건너려는 행동을 취하게 하였다. 하지만 그는 암암리에 주요 병력을 북쪽으로 이동시키고, 하양(夏陽)에서 황하를 건너는 것으로 작전을 세웠다.

위나라 군대는 한나라 병영에서 매일 병사들의 고함 소리가 들려오기 때문에, 한신의 군대가 정말 포판에서 강을 건너오려 한다고 믿었다. 백직은 속으로 쾌재를 부르며, "한신은 정말 어리석기 짝이 없군. 우리 군대가 물샐틈 하나 없이 지키고 있고, 황하의 물살도 이처럼 거센데, 어찌 이곳으로 건너올 생각을 하는 거지? 그야말로 허황된 꿈이지."라고 생각하여, 안심하고 잠자리에 들었다.

한신은 군대를 하양으로 이동시킨 후, 병사들에게 밤낮으로 나무를 깎아 뗏목을 만들게 하였다. 한나라 군대는 뗏목이 완성되자 아무런 방해도 받지 않고 무사히 강을 건너 위나라의 요충지인 안읍(安邑)을 공격하였다. 위나라 군대는 이에 대한 방비가 전혀 없었기 때문에 한나라에 크게 패하였고, 위표도 한신에게 사로잡히고 말았다.

위의 이야기는 《회남자(淮南子)》·〈병략훈(兵略訓)〉에 나오고, "성동격서"는 동쪽을 공격할 것처럼 기세를 올리다가 실제로는 서쪽을 공격하는 것을 말한다. 생사의 경계를 넘나드는 전쟁에서는 절대 패배해서는 안 되기에 온갖 전법이 등장한다. 법가사상을 집대성한 한비자(韓非子)가 "전장에서는 속임수와 거짓을 피하지 않는다(戰陣之間, 不厭詐僞)."라고 한 것도 이 때문이다.

소리장도(笑裏藏刀)

당(唐)나라 초기에 이의부(李義府)라는 사람이 있었다. 그는 미천한 집안 출신이지만 큰 포부를 갖고 열심히 학문에 정진하였는데, 특히 당시의 현실 정치에 관심이 많았다. 태종(太宗) 때에 이르러, 그는 뛰어난 성적으로 과거에 급제하여 등용되었다.

당(唐) 고종(高宗)은 보위에 오르자, 아첨 잘하는 이의부를 좋아하여 그의 관직을 높여 주었다. 몇 년이 지나고 고종은 무씨(武氏)인 측천(則天)을 황후(皇后)에 봉하려고 하였다. 이의부는 적극적으로 이를 지지하여 고종의 환심을 사 우승상(右丞相)의 자리에 오를 수 있었다.

이의부는 겉으로는 항상 웃으며 겸손하게 사람을 대하였지만, 사실은 마음이 좁고 음흉한 사람이었다. 자신의 뜻을 거스르는 사람에 대해서는 가차 없이 보복을 가했기 때문에, 그의 눈 밖에 난 사람은 반드시 큰 고통을 겪었다. 그래서 사람들은 그에게 웃음 속에 칼이 있다는 뜻의 '소중도(笑中刀)'라는 별명을 붙여 주었다.

한번은 이의부가 대리사(大理寺) 감옥에 얼굴이 아주 예쁜, 사형 선고를 받은 여죄수가 갇혀 있다는 말을 들었다. 그는 그녀를 차지하고 싶은 생각에 몰래 옥리(獄吏)에게 여자를 석방하라고 일렀다. 원래는 감옥에서 풀려난 여자를 자신이 데려올 생각이었지만, 일이 누설되어 그만 실패로 끝나고 말았다. 관원이 고종에게 이 일을 보고하자 옥리는 두려움에 자살하고 말았다. 이의부는 옥리가 죽었으므로 증거가 사라졌다고 생각하여 이 일을 전혀 마음에 두지 않았다. 당시 시어사(侍御史) 왕의방(王義方)은 관리를 감찰하는 업무를 담당하고 있었다. 그는 이 사건을 알게 된 후, 고종에게 이 사건의 주범이 이의부라는 사실을 고하고 법에 따라 처벌할 것을 주청하였다. 그러나 고종은 이의부를 잡아들이기는커녕 역성을 들며, 오히려 왕의방의 관직을 낮추어 외지(外地)로 보내버렸다. 그리하여 이의부는 이 일에 대해 전혀 부끄러움을 느끼지 않을 뿐 아니라, 왕의방의 처지를 조롱하기까지 하였다.

이의부는 갈수록 안하무인이 되어 함부로 행동하였다. 한 번은 조정에서 몰래 임명장을 훔쳐보게 되었는데, 그중 한 사람의 이름을 기억하고 집으로 돌아와 아들을 시켜 그에게 재물을 요구하였다. 그 사람은 무의식 중에 이 일을 발설하였고, 고종은 크게 노하여 이의부 부자를 멀리 유배 보냈다. 웃음 속에 칼을 감추고 오랫동안 갖은 악행을 저지르던 이의부는 결국 법망을 피할 수 없었고, 세상 사람들은 박수를 치며 크게 기뻐하였다.

위의 이야기는 후진(後晉)의 유구(劉昫) 등이 저술한 《구당서(舊唐書)》·〈이의부전(李義府傳)〉에 실려 있다. "소리장도"는 병법 삼십육계(三十六計) 중의 하나로, 겉으로는 매우 겸손하고 우호적이지만 마음속은 사악하여 비수를 품고 있는 것을 말한다.

일반적으로 사람은 다중성을 가지고 있다고 하지만, 선한 얼굴을 가지고 악한 마음으로 남을 해하기는 쉽지 않다. 그러나 역사에서 보듯 자신의 이익을 위해서는 "소리장도" 또는 "구밀복검(口蜜腹劍)"도 마다하지 않는다. 그래서 후대인들은 살아 있는 역사를 통하여 '정의로운 군자'와 '음흉한 소인'을 구별하고 평가하는 것이다.

수락석출(水落石出)

　북송(北宋)의 저명한 문인 소식(蘇軾)은 자가 자첨(子瞻)이고, 호는 동파거사(東坡居士)이다. 소식은 호방하고 활달한 사람이었지만, 굴곡 많은 인생을 살았다. 북송 중기, 조정은 보수파(保守派)와 변법파(變法派) 간의 투쟁, 그리고 변법파 내부의 갈등으로 인해 대단히 혼란하였다. 변법파의 대표 왕안석(王安石)이 재상에서 물러나 금릉(金陵, 지금의 남경)으로 내려가자, 그 잔당(殘黨)은 반대파를 제거하기 위해 온갖 수단을 동원하였다. 감찰어사(監察御史) 서단(舒亶)과 어사중승(御史中丞) 이정(李定) 등은 풍자의 의미를 갖는 소식 시의 일부 구절이 조정과 신종(神宗)을 비판하는 것이고, 이는 그가 반역을 도모하려는 생각을 가지고 있는 것이라고 주장하였다. 이에 신종은 소식을 하옥시키라는 명령을 내렸다. 소식은 온갖 고초를 겪은 후 황주단련부사(黃州團練副使)로 폄적되었다. 이 사건을 역사에서는 오대시안(烏臺詩案)이라고 칭한다.

　황주에 온 지 두 번째 되는 해, 소식은 생활이 어려워지자 10무(畝)의 황무지를 개간하여 우물을 파고 집을 지었다. 이곳이 바로 동파(東坡)이고, 동파거사라는 호는 이로부터 비롯된 것이다. 1082년 7월과 10월에 소식은 황주 부근에 있는 적벽(赤壁)으로 두 차례나 유람을 갔다. 지금까지 인구에 회자되는 〈전적벽부(前赤壁賦)〉와 〈후적벽부(後赤壁賦)〉는 바로 이때 지은 것이다.

　〈후적벽부〉에는 이러한 구절이 있다.

　"이에 술과 고기를 가지고 다시 적벽 아래에 가서 노는데, 강물은 소리 내어 흐르고, 가파른 절벽은 천 길 높이나 되었다. 산이 높으니 달은 작아 보이고, 줄어든 강물에 암초의 모습 드러나 있다. 겨우 며칠 지났건만, 강산의 모습 알아볼 수 없구나(于是携酒與魚, 復游于赤壁之下. 江流有聲, 斷岸千尺, 山高月小, 水落石出, 曾日月之幾何, 而江山不可復識矣)."

"줄어든 강물에 암초의 모습 드러나 있다(水落石出)."라는 것은 본래 겨울의 경치를 표현한 것이었지만, 후세 사람들은 감춰진 진상이 모두 드러났음을 가리키는 말로 사용하였다.

예나 지금이나 세상의 많은 일들은 진상을 밝혀내기가 매우 어렵다. 역사적인 많은 사실도 현재까지 수수께끼로 남아 있다. 원인은 다양하겠지만 사건의 핵심을 쥐고 있는 사람들이 세상에 진상이 밝혀지는 상황을 원치 않았기 때문일 것이다. 아마도 역사에 기록되어 인간의 내면에 감추어진 추악한 모습에 대해 공명정대한 평가를 받는 것을 두려워한 것이리다.

수불석권(手不釋卷)

　삼국시기(三國時期) 오(吳)나라의 장군 여몽(呂蒙)은 어려서부터 책 읽기를 좋아하지 않아 지식이 부족하였다. 손권(孫權)은 항상 그에게 역사와 병법에 관한 책을 많이 읽을 것을 당부하였다.

　어느 날 손권이 여몽과 장흠(蔣欽)에게 말하길, "그대들은 지금 중요한 자리에 있으니 공부를 많이 하여 자신의 지식 수준을 높여야 하네." 그러자 여몽은 대답하길, "군대의 사무가 너무 많아 골머리를 앓는데 어디 책을 볼 시간이 있단 말입니까?"

　이에 손권이 말하길, "내가 자네에게 유학 경전을 연구하는 박사라도 되라는 것으로 생각하는가? 단지 대충이라도 역사 책을 읽고 이해하라고 한 것이네. 또한 자네는 군대의 사무가 많다고 하는데, 내 사무가 많은 것과 비교가 되는가? 나는 어려서부터 《시경(詩經)》·《상서(尚書)》·《예기(禮記)》·《좌전(左傳)》·《국어(國語)》 등을 모두 읽었네. 단지 《역경(易經)》만 읽지 않았지. 군대를 통솔하는 중책을 맡은 이후에는 계속 《사기(史記)》·《한서(漢書)》·《동관한기(東觀漢記)》 등과 병법에 관한 책들을 읽었는데, 이것들은 모두 나에게 큰 도움이 되었다네. 자네들은 사려가 깊은 사람들이니, 공부를 하면 분명 큰 수확이 있을 걸세. 우선 《손자(孫子)》·《육도(六韜)》·《좌전(左傳)》·《국어(國語)》, 그리고 《사기》·《한서》·《동관한기》부터 읽기 시작하는 것이 좋겠네. 공자(孔子)께서도 '내가 종일 먹지도 않고, 밤새 자지도 않고 골똘히 생각하였지만 전혀 유익함이 없었고, 역시 공부하는 것만 못하였다.'라고 하지 않으셨는가? 또한 한(漢) 광무제(光武帝) 유수(劉秀)는 병사와 말을 이끌고 전쟁터에 나가서도 손에서 책을 놓지 않았고, 조조(曹操) 또한 본인 스스로 늙어서도 공부하는 것을 즐겼다고 하였네. 어찌하여 자네들은 스스로를 독려하지 않는 것인가?"

이 일이 있은 이후 여몽은 분발하여 많은 책을 읽었다. 그가 읽은 책의 분량은 당시의 대학자들도 견줄 수 없을 정도로 많았다. 한번은 당시의 무장(武將)이자 정치가인 노숙(魯肅)이 여몽과 어떤 문제에 관해 이야기를 나눈 적이 있다. 당시 노숙은 여몽의 말을 듣고 이렇게 경탄했다. "그대의 재주와 지략(智略)으로 보건대, 그대는 과거의 여몽과 사뭇 다르네." 그러자 여몽은 웃으면서 말하길, "책 읽는 선비를 삼 일 동안 만나지 않으면, 새로운 눈으로 그를 바라보아야 한다고 하였습니다. 장군께서는 사물을 인지하는 능력이 너무 더디십니다."

위의 이야기는 진수(陳壽)의 《삼국지(三國志)》·〈여몽전(呂蒙傳)〉에 등장한다. "수불석권"은 책을 손에서 놓지 않는다는 뜻으로, 일개 무장이었던 여몽이 주군(主君)이던 손권의 권유로 독서에 몰두하여 문무(文武)를 겸비한 인재로 거듭난다는 고사이다.

여몽은 노숙과의 대화에서 "선비가 헤어지고 사흘이 지나면 눈을 비비고 서로 다시 대해야 할 정도로 달라져야 한다."라고 한 말은 지금도 늘 인용하는 "괄목상대(刮目相對)"라는 성어의 유래가 되기도 한다.

독서의 중요성은 누구나 잘 알고 있다. 그러나 바쁜 오늘을 살아가는 우리는 마음의 여유가 없이 하루를 보내곤 한다. 행동은 습관을 만들고 습관은 그 사람의 일생을 좌우한다는 말처럼 좋은 습관을 가지고 살아야 할 것이다.

수주대토(守株待兎)

　중국 춘추시기(春秋時期) 송(宋)나라에 한 농부가 살았는데, 그의 집 근처 밭둑에는 큰 나무가 한 그루 있었다. 어느 날 농부가 밭을 갈고 있는데 갑자기 토끼 한 마리가 뛰어왔다. 그 토끼는 무언가에 놀랐는지 황급히 뛰어오다가 머리가 그만 나무뿌리에 부딪쳐 목이 부러지고 말았다. 토끼는 아파서 몇 차례 땅바닥을 구르다가 다리를 쭉 뻗고 죽고 말았다.

　농부는 그 모습을 보고 매우 기뻐하며, 서둘러 농기구를 챙기고는 달려가 토끼를 주워 들고 집으로 갔다. 그날 저녁 그는 아내에게 토끼를 삶게 하여 맛있는 한 끼 식사를 하였고 예쁜 토끼 가죽도 얻게 되니, 그 즐거움이란 이루 말할 수 없었다.

　다음 날 농부는 다시 밭으로 나갔지만 일은 하지 않고 그 나무로부터 멀지 않은 곳에서 기다리며 토끼가 와서 부딪쳐 죽기만을 바랐다. 하지만 온종일 기다려도 토끼가 나타나지 않자, 실망하며 집으로 돌아갔다. 그 후 농부는 매일 나무 곁에서 기다렸으나 토끼는 여전히 그림자도 볼 수 없었고, 그의 밭은 점점 황폐되어 갔다. 이 소식을 들은 그의 친구는 농부를 나무라며, "자네는 정말 바보일세! 세상에 어찌 이런 일이 있겠는가? 토끼가 나무에 부딪쳐 죽은 것은 정말 우연일 뿐이니, 얼른 돌아가 밭갈이 하게나!"

　농부는 그의 충고를 듣지 않고 날마다 나무 곁을 지켰다. 그러나 토끼는 다시 나무에 부딪치는 일이 없었고, 후에 그는 송나라 사람들의 웃음거리가 되었다.

　위의 이야기는 중국 전국시대(戰國時代)의 한비자(韓非子)가 지은《한비자(韓非子)》·〈오두(五蠹)〉편에 보이는 것으로, "수주대토"란 의미는 본인 스스로 노력은 하지 않고 요행히 어떤 이익을 얻으려 하는 것을 말한다.

　우리는 태어나 성인이 되면 누구나 생업(生業)에 종사해야 한다. 내가 열심히 땀을 흘려 얻은 소득은 아주 값지고 소중한 생각이 든다. 그러나 우연한 기회에 얻은 불로소득은 그다지 중시되지 않으며, 또다시 그런 기회가 찾아올 것을 은근히 기대한다. 옛 속담에 "쉽게 얻은 것은 쉽게 잃는다."라고 했는데, 우리도 한번 이 말을 되새겨 볼 일이다.

순망치한(脣亡齒寒)

　옛날 전쟁이 그칠 날이 없었던 시기인 중국 전국시대(戰國時代)에, 진(晉)나라 헌공(獻公)이 아름다운 구슬을 우(虞)나라 왕에게 뇌물로 주었다. 진나라의 목적은 길을 빌려 진나라 군대가 그 땅을 지나 괵국(虢國)을 치려는 데 있었다. 이 사실을 알게 된 우(虞)나라 대부(大夫) 궁지기(宮之奇)는 우나라 왕을 설득하러 찾아갔다. 그는 왕에게 말하길, "절대 길을 허락해서는 안 됩니다. 우나라와 괵나라의 사이는 마치 입술과 이와 같아서 입술이 없으면 이가 시린 법입니다. 우나라와 괵나라는 서로 도와야 하며, 전략적으로 매우 필요한 존재입니다. 만약 오늘 진나라가 괵나라를 멸망시킨다면, 내일은 반드시 우나라가 그 뒤를 좇아서 망하게 될 것입니다."

　하지만 우나라 왕은 궁지기(宮之奇)의 간언(諫言)을 듣지 않고, 뇌물로 준 구슬을 받았다. 그리고 얼마 후 진나라가 괵나라를 칠 수 있도록 길을 빌려 주었다. 그 후 진나라는 괵나라를 멸망시키고 군사들을 이끌고 회군하는 도중, 과연 궁지기의 예상대로 우나라를 멸망시켰다.

　위에 보이는 안타까운 이야기는 《한비자(韓非子)》·〈유로(喩老)〉편에 보이는 것으로, "순망치한"이란 입술이 없으면 이가 시리다의 의미지만, 이는 서로 간의 관계가 밀접하여 서로 떨어질 수 없는 사이라는 것을 말한다. 간단하게 줄여서 "치한(齒寒)"이라고도 한다.

　작은 이익에 눈이 멀어 나라까지 잃은 어리석은 우(虞)나라 왕의 이야기지만, 우리도 가끔은 이런 실수를 범하지 않는지 돌아볼 일이다. 많은 사람이 이처럼 작은 이해관계에 빠져 자신의 인생을 그르치는 일을 종종 볼 수가 있는데, 아무리 작은 일이라도 멀리 보고 깊이 생각하여 결정하면 좋은 결과를 얻을 수 있을 것이다.

승룡가서(乘龍佳婿)

춘추(春秋)시기, 진(秦)나라 목공(穆公)에게는 농옥(弄玉)이라는 딸이 있었다. 그녀는 용모가 빼어날 뿐 아니라 피리도 잘 불어 목공의 사랑을 독차지하였다. 목공은 항상 어떻게 하면 사랑하는 딸에게 좋은 짝을 맺어 줄 수 있을까 궁리하였다.

어느 날 밤, 농옥은 어느 잘생긴 남자가 봉황을 타고 퉁소를 불며, 자신의 누각 앞으로 오는 꿈을 꾸었다. 그 남자가 농옥에게 말하길, "나는 태화산(太華山)에 사는데, 옥황상제께서 8월 15일 중추절에 그대와 혼사를 치르라고 하셨습니다." 이어 다시 퉁소를 꺼내 부는데 그 가락이 너무나 아름다웠다.

다음 날 농옥은 자신의 꿈을 목공에게 말하였다. 목공은 즉시 태화산으로 사람을 보내 그 남자를 찾아보게 하였다. 그러곤 마침내 남자를 찾게 되었는데, 그는 소사(蕭史)라는 사람이었다. 진나라 왕궁에 온 소사의 모습을 본 목공은 속으로 대단히 만족스러워하며 그에게 퉁소를 불게 하였다. 그 가락을 들어 보니 마치 신선 세계의 음악인 듯 아름답기 그지없었다. 그날은 마침 중추절이었고, 목공은 두 사람을 혼인시켰다. 농옥과 소사는 서로 깊이 사랑하며 행복하게 살았다.

반년이 지난 어느 날, 농옥과 소사는 함께 누대(樓臺)에서 연주를 하고 있었다. 그런데 갑자기 적룡(赤龍) 한 마리가 하늘에서 내려와 소사 앞에 서고, 다시 봉황 한 마리가 내려와 농옥 앞에 섰다. 그러자 소사가 농옥에게 말하길, "나는 본래 하늘의 신선인데, 그대와 혼인의 인연이 정해져 있었기에 내려왔던 것이오. 그러나 나는 인간 세상에 오래 머물 수 없어 하늘로 돌아가지 않을 수 없소."

그러나 농옥은 소사와 차마 헤어질 수 없었다. 이에 두 사람은 함께 목공을 찾아가 이별을 고하였다. 목공은 하늘의 뜻을 어길 수는 없다고 생각하여 딸을 떠나보내기로 마음먹었다. 적룡과 봉황에 올라탄 두 사람은 하늘 높이 사라졌다.

위의 이야기는 유향(劉向)이 저술한 《열선전(列仙傳)》에 실려 있다. "승룡가서"는 재색을 겸비하여 마음에 드는 사위를 칭하거나 또는 남의 사위를 높여서 부르는 말이다.

딸을 가진 부모는 누구나 마음에 드는 훌륭한 사위를 찾는다. 설사 내 딸이 조금 부족하더라도 이를 보완할 수 있는 사위를 얻고 싶어 한다. 그러나 이런 일은 단지 나의 바람만으로는 해결되지 않는다. 남녀 간의 인연이 서로 닿아 좋은 결실을 맺을 수 있을 때 가능하다.

현대 사회는 배우자를 고르기가 훨씬 더 까다롭고 복잡한데, 과거는 집안 사정과 상대방의 인품을 두고 평가하였다면, 지금은 학벌, 능력, 미모 등 다양한 선택의 여지를 남겨 두고 있기 때문이다. 이는 세태가 변하여 그리된 것이다.

실지호리, 차지천리(失之毫厘, 差之千里)

서한(西漢)의 무장(武將) 조충국(趙充國)은 자는 옹손(翁孫)이고, 농서(隴西) 상규(上邽) 사람이다. 그는 용맹하고 지략이 뛰어나며, 둔전(屯田) 정책을 시행하는 데 큰 공헌을 하였다.

어느 해, 한나라 선제(宣帝)가 그에게 병사를 이끌고 서북 지역의 반란군을 진압하라는 명령을 내렸다. 조충국은 반란군의 세력이 크지만 단결력이 약한 것을 보고 그들을 투항시킬 작전을 세웠다. 부단히 노력한 결과 얼마 후 만여 명이 투항해 왔다. 이에 조충국은 기병(騎兵)을 철수시키고, 일부 병사들만 남아 땅을 개간하며 적의 투항을 기다리기로 하였다.

그러나 이러한 상황이 조정에 채 보고되기도 전에, 선제는 다시 그에게 출병하여 반란군을 토벌하라는 명령을 내렸다. 조충국은 생각을 거듭한 끝에 반란군의 투항을 기다리는 원래의 계획을 그대로 밀고 나가기로 결정하였다. 조충국의 아들 조묘(趙卬)는 이 소식을 듣고 급히 사람을 보내 임금의 명령을 거스르면 멸문의 화를 피하기 어려울 것이라고 간언하였다.

이 일로 인해 조충국은 과거의 기억을 떠올렸다.

어느 해, 금성(金城)과 황중(湟中) 지역에 풍년이 들어, 조충국은 황제에게 곡식 200만 곡(斛)을 수매(收買)할 것을 건의하였다. 창고에 양식이 가득하면 변방의 적들이 두려워 함부로 쳐들어오지 못할 것이라고 판단하였기 때문이다. 그러나 국가 재정에 관한 업무를 담당하던 중승(中丞) 경수창(耿壽昌)이 겨우 100만 곡을 수매할 것을 청하자, 황제는 최종적으로 40만 곡만 수매하는 것으로 결정하였다.

또한 조충국은 주천태수(酒泉太守) 신무현(辛武賢)을 서북으로 보내 변방을 관리할 것을 건의했지만, 황제는 군대의 일을 잘 알지 못하는 의거안국(義渠安國)을 파견하였다. 결국 서한은 흉노와의 전쟁에서 크게 패하고 말았다. 의거안국을 변방에 파견하여 쓴 돈이 곡식 200만 곡을 사는 비용의 절반이나 되었으므로, 곡식을 수매하자는 조충국의 판단은 매우 옳은 것이었다.

조충국의 의견이 받아들여졌다면 서북 지역의 반란 역시 일어나지 않았을 것이다. 이에 조충국은 이렇게 말하였다. "아! 미세한 차이가 결국 천 리의 차이를 만드는구나. 끊임없는 전쟁으로 나라가 위기에 처해 있으니, 나는 반드시 목숨을 걸고 지금의 국면을 타개할 것이다. 황제는 현명한 분이시니 진심 어린 말을 받아들이실 것이다." 이에 조충국은 항명(抗命)의 죄를 무릅쓰고, 자신의 생각을 담은 상소를 올렸다. 선제는 조충국의 말이 일리가 있다고 생각하여 그의 생각에 동의하였다. 그리하여 조충국은 무사히 반란을 진압할 수 있었다. 선제는 조충국이 세상을 뜨자, 그의 화상(畫像)을 미앙궁(未央宮)에 걸어 그 공로를 기념하게 하였다.

위의 이야기는 동한시기(東漢時期)의 사학가 반고(班固)가 편찬한 《한서(漢書)》·〈조충국전(趙充國傳)〉에 실려 있다. "실지호리, 차지천리"는 처음 시작할 때는 약간의 잘못이 있을 뿐이지만, 나중에는 엄청난 나쁜 결과를 낳게 된다는 것을 말한다.

우리말 속담 "방죽도 개미구멍으로 무너진다."라는 말은, 아주 작은 일이 큰 사태를 야기하여 도저히 어쩔 수 없는 상태에 이른 것을 뜻한다. 우리 주위에서도 종종 이와 같은 일을 만나는데, 처음에는 매우 작은 일이라서 별로 주의하지 않았으나, 후에 그 일이 화근이 되어 돌이킬 수 없는 결과를 가져온다. 그래서 작은 일도 잘 살피고 문제의 소지가 될 수 있는 것은 사전에 차단하여 큰 화를 막아야 한다.

안도색기(按圖索驥)

춘추(春秋)시기, 준마(駿馬)를 잘 가려내는 손양(孫陽)이라는 사람이 있었다. 백락
(伯樂)은 천상(天上)에서 말을 관리하는 신이었다는 전설에 따라 사람들이 손양을 백
락이라고 불렀다.

한번은 초(楚)나라 왕이 백락에게 하루에 천 리를 가는 말을 사 달라고 부탁하였다.
백락은 왕에게 이런 말은 수가 매우 적어 찾기가 쉽지 않아 여러 지역을 돌아다녀 봐
야 하기 때문에, 느긋하게 마음먹고 기다리면 자신이 꼭 찾아오겠다고 말하였다.

백락은 여러 나라를 돌아다니며 명마(名馬)가 많이 나온다는 곳은 모두 가서 보았
지만 좀처럼 마음에 드는 말을 찾을 수 없었다. 하루는 길에서 말 한 마리가 소금 수
레를 끌고 힘들게 언덕을 오르는 것을 보았다. 말은 지쳐 가쁜 숨을 몰아쉬며 가까스
로 한 걸음 한 걸음 내딛고 있었다. 백락은 자신도 모르게 말에게 가까이 다가갔다.
말은 백락을 보자 갑자기 머리를 쳐들고 눈을 크게 뜨며 마치 뭔가 하소연이라도 하
려는 듯 큰 소리로 울어 댔다. 백락은 울음소리를 듣고 이 말이야말로 자신이 찾던
말이라는 것을 알고 그 자리에서 바로 그 말을 샀다.

백락은 초나라 궁궐 앞에 이르러 말의 등을 두드리며 말하였다. "내가 너에게 좋은
주인을 찾아 주겠다." 초나라 왕이 말 울음소리를 듣고 나왔다. 왕은 뼈만 남아 앙상
한 말을 보자 속으로 화가 났다. 그러나 백락은 말을 가리키며 말하길, "대왕, 제가
천리마를 데려왔으니 자세히 살펴보시기 바랍니다." 천리마는 백락의 말을 알아듣기
라도 한 것처럼 앞발을 쳐들고 목을 길게 빼며 울었다. 그 소리는 하늘 끝까지 울려
퍼질 정도로 우렁찼다. 왕은 그제야 이 말이 천리마라는 것을 알았다.

후에 백락은 자신의 경험을 바탕으로 《상마경(相馬經)》이라는 책을 지었다. 이 책

에는 여러 가지 종류의 천리마의 특징이 그림과 함께 자세히 설명되어 있다.

백락에게는 아들이 하나 있었는데, 그는 항상 백락을 따라 다니며 준마를 구별하는 법을 배웠지만 재주가 부족하여 가르침을 제대로 전수받지 못하였다. 어느 날, 그는 아버지의 《상마경》을 보며 천리마를 찾아보고 싶은 생각이 들었다. 《상마경》에 의하면 천리마는 이마가 높고, 눈이 크고, 발굽은 마치 누룩을 쌓아 놓은 것 같은 특징을 가지고 있었다. 그는 자신의 안목을 시험해 보기 위해 책을 가지고 천리마를 찾아 나섰다.

얼마 안 가 그는 큰 두꺼비 한 마리를 보았다. 그는 급히 두꺼비를 잡아가지고 돌아와 아버지에게 말하길, "제가 좋은 말을 찾았습니다. 단지 발굽이 누룩을 쌓아 놓은 것 같지 않을 뿐, 다른 것은 모두 《상마경》에서 말한 것과 거의 같습니다." 백락은 아들이 들고 있는 두꺼비를 보고 화도 나고 어이도 없어 놀리듯 말하였다. "그것을 놔주어라. 너의 말은 튀어 오를 수는 있어도 탈 수는 없다."

위의 이야기는 동한(東漢) 반고(班固)의 《한서(漢書)》·〈매복전(梅福傳)〉에 전해진다. "안도색기"는 그림을 보고 준마를 찾는다는 의미로, 융통성이 없이 형식적으로 일을 처리하는 것을 말한다. 현재는 어떤 단서를 가지고 사물을 찾으면 쉽게 얻을 수 있다는 것을 비유한다.

내가 원하는 무엇인가를 찾으려면 그 일과 관련된 단서가 필요하다. 옛날에는 그림으로 어떤 사물을 그려 표현하였지만, 지금은 매우 선명한 사진으로 확인할 수 있다. 《상마경》에서 묘사한 천리마의 외형은 실제와 많이 다를 수 있고 내용 또한 모호하여, 전설적인 준마 찾기는 매우 어려웠을 것이다.

알묘조장(揠苗助長)

아주 먼 옛날 중국 춘추시기(春秋時期) 송(宋)나라에 한 농부가 살았는데, 그는 자기의 밭에 심어 놓은 농작물에 매우 큰 관심을 가지고 있었다. 그 때문에 그는 날마다 밭으로 달려가 농작물이 자라는 것을 살펴보았으나, 생각보다 훨씬 더디게 자라고 있자, 마음이 매우 다급해졌다. 그는 마음속으로 생각하길, "어떻게 하면 저 어린 싹들이 빨리 자랄 수 있을까?"

어느 날 그는 좋은 방법을 생각해 냈다. 날이 밝아 오자마자 그는 다급히 밭으로 달려가 새싹들을 하나하나 뽑기 시작하였다. 아침부터 온종일 그 일을 하였기에 피곤하고 배도 고팠다. 집에 돌아온 그는 매우 흡족해하며 가족들에게 말하길, "배고파 죽겠어, 빨리 밥 줘!" 아내가 어떻게 된 일이냐고 묻자, 그는 처음부터 끝까지 있었던 일을 이야기 해 주었다.

그의 아들은 아버지 말을 듣고 어찌된 영문인지 알지 못해 서둘러 곧장 밭으로 뛰어가 보았다. 아뿔싸! 온 밭에 있는 어린 새싹들이 모두 말라 죽어 있었다.

위의 이야기는 《맹자(孟子)》·〈공손추상(公孫丑上)〉편에 보인다. "알묘조장"은 어린 새싹을 뽑아 자라는 것을 도와준다는 뜻으로, 단지 주관적인 상상력으로 일을 처리하면 끝내 일을 그르칠 수 있다는 것을 말한 것이다. 모든 사물의 발전은 그 나름의 발전 규율을 가지고 있어 누구도 그것을 거스를 수 없으며, 객관적인 어떤 규율을 벗어나게 되면 반드시 실패할 수밖에 없다.

바삐 살고 있는 우리 현대인들도 순간적인 조급증 때문에 주관적인 섣부른 판단으로 잘 자라고 있는 어린 새싹을 뽑는 어리석은 행위를 반복하고 있다.

양상군자(梁上君子)

동한(東漢) 때 진식(陳寔)이라는 사람이 있었다. 그는 태구(太丘)의 현장(縣長)으로 청렴하고 품행이 단정하여 평소 자신뿐만 아니라 자식들에게도 엄격하였다.

어느 해, 가뭄으로 인해 거의 모든 농작물이 말라 죽었다. 백성들의 생활이 궁핍해지니 치안(治安)도 어지러워지고 좀도둑도 급격히 많아졌다.

어느 날 저녁, 진식은 잠을 자다가 순간 눈이 떠졌는데 바로 그때 대들보 위에 누군가가 엎드려 있는 것이 보였다. 진식은 사람이 부주의한 틈을 타 들어온 도둑이 자신이 잠들기를 기다렸다가 물건을 훔치려고 숨어 있다는 것을 알아차렸다.

진식은 소리를 내지 않고 가만히 누워 잠시 생각에 잠겼다. 잠시 후, 그는 조용히 몸을 일으켜 아들과 손자들을 불러 앞에 앉힌 다음 근엄한 어투로 이렇게 말하였다. "사람은 항상 전진할 수 있도록 노력해야지 스스로를 방임해서는 안 된다. 나쁜 일을 하는 사람은 반드시 태어날 때부터 그런 것이 아니다. 단지 평소 자신을 단속하지 못하여 그런 것뿐이다. 나쁜 일을 하는 것이 습관이 되어야만 비로소 나쁜 사람으로 변하는 것으로, 대들보 위에 숨어 있는 사람이 바로 그러한 사람이다."

대들보 위에 숨어 있던 도둑은 진식의 말을 듣고 크게 놀라, 재빨리 내려와 무릎을 꿇으며 용서를 빌었다. 진식은 그런 그의 모습을 보며 상습적으로 도둑질을 하는 사람은 아니라는 생각이 들었다. 이에 말하길, "자네의 모습을 보니 나쁜 사람은 아닌 듯하구나. 아마 살아갈 방도가 없다 보니 이 지경까지 이른 것 같네. 그러나 아무리 가난해도 사람은 기개(氣槪)가 있어야 하고, 이처럼 도리에서 벗어난 일을 해서는 안 되는 걸세. 자네는 오늘의 일을 교훈 삼아 좋은 사람으로 거듭나야 하네."

말을 마친 진식은 하인에게 두 필의 비단을 가져와 도둑에게 주도록 하였다. 도둑은 감동하여 거듭 고맙다는 인사를 하며 떠났다. 그는 진식의 말을 다른 도둑에게 말하고, 그 도둑은 또 다른 도둑에게 전하였다. 진식의 말은 거의 모든 도둑들에게 퍼져 나갔다. 원래의 그 도둑은 물론 다른 도둑들도 자신의 행동에 부끄러움을 느끼고 개과천선(改過遷善)하여, 그 마을에서는 더 이상 도둑을 볼 수 없게 되었다.

위의 이야기는 남조(南朝) 유송시기(劉宋時期)의 역사학자 범엽(范曄)이 찬술한《후한서(後漢書)》·〈진식자전(陳寔自傳)〉에 들어 있다. "양상군자"는 본래 대들보 위의 군자라는 뜻이지만, 도둑을 미화하여 달리 일컫는 말이다.

동서고금을 막론하고 도둑은 늘 존재하여 왔다. 도둑은 태어날 때부터 그런 것이 아니지만, 아주 조그맣게 저지른 나쁜 일들이 습관처럼 쌓여 나중에는 큰 죄를 짓게 된다. 우리말 속담에 "바늘 도둑이 소도둑 된다."라고 한 것은 습관의 중요성을 일깨운 것이다. 처음 양심에 어긋나는 행동을 하였을 때 스스로 깨닫지 못하면 나중에는 돌이킬 수 없는 큰 결과를 초래하게 된다.

양수청풍(兩袖淸風)

우겸(于謙)은 명(明)나라의 저명한 시인이다. 그는 24세에 진사가 되고 얼마 지나지 않아 감찰어사(監察御使)로 임명되었다. 성품이 강직하고 청렴하였기에 선종(宣宗)의 인정을 받아 하남(河南)과 산서(山西)의 순무(巡撫)로 발탁되었다. 이는 당시로써는 상당히 파격적인 인사(人事)였다. 그러나 우겸은 높은 자리에 오른 후에도 여전히 검소하게 생활하였다.

선종이 세상을 뜨자 아홉 살이었던 태자 주기진(朱祁鎭)이 왕위를 계승하였으니, 그가 바로 영종(英宗)이다. 어린 황제가 국정을 제대로 돌보지 못하자 환관 왕진(王振)이 권력을 장악하였다. 왕진과 결탁한 조정 안팎의 관리들은 모두 그를 옹부(翁父)라고 부르며 아첨하였다. 그러나 우겸은 정사를 제멋대로 휘두르는 왕진을 못마땅하게 여겼기 때문에 그에게 영합하지 않았다. 이로 인해 왕진은 항상 우겸을 미워하였다.

당시 외지에 있는 관리들이 조정으로 들어와 황제를 만나거나 일을 처리하기 위해서는 모두 높은 자리에 있는 사람에게 뇌물을 주어야 하였다. 그렇지 않으면 조정에 들어올 수 없을 뿐 아니라 곤경에 처하기도 하였다. 언젠가 우겸이 순무로 있을 때 조정에 들어가야 할 일이 생겼다. 그러자 그의 막료(幕僚)가 버섯, 비단, 손수건, 선향(線香) 등의 특산품을 준비하여 권세 있는 자들에게 바칠 것을 권하였다. 그러자 우겸은 넓은 양 소맷자락을 펄럭이며 "나는 양 소맷자락에 이는 맑은 바람만 가지고 가겠네."라고 그의 호의를 거절하였다. 우겸은 집으로 돌아와 〈입경(入京)〉이라는 7언 절구 시를 지어 자신의 청렴하고 올곧은 마음을 표현하였다.

명주손수건, 버섯, 선향(線香),
본래는 백성을 위한 것이건만 오히려 재앙이 되었네.
나는 맑은 바람 이는 두 소맷자락만 가지고 임금님 알현하여,
사람들의 구설에 오르내리지 않으리라.

絹帕蘑菇與線香, 本資民用反爲殃.
淸風兩袖朝天去, 免得閭閻話短長.

　위의 이야기는 명대(明代) 문인이자 정치가였던 엽성(葉盛)이 지은《수동일기(水東
日記)》에 보인다. "양수청풍"은 소맷자락 속에 맑고 깨끗한 바람 외에 아무것도 없다
는 뜻으로, 벼슬길에 나아가 청렴한 생활을 한다는 것을 말한다. 현재는 공직에서 일
하는 사람이 자신에게 매우 엄격하여 법도에 어긋난 행동을 하지 않고 깨끗한 삶을
살아가는 것을 비유한다.
　어떤 일에 종사하다 보면 이해관계가 밀접한 많은 사람들을 만나게 된다. 흔히 요
즘 유행하는 갑을관계는 권력의 우위에 있는 자를 '갑'이라 하고, 상대적으로 권력의
약자인 불리한 위치에 있는 자를 '을'이라 한다. 약자를 배려하고 함께 살아가려는 노
력은 우리 사회를 건강하게 한다.

어부지리(漁父之利)

조(趙)나라가 연(燕)나라를 정벌하려 하자, 소대(蘇代)가 연나라를 위해 조나라 혜문왕(惠文王)을 설득하고자 하였다. "오늘 신(臣)이 오는 길에 역수(易水)를 건너게 되었는데, 때마침 조개 한 마리가 뭍으로 나와 볕을 쪼이고 있다가 그만 먹이를 찾던 도요새에게 조갯살을 물리고 말았습니다. 그러자 조개는 황급히 입을 다물어 도요새의 부리를 빼지 못하게 하였습니다. 도요새는 말하길, '오늘도 비가 오지 않고 내일도 비가 오지 않는다면, 단지 죽어 있는 조개만이 있을 뿐이다.' 조개 또한 도요새에게 말하길, '오늘도 내 입속에서 내보내지 않고 내일도 내보내지 않는다면 단지 죽어 있는 도요새만이 있을 뿐이다.' 그들 두 마리는 서로 양보하지 않다가 지나가는 어부에게 잡히고 말았습니다. 지금 조나라는 연나라를 정벌하려 하는데, 연조(燕趙) 두 나라는 오랫동안 서로 대치하고 있어 백성들에게 큰 폐해를 주고 있습니다. 신은 강한 진(秦)나라가 어부가 되지 않을까 염려되옵니다."

위의 고사는 《전국책(戰國策)》·〈연이(燕二)〉에 보이는데, 쌍방이 서로 다투다 제3자가 이익을 얻게 되는 것을 말한다. 다른 말로는 "방휼상쟁(蚌鷸相爭)" 또는 "어옹득리(漁翁得利)"라고도 한다. 이는 서로 감정에 지나치게 치우쳐 양보하지 않아 손해를 보고, 오히려 다른 사람이 이익을 얻게 되는 것으로, 일상생활에서 늘 남에게 베풀고 양보하며 지내야 한다는 교훈을 준다.

여어득수(如魚得水)

중국 삼국시대의 저명한 전략가 제갈량(諸葛亮)은 자(字)가 공명(孔明)으로, 낭아(琅玡) 양도(陽都)(지금의 산동성 기남(沂南)) 사람이다. 유비(劉備)의 자는 현덕(玄德)이고 탁군(涿郡)(지금의 하남성 탁주(涿州)) 사람이다.

동한(東漢) 말년, 천하가 크게 어지러워 호걸(豪傑)들이 전국에서 분분히 일어나고 군웅(群雄)들이 각축을 벌였다. 유비는 천하를 통일하려는 자신의 염원을 실현시키기 위해 여러 가지 방법으로 인재를 모았는데, 융중(隆中) 와룡강(臥龍崗)에 은거하고 있던 제갈량을 삼고초려(三顧草廬)하여 자신을 보좌할 수 있도록 하였다.

세 차례나 방문하여 제갈량을 만났을 때, 유비는 찾아온 이유와 자신의 웅대한 포부를 설명하였다. 제갈량 역시 큰 뜻을 품은 사람이라 형주(荊州), 익주(益州)를 차지하고, 서남 지역에 살고 있는 소수민족과 우호적으로 지내며, 동쪽의 손권(孫權)과 연합하여 북쪽에 있는 조조(曹操)를 정벌하는 원대한 계획을 설명하며, 장차 천하가 촉(蜀)나라, 위(魏)나라, 오(吳)나라로 삼분될 것이라고 예언하였다. 유비는 그의 말을 듣고 제갈량의 말이 자신의 포부에 부합한다는 것을 알고 기뻐하며 군사(軍師-총사령관)에 봉하였다.

제갈량은 온 힘을 다해 유비를 보좌하여 신임을 얻고 크게 중용되었지만, 오랜 시간 유비와 생사고락(生死苦樂)을 함께한 관우(關羽)와 장비(張飛) 등, 여러 장수들은 이에 불만을 품었다. 그들은 유비 앞에서 자주 자신의 뜻을 표시하였고, 성격이 과격한 장비는 항상 이 문제로 불평을 토로하며 화를 삭이지 못하였다.

그럼에도 불구하고 유비는 인내심을 가지고 장수들에게 제갈량의 뛰어난 식견과 계략이 자신의 포부를 실현하는 데 얼마나 중요한 작용을 발휘할지에 대해 반복적으로 설명하였다. 그는 자신을 물고기에, 제갈량을 물에 비유하며 "나 유비가 제갈량을 얻은 것은 물고기가 물을 만난 것과 같은 것이니, 그대들은 더 이상 아무 말 하지 말라."라고 훈계하였다.

그 후 유비는 제갈량의 충성스런 보좌로 형주와 익주를 점령하였고, 그 군사들은 번번이 승리를 쟁취하며 세력이 나날이 확대되어, 결국에는 처음 예언한 촉(蜀), 위(魏), 오(吳) 삼국이 병립하는 국면을 이루었다.

위의 고사는 진수(陳壽)의 《삼국지(三國志)》·〈촉지(蜀志)·제갈량전(諸葛亮傳)〉에 보이는데, "내게 제갈공명이 있는 것은 마치 물고기가 물을 얻은 것과 같다."라는 말은 제갈량에 대한 유비의 절대적인 신뢰를 나타낸 것이다. 여기서 말한 "마치 물고기가 물을 얻은 것과 같다."라는 의미는 자기 자신과 매우 의기가 투합하거나 자신에게 매우 적합한 환경을 말한다.

우리는 모두 사회인이다. 혼자서는 어떤 일도 할 수 없으며, 항상 누군가의 도움과 조언이 필요하다. 우리가 살아가는 동안 꼭 필요한 산소나 물과 같은 물질적인 것은 물론이고, 부모님의 끊임없는 사랑과 성원, 주위에 있는 친구들의 도움과 배려에 대하여 당연한 것처럼 생각하고 있는 것은 아닌지 마음 깊이 되새겨 볼 일이다.

여정도치(勵精圖治)

기원전 74년, 한(漢)나라 소제(昭帝) 유불릉(劉弗陵)이 세상을 떠났다. 당시 대사마(大司馬)와 대장군(大將軍)을 겸하고 있던 곽광(霍光)은 소제에게 후사(後嗣)가 없었으므로, 무제(武帝)의 증손자 유순(劉詢)을 황제로 추대하였는데, 그가 바로 훗날의 선제(宣帝)이다.

기원전 68년, 곽광이 병으로 세상을 떠났다. 어사대부(御史大夫) 위상(魏相)은 선제에게 그동안 온갖 악행을 일삼아 온 곽씨(霍氏) 일가를 처벌하고, 그들의 병권(兵權)을 빼앗을 것을 주청하였다. 곽씨 집안은 이 사실을 알고 위상에게 원한을 품었다. 그들은 태후(太后)의 이름을 빌려 위상을 죽이고 선제를 폐위할 계획을 세웠지만, 선제가 먼저 이 사실을 알고 제압하여 멸문(滅門)을 당하였다.

그 후 선제는 직접 정사(政事)를 처리하였다. 그는 부강하고 번영된 나라를 만들기 위해 정치에 온 정성을 기울였다. 사람의 능력을 알아보는 혜안(慧眼)을 가진 그는 인재를 적재적소에 배치하고, 올바른 정치를 펼치기 위해 언제나 신하들의 의견을 진지하게 받아들였다. 하지만 조정의 기강을 확립하기 위해 한편으로는 관리들을 엄하게 다스렸다. 이에 조정의 관원들은 모두 맡은 바 소임에 힘쓰며 선제의 바람을 저버리지 않았다.

선제는 위상의 협조를 받아 농업 생산을 늘리려고 여러 정책을 펼쳤고, 이로써 농민들의 세금 부담은 크게 줄어들었다. 소금 가격을 내리고 절약을 주창(主唱)하여 백성들의 생활 또한 전반적으로 많이 나아졌다. 이 때문에 한나라는 아주 짧은 시간에 강국으로 발전할 수 있었다.

위의 이야기는 동한(東漢) 반고(班固)의 《한서(漢書)》·〈위상전(魏相傳)〉에 보인다. "여정도치"는 한 국가의 황제나 집정자가 온 힘을 다하여 정치에 힘써서 나라를 잘 다스려 나가는 것을 말한다.

거대한 나라를 다스린다는 것은 결코 쉽지 않기에, 여기에서 위정자의 능력과 지도력을 엿볼 수 있다. 오랜 중국 역사에서 보면 수많은 황제들이 명멸(明滅)하였다. 그 중 대부분이 향락에 빠져 정사를 돌보지 않았으며, 또한 권신(權臣)이나 환관(宦官)에게 자신을 의탁하여 허수아비 같은 존재로 일생을 보내기도 하였다. 반면 성군(聖君)들은 백성들과 희로애락을 함께하였으며, 늘 발분(發奮)하여 부강한 나라를 만들려고 부단히 노력하였다.

여화여도(如火如荼)

　춘추(春秋) 후기, 오(吳)나라 왕 부차(夫差)는 국력이 점차 강해지자 중원(中原)의 패권(覇權)을 차지하고 싶었다. B.C 428년, 부차는 황지(黃池, 지금의 하남(河南) 봉구(封丘) 서남쪽에 위치함)에서 천하의 제후들과 만나 자신을 맹주(盟主)로 추대할 것을 요구하였다. 그는 자신의 실력을 과시하기 위해 데리고 온 3만 명의 병력을 하룻밤 사이에 좌(左)·중(中)·우(右) 삼군으로 나누고, 각 군을 다시 백 항(百行)으로 나누고, 각 항(行)에 백 명을 배치하여 사각대열의 진형(陣形)을 만들었다. 그리고 직접 무기를 들고 중군(中軍)을 지휘하며 전진하였다. 중군은 모두 흰색 전투복을 입고 흰색 깃발을 들고 흰색 궁깃을 꽂고 있어, 멀리서 보면 마치 들판에 흰 꽃이 가득 핀 것 같았다. 좌군(左軍)의 군사 만 명은 모두 빨간색 전투복을 입고 빨간색 깃발을 들고 빨간색 궁깃을 꽂고 있어, 멀리서 보면 마치 불이 활활 타오르고 있는 것 같았다. 우군(右軍)은 전부 검은색으로 치장하고 장식하여, 멀리서 보면 마치 먹구름이 짙게 깔린 것 같았다.

　삼군이 타고 온 말 역시 진영 옆에 배치되어 있었다. 그런데 갑자기 부차가 말에서 몸을 솟구쳐 뛰어내려 와 지휘하자, 사방에서 북소리가 울려 퍼지는데, 그 웅장한 기세에 사람들은 입을 다물지 못하였고, 북소리에 맞추어 지르는 군사들의 고함 소리 또한 천지에 진동하였다.

　오나라 군대는 여러 제후들 앞에서 위용(威容)을 과시하여 그들이 감히 부차의 뜻을 거스를 수 없게 만들었고, 결국 부차는 바라던 대로 맹주가 되었다.

위의 이야기는 춘추시기(春秋時期) 좌구명(左丘明)이 찬술하였다고 전해지는《국어(國語)》·〈오어(吳語)〉에 실려 있다. "여화여도"는 불꽃처럼 빨갛고 백모(白茅)처럼 희다는 뜻으로 군대의 진영이 거대하고 웅장한 것을 비유하며, 현재는 왕성하고 격렬한 것을 말한다.

전쟁은 군사들의 사기가 승리를 좌우한다. 적군의 사기를 저하시키기 위해서는 아군의 막강한 화력(火力)과 군사들의 용맹성, 그리고 국민 모두의 일치단결이 필요하다. 그래서 전쟁에서는 온갖 수단과 방법을 가리지 않고 상대를 제압하기 위해 격렬하게 분투한다.

역부종심(力不從心)

　동한(東漢)의 명장(名將) 반초(班超)는 어려서부터 포부가 크고 사소한 일에 구애받지 않았다. 여러 방면의 책을 두루 읽어 지식이 광박(廣博)하고 언변이 뛰어났으며, 지략(智略)도 뛰어나 일의 경중(輕重)을 잘 판단하고 처리하였다.

　반초는 서역(西域)에 사신으로 가서 20여 년을 생활하였다. 그는 서역의 여러 나라를 진압하여 한나라에 복속(服屬)하게 하였을 뿐 아니라, 외교에도 뛰어나 비교적 멀리 떨어져 있는 나라들과도 유대 관계를 맺어 중국과 서역 간의 경제와 문화 교류를 촉진하는 데 큰 공헌을 하였다.

　그러나 서역에서 오랜 기간 생활한 반초는 나이가 들자 고향으로 돌아가고 싶은 생각이 간절했다. 이에 영원(永元) 12년에 반초는 화제(和帝)에게 다음과 같은 글을 올렸다. "신은 주천군(酒泉郡)으로 돌아갈 수 있으리라는 것은 꿈도 꾸지 않습니다. 다만 살아서 옥문관(玉門關)을 넘을 수 있기만 바랄 뿐입니다. 지금 저는 나이가 많아 몸도 허약하고 병도 앓고 있기에 외람되게 사리를 벗어난 청을 올리는 것이니, 폐하께서 용서해 주시기 바랍니다. 제 아들에게 공물(貢物)을 가지고 낙양(洛陽)으로 가는 외국의 사신을 따라가게 할 것이니, 제가 살아 있을 때 아들이 고향의 땅을 볼 수 있게 해 주실 것을 간청합니다." 애석하게도 화제는 이 글을 읽고도 어떠한 반응도 보이지 않았다.

　반초에게는 반소(班昭)라는 여동생이 있었다. 그녀 역시 오빠를 그리워하여 그가 돌아올 수 있도록 해 달라고 간청하는 글을 황제에게 올렸다. 그 내용은 다음과 같다. "반초는 당시 서역으로 간 사람들 가운데 나이가 가장 많습니다. 이미 60세를 넘어 머리는 반백이고, 눈도 잘 보이지 않고 귀도 들리지 않으며, 두 손도 마음대로 움직여지지 않습니다. 밖에 나가려면 겨우 지팡이에 의지하여 걸어야만 합니다. 만약 미처 방어할 수 없는 폭동이 일어나면, 지금 반초의 힘으로는 그 뜻에 미치지 못할 것입니다. 이러하면 위로는 오랜 기간 유지되어 온 국가의 안정에 손해를 끼칠 뿐 아니라, 아래로는 지금껏 쌓아 온 신하로서의 공로 역시 모두 무너지는 것이니, 어찌 가슴 아픈 일이 아니라 할 수 있겠습니까?"

화제는 반소의 글을 읽고 크게 감동하여 마침내 반초가 고향으로 돌아올 수 있도록 허락해 주었다. 하지만 애석하게도 반초는 낙양으로 돌아오고 한 달도 못 되어 70세의 나이로 세상을 떠났다.

위의 이야기는 남조(南朝) 송(宋)나라의 범엽(范曄)이 지은 《후한서(後漢書)》·〈서역전(西域傳)〉에 보인다. "역부종심"은 마음은 어떤 일을 꼭 하고 싶지만 힘이 부족하여 생각대로 할 수 없는 것을 말하며, 유사한 말로 "유심무력(有心無力)"이 함께 쓰이고 있다.

사람은 누구나 마음에 이상을 품고 있지만 현실은 그리 녹록하지 않다. 그래서 항상 부족함을 느끼며 살아가는데, 사실 이것은 우리가 현실에 안주하지 않고 좀 더 분발하게 만드는 원동력이 된다. 설사 힘이 모자라 목표점에 도달하지 못할지라도 지레 겁을 먹을 필요는 없다. 무슨 일이든 시도조차 하지 않는다면 좋은 기회마저 놓칠 수 있기 때문이다.

연목구어(緣木求魚)

전국(戰國)시기 맹자(孟子)는 자신의 이상인 인정(仁政)을 실현하기 위해, 여러 나라를 돌며 유세하였다. 맹자가 제(齊)나라에 이르렀을 때, 선왕(宣王)이 천하를 차지하기 위해 매일 군사를 훈련하는 것을 보았다. 이에 선왕에게 묻기를, "대왕께서는 나라의 모든 병력을 동원하여 다른 나라와 전쟁을 벌이려고 하십니다. 반드시 다른 나라와 싸워 이겨야 통쾌하시겠습니까?"

선왕이 대답하였다. "아닙니다. 다른 나라와 싸워 이겨야만 통쾌한 것은 아닙니다. 그렇게 하는 것은 나의 가장 큰 소망을 이루기 위한 것일 뿐입니다." 맹자가 다시 묻기를, "대왕의 가장 큰 소망이 무엇인지 들려주실 수 있습니까?" 선왕은 웃기만 할 뿐 대답하지 않았다.

맹자가 다시 묻기를, "입을 즐겁게 해 줄 기름지고 맛있는 음식이 부족하고, 몸을 편하게 해 줄 가볍고 따뜻한 옷이 부족해서입니까? 눈을 즐겁게 해 줄 미색(美色)이 부족하고, 귀를 즐겁게 해 줄 음악이 부족해서입니까? 아니면 좌우에 부릴 사람이 부족해서입니까? 이런 것들은 신하들이 모두 충분히 공급할 것이니, 아마 이 때문은 아니겠지요?"

선왕이 대답하였다. "아닙니다. 이런 것들을 위해 그러는 것이 아닙니다."

맹자가 말하길, "그렇다면 대왕이 말씀하시는 큰 소망이 무엇인지 알겠습니다. 그것은 바로 영토를 넓혀 천하의 백성들이 모두 대왕께 복종하게 하려는 것입니다. 그러나 대왕의 방법으로 소망을 이루려 하는 것은 나무에 올라 물고기를 잡는 것과 같습니다."

선왕이 물었다. "그토록 불가능한 일입니까?"

맹자가 대답하였다. "그보다 더 심할 듯합니다. 나무에 올라 물고기를 잡으려 하면 비록 물고기는 잡지 못해도 후환은 없습니다. 그러나 대왕의 방법으로 소망을 이루려 하면 정신과 체력이 모두 낭비되기 때문에 결국 화가 미칠 것입니다."

선왕은 다시 묻기를 "그 까닭을 들을 수 있습니까?"

맹자가 묻기를, "만약 추(鄒)나라와 초(楚)나라가 전쟁을 벌이면 누가 이길 것이라 생각하십니까?"

선왕이 조금도 망설이지 않고 "초나라가 이깁니다."라고 대답하였다.

맹자가 말하길, "그렇습니다. 작은 쪽은 본래 큰 쪽의 적수가 되지 못하고, 적은 쪽은 많은 쪽의 상대가 되지 못하며, 약한 쪽은 강한 쪽의 상대가 되지 못합니다. 천하의 땅을 아홉으로 나누었을 때, 제나라가 차지한 영토는 구분의 일에 지나지 않습니다. 이 구분의 일로 구분의 팔을 정복하려는 것이 추나라와 초나라가 전쟁을 벌이는 것과 무엇이 다릅니까? 대왕께서는 어찌 인정(仁政)이라는 근본으로 돌아가 정치를 행하려 하지 않으십니까? 만약 지금 인정(仁政)을 펼치시면 천하의 관원들은 모두 대왕의 조정에서 벼슬하길 원하고, 농부들은 대왕의 토지에서 경작하길 원하고, 상인들은 대왕의 시장에서 장사하길 원하고, 나그네는 대왕의 길을 지나길 원하고, 자기 나라 군주를 미워하는 자들은 대왕께 달려와 억울함을 하소연할 것입니다. 이렇게 된다면 어느 누가 대왕께서 천하를 통일하는 것을 막을 수 있겠습니까?"

위의 이야기는 《맹자(孟子)》·〈양혜왕상(梁惠王上)〉편에 실려 있다. "연목구어"는 나무에 올라 물고기를 찾는다는 의미로, 방법과 수단이 맞지 않아 목적을 이룰 수 없는 것을 비유한다.

우리가 어떤 일을 추진하고자 할 때는 수단과 목적이 일치하여야 한다. 제 아무리 목적이 훌륭해도 그에 걸맞은 방법이나 수단이 존재하지 않는다면 결코 목표점에 도달하지 못한다. 우리말 속담처럼 "밑 빠진 독에 물 붓기"를 한다면 아무리 애를 써도 보람을 찾지 못한다. 사건의 본질을 정확히 진단하고 처리한 후, 노력해야만 소기의 목적을 달성할 수 있는 것이다.

오십보백보(五十步百步)

　　맹자(孟子)는 전국시기(戰國時期)의 저명한 사상가이자 교육자이고, 유가(儒家)의 대표적 인물로 추앙받아 아성(亞聖)이라 불리었다. 그는 "백성이 가장 귀하고, 나라가 그다음이며, 임금이 가장 끝에 놓인다."라는 민본(民本) 사상을 제기하며 인정(仁政)을 베풀 것을 주장하였다. 그는 자신의 정치적 주장을 실현하기 위해 20여 년 동안 제(齊)·송(宋)·위(魏)·노(魯) 등의 여러 나라를 돌아다니며 유세하였다.

　　한번은 맹자가 위나라에 갔을 때의 일이다. 양혜왕(梁惠王)이 그에게 이렇게 물었다. "나는 나라를 다스리는 일에 온 마음을 다하고 있습니다. 황하 북쪽에 재해가 발생하여 흉년이 들면 그곳의 백성들을 황하 동쪽으로 이주시키고, 황하 동쪽의 식량을 황하 북쪽으로 옮겨 옵니다. 황하 동쪽에 재해가 발생하여 흉년이 들어도 이렇게 합니다. 하지만 이웃 나라의 왕이 하는 것을 보면 나처럼 이렇게 마음을 다하는 자가 없습니다. 그런데도 이웃 백성은 줄지 않고, 내 백성은 늘어나지 않는데, 이는 무엇 때문입니까?"

　　맹자는 답하길, "왕께서 전쟁하는 것을 좋아하시니, 제가 전쟁에 비유하여 말씀드리겠습니다. 둥둥둥 북을 울리며 쌍방이 한창 전쟁을 하고 있는데, 패배한 병사가 갑옷과 무기를 내던지고 달아납니다. 어떤 자는 백 보를 달아나서 멈추고, 어떤 자는 오십 보를 달아나서 멈추었습니다. 이때, 오십 보 달아난 사람이 백 보 달아난 사람을 비웃는다면 어떻겠습니까?"

　　양혜왕은 맹자의 물음에 이렇게 답하길, "옳지 않은 일입니다. 백 보를 가지 않았을 뿐 달아난 것은 마찬가지입니다."

　　그러자 맹자가 다시 말하길, "왕께서 그리 생각하신다면, 이 나라 백성이 이웃 나라보다 많아지기를 바라지 마십시오. 농사철을 어기지 않으면 양식은 먹고도 남을 만큼 충분할 것입니다. 촘촘한 그물로 물고기를 잡지 않으면 물고기는 다 먹지 못할 정도로 충분히 잡힐 것입니다. 정해진 기간에 나무를 베면 땔감은 쓰고도 남을 만큼 충분할 것입니다. 양식과 물고기가 충분하고 땔감이 넉넉하면, 백성들은 살아 있는 자를 부양하고 죽은 자의 장례를 치르는 데 아쉬움이 없을 것입니다. 살아 있는 자를 부양하고 죽은 자의 장례를 치르는 데 온 마음을 다하여 아쉬움이 남지 않게 하는 것이야말로 인정(仁政)을 베푸는 것이고, 천하를 다스리는 일의 시작이라 할 수 있습니다. 백성에게 오무(五畝, 1무는30평) 넓이의 땅을 나누어 주고 뽕나무를 심게 하면 50세 이상의 노인이 비단옷을 입을 수 있습니다. 백성들에게 닭, 개, 돼지 같은 동물을 제때에 기를 수 있게 하면 70세 이상의 노인이 고기를 먹을 수 있습니다. 백성들이 백무(百畝)의 땅을 제대로 경작할 수 있도록 관청이 방해하지 않으면, 여러 식구가 굶주리지 않을 수 있습니다. 학교를 세워 부모에게 효도하고 어른을 공경할 것을 백성들에게 가르치면, 백발의 노인이 등에 짐을 지고 머리에 물건을 이고 길을 걸어 다니는 일이 더 이상 없을 것입니다. 70세 이상의 노인이 비단옷을 입고 고기를 먹으며, 일반 백성이 굶주리거나 추위에 얼어 죽는 일이 없게 하고서도 왕 노릇을 하지 못한 경우는 없었습니다. 그러나 지금 위나라는 부자들의 개나 돼지가 백성의 양식을 모두 먹어 치우는데도 관청에서 이를 제지하지 않습니다. 길에 굶어 죽은 사람이 널려 있는데도 조정에서는 식량 창고를 열어 백성을 구제하지 않습니다, 백성이 죽어 넘어지는데도 '이것은 내 잘못이 아니고, 흉년이 들어 그런 것이다.'라고 합니다. 이는 칼로 사람을 찔러 죽이고도 '내가 죽인 것이 아니라 칼이 죽인 것이다.'라고 하는 것과 무엇이 다르다는 말입니까? 만약 왕께서 잘못을 흉년 탓으로 돌리지 않으시면 천하의 백성들이 모두 위나라로 모여들 것입니다."

위의 이야기는 《맹자(孟子)》·〈양혜왕(梁惠王)〉편에 보이고, 우리말 속담에서도 즐겨 쓰고 있다. 본래 원문에는 "오십 보 도망친 사람이 백 보 도망친 사람을 비웃다(以五十步笑百步)"라고 되어 있다. 오십 보와 백 보는 거리상에서 차이가 있을 수 있으나, 도망친 행위 자체는 동일한 것이라 본 것이다.

여기에서 맹자는 왕도정치의 실현과 예악(禮樂)의 제창, 패권 정치와 전쟁을 반대하는 정치적 이념을 강하게 주장하고 있다. 그래서 맹자는 전쟁을 좋아하는 양혜왕의 정책을 전쟁으로 비유하여, 그의 실체적 행위와 천하민심을 얻으려는 상반된 희망을 뛰어난 언변으로 질타하고 있다.

와신상담(臥薪嘗膽)

중국 춘추시대 말기, 남쪽에 위치한 오(吳)나라와 월(越)나라가 패권을 놓고 한창 다투던 때의 일이다. 두 나라는 군사력이 서로 비슷하여 승부를 짓지 못하고 있었다. 어느 날 두 나라는 부초(夫椒-지금의 강소성)에서 큰 싸움을 벌였는데, 크게 승리를 거둔 오나라는 곧장 월나라 수도까지 진격하여 월나라 국왕 구천(勾踐)까지 사로잡았다.

당시 오나라 대부였던 오자서(伍子胥)는 구천을 죽여 후환을 없애고 월나라를 병합하자고 주장하였으나, 오왕(吳王) 부차(夫差)는 그의 말을 묵살하고 구천을 오나라로 데리고 가서 노복(奴僕)으로 삼았으며, 그리고는 온갖 모욕을 다 주었다. 그러나 구천은 모든 핍박과 멸시를 잘 이겨 내고 부차에게 거짓 충성을 다하였다. 하루는 부차가 병이 들어 자리에 누워 있자, 구천은 부차를 찾아가 그의 대소변을 혀로 맛보며 병세를 예단하기도 하였다. 이에 크게 감동한 부차는 얼마 후 구천을 석방하여 월나라로 돌려보냈다.

구천은 돌아오자, 지난날의 치욕을 복수하고자 결심하였다. 그래서 투지를 굳건히 하기 위해 겨울에는 얼음덩이, 여름에는 화로를 늘 곁에 두었다. 매일 밤 섶 위에서 잠을 청했으며, 밥을 먹기 전에는 먼저 쓸개즙을 맛보았다. 그는 직접 농사를 짓고, 부인에게는 손수 옷감을 짜 옷을 만들어 입게 하였다. 이렇게 몇 년 동안 나라를 다스려 나가자, 월나라는 빠른 속도로 부강해졌다.

어느 정도 전쟁 준비를 마친 구천은 친히 대군을 거느리고 오나라 정벌에 나섰다. 육로와 수로를 통하여 오나라를 공격해 들어가자, 오왕 부차는 어찌할 바를 모르고 방어하기에 급급하였다. 그러나 이미 너무 늦어버렸다. 성난 월나라 군사들은 파죽지세로 오나라를 공략하였으며, 수도를 점령하고 오나라를 멸망시켰다. 그리고 오왕 부차를 사로잡아 지난날의 수모를 갚고, 계속해서 중원으로 북상하여 춘추 후기의 패자(覇者)가 되었다.

위의 이야기는 춘추시대 말기 치열한 패권 다툼 속에서 일어난 일로, 사마천(司馬遷)의 《사기(史記)》·〈월왕구천세가(越王勾踐世家)〉에 보인다. 본의는 섶에 누워서 잠을 자고 쓸개를 맛본다는 것이지만, 후에는 뜻이 확대되어 명심하여 분발하고 노력하면 원하던 일을 이룰 수 있다는 것을 말한다.

사람들은 누구나 세상을 살다 보면, 몇 번의 실패는 피할 수 없다. 그러나 그 실패를 교훈 삼아 스스로 각성하고 부단히 노력하면 언젠가는 반드시 목표점에 도달할 수 있을 것이다. 실패 없는 성공이 오래 가지 못하는 것은 바로 그 가치를 가슴에 충분히 담지 않았기 때문이다.

완벽(完璧)

　전국시대(戰國時代) 조(趙)나라 혜문왕(惠文王)은 당시 가장 유명하고 아름다운 보물이라 일컬어지던 "화씨(和氏)의 구슬"을 얻게 되었다. 진(秦)나라 소왕(昭王)은 이 이야기를 듣고 편지를 써서 조왕에게 사람을 보내 진나라 성(城) 열다섯 개를 줄 테니 그 구슬과 바꾸자고 하였다.

　조나라 혜문왕은 마음속으로 크게 걱정하며, 진나라 소왕은 늘 자신의 이익만 생각하고 절대로 손해를 보려 하지 않을 사람이라고 생각하였다. 그의 요구를 들어주지 않으면 군사를 일으켜 공격할 것이고, 요구를 들어주면 속임을 당하지 않을까 근심되었다. 혜문왕은 어쩔 수 없이 여러 신하들과 이 문제를 두고 상의하였으나 어떤 뾰족한 방법을 찾아내지 못하였다.

　이런 사실을 인상여(藺相如)가 알고 왕을 찾아가 아뢰길, "대왕, 저를 진나라로 보내 주십시오. 만약 진나라 소왕이 약속한 열다섯 개의 성을 내어 주지 않으면, 저는 반드시 화씨의 구슬을 온전하게 가지고 돌아오겠습니다." 조나라 혜문왕은 인상여가 매우 용감하고 지혜롭다는 것을 알고 허락하였다.

　인상여는 진나라로 가 소왕을 만나 화씨의 구슬을 전해 주었다. 그러나 소왕은 화씨의 구슬을 받고 기뻐하며 감상만 할 뿐, 열다섯 개의 성을 주겠다는 말은 언급조차 하지 않았다. 그러나 구슬이 이미 소왕의 손에 들어가 있어 어쩔 수 없었다. 인상여는 한 가지 꾀를 생각해 내고 어전(御前) 앞으로 나아가 말하길, "이 화씨의 구슬은 매우 아름답지만 약간의 흠결이 있습니다. 제가 대왕께 보여드리겠습니다." 왕은 흠결이 있다는 말을 듣고 손에 들고 있던 구슬을 얼른 인상여에게 건네주었다.

　인상여는 구슬을 받자마자 뒤로 물러나 재빨리 궁궐 기둥 쪽으로 갔다. 그리고 노기를 띤 강한 어조로 질책하길, "우리 조나라 대왕께서는 진나라가 강한 대국이기 때문에 화씨의 구슬을 받고 약속하신 성을 나누어 주지 않을까 매우 염려하였사온데, 저는 그렇게 생각하지 않았습니다. 일반 어리석은 백성들도 모두 신의(信義)를 소중히 여기고 있거늘, 하물며 진나라 대왕을 일러 무엇하겠습니까? 저의 이런 설득으로 조나라 대왕께서는 5일 동안 목욕재계하시고 이 구슬을 내어 주셨는데, 이것은 진나라에 대한 존경과 경의를 나타내신 것입니다. 그러나 대왕께서는 본래 성과 바꾸려는 마음이 없었습니다. 그래서 도로 가져가려 하는데 만약 억지로 저에게서 구슬을 빼앗으려 하신다면 저와 이 구슬은 기둥에 부딪쳐 함께 부서질 것입니다." 말을 마친 인상여는 구슬을 들고 옆에 있는 기둥에 부딪칠 기세였다.

진나라 소왕은 어쩔 수 없이 잘못을 사과하며, "대부(大夫)께서는 잠시만 기다리시오. 내가 어찌 약속을 지키지 않겠소?", 그리곤 곧바로 약속한 성을 대가로 주기로 하였다. 그러나 인상여는 소왕이 절대로 약속을 지킬 사람이 아니라는 것을 알고, 그에게 5일 동안 목욕을 재계한 후에 서로 교환하자고 하였다.

인상여는 역관(驛館)에 돌아오자 곧바로 부하에게 장사꾼으로 변장하여 몰래 구슬을 조나라로 가져가게 하였다. 뒤에 이 사실을 안 소왕은 크게 후회하였지만 이미 늦었다. 조나라를 공격하고자 하였지만, 그들이 철저히 대비하여 승산이 없을 것 같았다. 소왕은 인상여를 조나라로 돌려보내지 않을 수 없었다.

위의 이야기는 서한(西漢) 사마천(司馬遷)의 《사기(史記)》·〈염파인상여열전(廉頗藺相如列傳)〉에 보인다. 본래의 성어는 "완벽귀조(完璧歸趙)"로 구슬을 온전하게 조나라로 가지고 돌아온다는 의미지만, 지금 "완벽"은 그 의미가 확대되어 어떤 결함 없이 완전하다는 뜻으로 사용된다.

중국 전국시대에 초(楚)나라 변화(卞和)라는 사람이 발견하였다는 화씨의 구슬은 천하의 보배로 누구나 갖고 싶어 하였다. 진나라 소왕은 성과 바꾸자는 핑계로 유인책을 폈으나 조나라 인상여의 기지(機智)로 다시 완벽하게 귀환하게 된다.

사람들은 남이 가지고 있는 값지고 좋은 물건을 탐내기도 한다. 그러나 정도(正道)로 얻어진 것이 아니라면, 위의 고사처럼 끝내 소유할 수 없다. 그것은 내가 보기에 아름답고 좋은 물건은 다른 사람도 그렇게 생각하기 때문이다.

요여지장(了如指掌)

체(禘)는 고대 제왕(帝王)이나 제후가 묘당에서 선조에게 지내는 큰 제사를 일컫는데, 주(周)나라에는 다음의 세 가지가 있었다. 첫째, 천자가 즉위할 때 태묘(太廟)에서 제사를 지내는데, 시조(始祖)로부터 역대 선조들을 합제(合祭)한다. 둘째, 천자와 제후가 5년마다 한 번씩 제사를 지내는데, 고조(高祖)와 그 이상의 조상들은 태묘에서 지내고, 고조 이하 조상들은 본묘(本廟)에서 나누어 지낸다. 셋째, 매년 여름 종묘에서 한 번 제사 지낸다.

어떤 사람이 공자(孔子)에게 체(禘)의 의미와 규정에 대하여 가르침을 청하자 이렇게 말하였다. "나는 잘 모르겠다. 체례(禘禮)를 아는 사람이 천하를 다스리는 것은 천하가 손바닥에 있는 것과 같다."

공자가 체례에 대해 잘 알면서도 모른다고 한 것은 말하고 싶지 않았던 것이다, 왜 그랬을까? 공자는 춘추 말기에 태어났는데, 당시 주나라 왕실은 이미 세력이 약화되어 예악(禮樂)이 붕괴되고, 계급 제도나 종법(宗法) 질서 또한 파괴되었다. 공자는 주례(周禮)가 가장 완벽하다고 생각했고, 무너진 주례를 회복하는 것을 자기의 임무로 생각하였다. 공자가 대답하기 싫어했던 것은 아마 그 사람의 질문이 언급할 만한 가치가 없다고 생각하거나, 노(魯)나라의 계씨(季氏)가 제사를 지낼 때 주례를 위배했기 때문이거나, 노나라의 체례가 자신이 생각하는 기준에 부합하지 않았기 때문일 것이다.

위의 이야기는《논어(論語)》·〈팔일(八佾)〉편에 보이는데, "요여지장"은 사물에 대한 깊은 이해를 하고 있는 것이 마치 손바닥 안에 있는 물건을 다른 사람에게 가리켜 보여 주는 것과 같다는 의미이다.

공자가 추존(推尊)하였던《주례(周禮)》는 유가경전의 하나로 고대 중국 예악문화(禮樂文化)의 형식을 완성하고, 예법(禮法)과 예의(禮義)에 관해 가장 권위적인 기록과 해석을 남겨 역대 왕조에 큰 영향을 미쳤다.

우공이산(愚公移山)

북산(北山)에 우공(愚公)이라는 한 노인이 살고 있었는데, 나이가 이미 구순(九旬)에 이르렀다. 그가 살고 있는 집 앞은 높은 산이 가로막고 있어 들고날 때 먼 길을 돌아가야만 했다. 이에 그는 가족들을 불러 모아 말하길, "내가 너희들과 힘을 합쳐 앞에 있는 산을 옮겨 예주(豫州) 남쪽으로 통하는 길을 뚫고, 한수(漢水)까지 이를 수 있게 하려는데 너희들 생각은 어떠냐?" 그러자 가족들은 이구동성(異口同聲)으로 찬성하였다.

단지 그의 아내만이 의아해하면서 말하길, "영감의 힘으로는 작은 언덕도 허물기 어려운데 하물며 태행(太行)과 왕옥(王屋) 같은 큰 산을 어찌 옮기려 하십니까? 또한 거기서 나온 흙덩이는 어디에다 버릴 것인가요?" 그러자 가족들은 그 흙덩이들은 발해(渤海)의 끝자락이나 은토(隱土)의 북쪽에 버리자고 하였다.

마침내 우공은 아들과 손자들을 데리고 돌을 깨고 땅을 파기 시작했으며, 흙덩이는 삼태기로 발해의 끝자락에 갖다 버렸다. 그의 이웃에 사는 과부에게는 어린 아들이 있었는데 그 아이도 이리저리 뛰어다니며 산 옮기는 일을 부지런히 도왔다. 그러나 그들은 한 해가 지나도록 겨우 한 차례 왕복했을 뿐이었다.

황하 근처에 살고 있는 지수(智叟)라는 노인은 우공이 가족들과 함께 산을 파내는 것을 보고 조롱하며 말하길, "그대는 어찌 그리 어리석은가? 그대처럼 늙고 쇠약한 사람은 산에 있는 풀 한 포기 뽑기 어려운데, 어떻게 이 많은 돌멩이와 흙덩이를 옮길 수 있겠는가?" 이에 우공은 길게 탄식하며 대답하길, "그대는 어찌 그리 생각이 경직되었는가? 과부의 철없는 어린아이만도 못하네 그려! 설령 내가 죽는다 해도 내 아들은 살아 있을 것이며, 아들은 손자를 낳고 손자는 또 아들을 낳으며, 그 아들은 또다시 아들을 낳아 대대손손 이어지지만 산은 여전히 그대로이며 다시 더 높아지지 않으니, 어찌 산을 없애지 못하겠는가?" 지수는 아무 말도 하지 못했다.

산신(山神)도 우공의 말을 듣고는 두려워 옥황상제에게 자초지종을 이야기하자, 옥황상제는 우공의 정성과 의지에 감동하여 대역신(大力神)에게 산을 옮기도록 명하였다. 그래서 그날 이후 기주(冀州)와 한수(漢水) 이남에는 높은 산이 통행을 가로막는 일이 없어졌다.

이 고사는 《열자(列子)》·〈탕문(湯文)〉편에 나오는 이야기로, 어떤 일을 하는 데 있어 어려움을 두려워하지 않고 강인한 의지로 극복해 나간다는 것을 의미한다. 윗글에서 보이는 우공(愚公 – 어리석은 사람)과 지수(智叟 – 지혜로운 노인)는 서로 대비되는 인물이지만, 우공은 결코 어리석은 사람이 아니며, 지수 또한 절대 지혜로운 사람이 아니다. 자신의 이상을 실현하려면 우공처럼 고난을 두려워하지 않는 강한 자신감과 흔들리지 않는 신념으로 성실히 추진해 나가는 자세가 필요하다.

우이독경(牛耳讀經)

　모융(牟融)은 동한(東漢) 말기의 뛰어난 학자로 불교경전에 대해 깊게 연구하였다. 그가 강론하는 불경(佛經)은 아주 재미있고 쉽게 이해할 수 있었다. 이 때문에 많은 유생(儒生)이 몰려와 그의 강연을 들었다. 그가 유생들에게 불경을 강론할 때는 늘 유가(儒家)의 경전(經典)을 이용하여 쉽게 설명하였다. 어느 날 그의 강연을 듣던 한 유생이 모융에게 묻기를, "선생께서는 왜 불경을 강론할 때 늘 유가경전을 이용하시는가요?" 이에 모융은 답하기를, "난 자네들이 유가경전에 익숙하다는 것을 잘 알고 있네. 그래서 유가경전을 이용하여 불경을 해석한 것인데, 이렇게 하면 자네들이 더욱 쉽게 불경의 뜻을 이해할 수 있기 때문이네. 자네들은 불경을 잘 알지 못하니, 만약 내가 불경 속에 들어 있는 심오한 뜻을 가지고 해석한다면 자네들은 거의 알아듣지 못할 걸세." 계속하여 모융은 그들에게 이야기 하나를 들려주었다.

　춘추시기(春秋時期) 노(魯)나라에 공명의(公明儀)라고 하는 유명한 음악가가 살고 있었는데, 악기를 매우 잘 다루었다. 하루는 그가 지금 막 여물을 먹고 있는 소에게 음악 한 곡조를 연주하였다. 공명의는 자신이 연주하는 아름다운 음악에 푹 취해 있었다. 그런데 옆에 서 있는 소를 힐끗 쳐다보니 여전히 여물을 먹느라 정신이 없었고, 아름다운 음악에 아무런 반응도 하지 않았다. 소란 본래 음악을 이해하지 못하기에 음악의 선율이 아무리 아름다워도 흥미를 불러일으키지 못했던 것이다.

　모융의 이야기가 끝나자 유생들은 그가 왜 유가의 경전으로 불경의 이치를 설명하려 하였는지 비로소 알게 되어, 모두 탄복하며 그를 더욱 존경하였다.

위의 이야기는 동한시대(東漢時代) 모융(牟融)의 《이혹론(理惑論)》에 보인다. 본래의 성어는 "대우탄금(對牛彈琴)"이고, 우리는 문화적인 차이로 인해 "우이독경(牛耳讀經)"이라고 하는데, 아무리 가르치고 일러 주어도 알아듣지 못하거나 효과가 없는 경우를 이르는 말이다. 우리말 속담의 "쇠귀에 경 읽기" 역시 같은 의미이다.

이야기에서는 사람과 동물의 관계를 들어 비유하였지만, 사실 사람과 사람 사이에도 이런 경우가 허다하니, 과연 "쇠귀에 경 읽는 것"과 무엇이 다르겠는가? 지금 "소통(疏通)"이라는 화두가 유행하는 것도 이 때문이다. 정치가와 국민의 관계, 사업주와 근로자의 관계, 부모와 자식의 관계, 스승과 제자의 관계에서 소통의 부재(不在)는 갈등을 유발하고 심각한 사회 문제를 낳는다. 대화를 통해 상대를 이해하고 배려하려는 노력을 기울여야만 "쇠귀에 경 읽기"와 같은 무익한 일이 일어나지 않을 것이다.

유암화명(柳暗花明)

　남송(南宋)의 시인 육유(陸游)는 자가 무관(務觀)이고, 호는 방옹(放翁)이며, 절강성(浙江省) 월주(越州) 산음(山陰) 사람이다. 당시 남송은 중원(中原)을 금(金)나라에 내어 주고 굴욕적인 화친책으로 겨우 명맥을 유지하고 있었다. 이에 육유는 집권자들의 무능을 비판하며, 금나라와 싸워 잃어버린 땅을 되찾을 것을 적극 주장하였다.

　육유는 일만여 수에 달하는 시를 창작하였고, 저서로는 《검남시고(劍南詩稿)》와 《위남문집(渭南文集)》 등이 있다. 그는 우국(憂國)의 충정과 불굴의 투쟁 정신을 시로 담아내어 오늘날까지 중국을 대표하는 최고의 애국시인으로 남아 있다.

　육유는 어린 시절부터 배우기를 좋아하여 열두 살에 이미 시와 문장에 뛰어났다. 소흥(紹興) 23년(1153년)에 과거에 응시하여 장원으로 급제하였으나, 재상 진회(秦檜)가 손자 진훈(秦塤)의 이름이 육유 뒤에 적힌 것을 보고 화가 나서 제명(除名)하였다. 효종(孝宗)이 즉위하고 나서야 육유의 문장이 뛰어난 것을 보고 진사에 임명하였다.

　육유는 평생 자신의 포부를 실현할 기회를 얻지 못하였고, 높은 벼슬에 오른 적도 없다. 예컨대 융흥(隆興)의 통판(通判)으로 있을 때 주화파(主和派)의 모함으로 면직되었다. 하는 수 없이 고향으로 돌아갔는데, 가슴에 원대한 포부를 품은 그에게 한가로이 책이나 읽으며 보내는 시간은 너무 고통스러웠다. 일 년여의 시간이 지나서야 비로소 주변 사람들과 함께 할 마음이 생겼다.

　어려서부터 농촌에서 성장한 육유는 관리라고 위세를 부리지 않아 농민들과 쉽게 어울릴 수 있었다. 봄볕이 따사로운 어느 날, 육유는 혼자 이십여 리나 떨어진 서산(西山−산의 서쪽 마을)으로 유람을 갔다. 산을 넘고 개울을 건너 길을 돌고 돌아 마침내 어느 곳에 이르렀다. 더 이상 길이 없는 것 같았는데 모퉁이를 도니 그리 멀지 않은 계곡 아래 우거진 버드나무와 활짝 핀 붉은 꽃 사이로 마을 하나가 눈에 들어왔다. 호기심에 마을을 향해 걸어갔다. 마을 사람들은 먼 곳에서 온 손님을 반갑게 맞아 주었다.

육유는 집으로 돌아온 후 서산에 대한 좋은 추억을 〈유산서촌(游山西村)〉이라는 칠언 율시를 지어 표현하였다. 그 가운데 이러한 구절이 있다.

첩첩 산을 넘고 굽이굽이 물을 건너 더 이상 길이 없을 줄 알았는데,
버드나무 그늘지고 예쁜 꽃 활짝 핀 곳에 마을 또 하나 있네.

山重水複疑無路, 柳暗花明又一村.

"유암화명"은 본래 당대(唐代) 왕유(王維)가 지은 시 〈조조(早朝)〉에 나오는 구절로, 버들가지 늘어져 짙게 그늘을 드리우며, 흐드러진 꽃잎이 봄날의 정취를 한껏 자아내고 있는 것을 형상화한 것이다. 후세에는 막다른 길에 다다라 더 이상 나아갈 수 없는 어려운 상황에서 새로운 전기(轉機)를 맞이하여 희망을 찾게 된다는 비유로 쓰였다.

《주역(周易)》·〈계사하(繫辭下)〉에는 "사물이 어떤 극한 상황에 이르면 변화를 추구하게 되고, 변화가 일어나면 사물은 어떤 방해도 받지 않고 끊임없이 발전해 나갈 수 있다."라는 말이 있다. 그래서 "궁하면 통한다(窮則通)."라고 하는 것이다.

이란격석(以卵擊石)

순자(荀子)는 전국시기(戰國時期)의 유명한 사상가이자 정치가요, 문학가이다. 그는 유가(儒家)를 대표하는 인물로 존중되어 '순경(荀卿)'으로도 불리었다. 그는 일찍이 제(齊)나라로 가서 공부를 하였는데, 워낙 학식이 높고 지식이 풍부하여, 제나라 직하(稷下)에 세워진 학궁(學宮)에서 세 차례나 제주(祭酒)라는 직책을 맡았다. 그 후, 진(秦)나라 소왕(昭王)의 초청으로 서쪽에 있는 진나라로 간 뒤, 다시 조(趙)나라로 갔다. 후에는 초(楚)나라 춘신군(春申君)에게 등용되어 난릉령(蘭陵令)이라는 벼슬을 지냈고, 말년에는 주로 교육과 저술에 전념하였다.

한번은 순자와 임무군(臨武君)이 조나라 효성왕(孝成王) 앞에서 용병(用兵)의 이치에 대해 변론하였다.

효성왕이 묻기를, "용병에는 어떤 요령이 있소?"

임무군이 대답하길, "위로는 하늘의 때를 얻고, 아래로는 땅의 이로움을 얻으며, 적의 변화를 관찰하여 행동하고, 적보다 늦게 군사를 움직이지만 먼저 제압하는 것이 바로 용병의 요령입니다."

그러자 옆에 있던 순자가 대답하기를, "그렇지 않습니다. 제가 듣기로 옛사람들의 용병의 이치는 이렇습니다. 군사를 움직여 전쟁을 하는 근본은 바로 백성을 하나로 뭉치게 하는 데 있습니다. 화살과 활이 고르지 않으면 후예(后羿)와 같은 명사수라 할지라도 목표를 적중할 수 없고, 여섯 필의 말이 서로 협력하여 조화를 이루지 않으면 수레를 잘 모는 조부(造父)라고 할지라도 먼 곳까지 마차를 몰고 가지 못할 것입니다. 군사와 백성이 왕을 친근하게 따르지 않으면 상(商)나라의 탕왕(湯王)과 주(周)나라의 무왕(武王)이라 할지라도 반드시 승리하지 못할 것입니다. 그러므로 백성들이 잘 따르게 할 수 있는 사람이야말로 용병에 뛰어난 자입니다. 용병의 요령은 백성들을 잘 따르게 하는 데 있을 뿐입니다."

임무군은 순자의 말에 또 이렇게 반박했다. "결코 그렇지 않습니다. 용병에서는 형세를 유리하게 만들고, 속임수와 변화를 활용하여 행동하는 것을 가장 중시합니다. 용병에 뛰어난 사람은 행동하는 바가 매우 신비로워 누구도 그것이 어떻게 나온 것인지 예측하지 못합니다. 손무(孫武)와 오기(吳起)도 바로 이러한 전술을 사용했기 때문에 천하에 대적할 자가 없었던 것입니다. 그런데도 용병의 요령이 반드시 백성들이 잘 따르게 하는 데에 달려 있다는 것입니까?"

순자가 다시 임무군의 말에 반박하여 말하길, "그렇지 않습니다. 제가 말한 것은 어진 자가 행하는 용병의 이치이자 천하를 통치하려는 제왕의 지향(志向)이지만, 임무군이 중요시하는 것은 권모술수와 형세의 유리하고 불리함입니다. 속임수를 써서 대응할 수 있는 것은 거만하고 피폐한 군대, 왕과 신하 혹은 상하가 화목하지 않아 뜻이 맞지 않는 군대일 뿐입니다. 하(夏)나라 걸(桀)이 이러한 방법으로 자신과 같은 폭군을 대응한다면 성공을 거둘 수 있지만, 요(堯) 임금 같은 성군(聖君)을 속이려 하는 것은 계란으로 바위를 치고 손가락을 펄펄 끓는 물에 넣어 휘젓는 것이나 다름없습니다. 이는 또한 물과 불 속에 몸을 던지는 것과도 같아 불타 죽지 않으면 익사할 것입니다."

위의 이야기는 《순자(荀子)》·〈의병(議兵)〉편에 보인다. "이란격석"은 우리말 속담 "달걀로 바위 치기"의 의미로, 자신의 능력을 헤아리지 않고 무모하게 일을 벌여 스스로 화를 입는다는 것을 말한다. 사람들은 많은 달걀로 치면 바위를 깨뜨릴 수 있지 않겠느냐는 우문(愚問)을 던지지만, 이는 결코 쉽지 않은 일이다.

순자(荀子)는 부국강병은 인의(仁義)의 용병술로 백성들을 하나로 통합할 때 이루어진다고 보았다. 과거 역사를 돌아볼 때, 왕조의 멸망은 언제나 부패한 정치로 인의가 실종되어 서로 반목하는 데서 비롯되었다. 인의의 실종은 결국 백성들이 뿔뿔이 흩어지는 결과를 낳게 된다. 국가의 근간인 백성이 합심하여 하나가 되지 않고서 살아남을 나라가 어디 있겠는가? 망국(亡國)의 한(恨)을 남기고 역사 속으로 사라질 뿐이다.

인금구망(人琴俱亡)

동진(東晉)의 저명한 서예가 왕희지(王羲之)에게는 일곱 아들과 딸 하나가 있었고, 이들은 모두 서예에 대단한 성취를 이루었다. 그 가운데 다섯째 아들 왕휘지(王徽之)는 일곱째 아들 왕헌지(王獻之) 다음으로 뛰어났다. 왕헌지는 각종 서체(書體)에 모두 두각을 나타냈는데, 특히 행서(行書)와 초서(草書)로 이름이 났다. 왕헌지는 '소성(小聖)'이라 불리며 아버지와 함께 '이왕(二王)'으로 병칭되었다.

왕휘지는 어린 시절부터 박학하고, 성정이 매우 소탈하여 소소한 예의범절과 형식에 구애받지 않았다. 일찍이 대사마(大司馬) 환온(桓溫)의 참군(參軍)을 지낼 때 옷차림은 남루하고, 자신에게 주어진 공무조차도 제대로 처리하지 않았다. 후에 강주자사(江州刺史) 환충(桓冲)의 기병참군(騎兵參軍)을 지낼 때 일이다. 어느 날 환충이 물었다. "그대는 어떤 일을 담당하는가?" 왕휘지가 답하기를, "아마 말을 관리하는 일인 것 같습니다." 환충이 다시 묻기를, "몇 마리의 말을 관리하는가?" 왕휘지가 대답하길, "제가 말이 몇 마리인지 어찌 알겠습니까?" 환충이 또 묻기를, "말은 몇 마리나 죽었나?" 왕휘지가 답하길, "저는 말이 어찌 태어나는지도 모르고 어찌 죽는지도 모릅니다."

성정이 자유분방한 왕휘지는 조정(朝廷)의 규범에 속박되는 것을 견디지 못하여 황문시랑(黃門侍郞)에 임명되고 얼마 지나지 않아 벼슬을 버리고 은거하였다. 왕휘지는 대나무를 대단히 좋아하여 은거한 후에는 친히 집 주변에 녹죽(綠竹)을 심고, 매일 대나무를 벗하여 피리를 불며 한가로운 생활을 보냈다.

왕헌지의 자(字)는 자경(子敬)이다. 어렸을 때부터 명성이 널리 알려졌고, 현실에 초연하여 세속의 자질구레한 일에 관심 두지 않았다. 온종일 집에 있어도 행동이나 용모에 소홀하지 않아 그 멋스러움과 소탈함은 당시 최고라고 할 만했다.

일곱 형제 가운데 왕휘지와 왕헌지의 우애가 가장 깊었다. 왕헌지가 중병에 걸려 세상을 떠나자, 가족들은 왕휘지가 그 소식을 받아들이지 못할까 걱정하여 감히 사실을 알리지 못하였다. 그러나 왕휘지는 항상 병중의 동생을 염려하여 소식이 들리지 않으면 가족들에게 여러 가지를 꼬치꼬치 캐물었다. 가족들이 우물거리며 대답을 못하자 왕휘지는 혼잣말로 "자경이 이미 내 곁을 떠났구나."라고 하였다.

그러던 어느 날 왕휘지는 왕헌지의 집에 와서 동생의 거문고를 가져다가 연주하며 함께 지내던 옛일을 추억하였다. 그러나 생각하면 할수록 마음이 아파 가락을 이루지 못하니 결국 거문고를 땅에 내팽개치고 말았다. 거문고가 부서지자 왕휘지는 이렇게 탄식하였다. "자경! 자경! 사람도 거문고도 모두 사라지고 말았구나." 얼마 지나지 않아 왕휘지 역시 왕헌지를 따라 세상을 뜨고 말았다.

위의 이야기는 왕휘지 형제의 우애를 담은 내용으로, 남조(南朝) 송(宋)나라 유의경(劉義慶)이 지은 《세설신어(世說新語)》·〈상서(傷逝)〉에 보인다. "인금구망"이란 사람과 거문고가 모두 사라졌다는 의미로, 사람이 죽으면 그가 생전에 좋아했던 물건도 더 이상 존재의 가치를 잃게 된다는 것이다.

형제의 우애 못지않게 친구 간의 깊은 우정도 존재한다. 중국 춘추시기에 살았던 백아(伯牙)와 종자기(鍾子期)는 막역한 사이로 백아는 거문고를 아주 잘 탔다. 그러나 거문고의 심오한 음률을 알 수 있는 사람은 오직 종자기뿐이었다. 종자기가 죽자 지음(知音)을 잃은 백아는 다시는 거문고를 잡지 않았다고 전한다.

사람은 누구나 좋아하는 물건이 있다. 그러나 그 존재의 가치는 그가 생존할 때만 가능한 것이다. 형제간의 우애, 친구와의 우정은 우리가 늘 추구하는 것들로, 그들과 이상과 뜻을 함께한다는 사실은 분명 하늘이 내린 축복일 것이다.

인서지탄(人鼠之嘆)

이사(李斯)는 초(楚)나라 상채(上蔡) 사람이다. 그는 저명한 정치가이자 문학가로 진(秦)나라 승상(丞相)의 자리까지 올랐다.

이사는 젊은 시절 지방에서 문서를 담당하는 관리를 지낸 적이 있다. 한번은 변소에서 많은 쥐들이 똥을 먹다가, 사람이나 개가 오니 무서워 황급히 달아나는 상황을 목격하였다. 얼마 후 다시 창고에서 쥐를 보았는데, 그곳의 쥐들은 산처럼 쌓인 곡식을 먹으며 대청마루 주변을 오가며 살고 있었다. 그곳은 사람이나 개의 모습도 거의 보이지 않았다.

변소 쥐와 창고 쥐의 처지가 다른 것은 흔히 보는 지극히 평범한 일이지만, 이사는 이렇게 탄식을 토해 냈다. "사람이 남보다 두각을 나타내느냐 뒤처지느냐는 바로 이 쥐들처럼 환경에 달린 것이다."

이사는 자신이 남보다 뒤처지는 것을 참을 수 없었다. 이에 그는 속으로 자신을 변화시키고 큰 업적을 세워 반드시 역사에 이름을 남기겠다는 다짐을 하였다. 그는 먼저 지방의 말단 관리직을 사직하고 제(齊)나라로 가, 순자(荀子)에게 나라를 다스리는 법을 배웠다. 공부를 마친 후에는 초(楚)나라로 돌아가지 않고 강국인 진(秦)나라로 갔다. 이사가 진나라에서 승상의 자리까지 오를 수 있었던 것은 바로 이러한 포부를 가지고 열심히 학문에 정진하였기 때문이다.

위의 이야기는 사마천(司馬遷)의 《사기(史記)》·〈이사열전(李斯列傳)〉에 보인다. "인서지탄"은 사람과 사람 사이의 지위가 크게 다른 것을 말한다. 과거 봉건시대에는 신분에 따라 많은 차이가 존재했다. 왕족과 귀족, 평민과 천민 등 다양한 계급을 지닌 사람들이 함께 살아가지만, 생활 방식과 사회 활동은 전혀 달라 왕족과 귀족은 사회적 특권과 무소불위의 권력을 가진 지배 계층이고, 반면 평민이나 천민은 사회에서 온갖 불이익을 받은 피지배 계층이다. 본래 인간은 모두 존엄한데 처한 환경에 따라 이토록 완전히 구분되었기에, 평범한 집안에서 태어난 이사는 탄식을 토해 낼 수밖에 없었던 것이다. 그러나 그는 부단한 노력으로 한계를 극복하고 마침내 재상까지 오르게 되었으니, 엄격한 신분 제도의 사회에서 그가 얼마나 많은 노력을 기울였을지 짐작이 간다.

일망타진(一網打盡)

  북송(北宋)시기의 유명한 시인 소순흠(蘇舜欽)은 원래 사천성(四川省) 재주(梓州) 동산(銅山) 사람이지만, 증조부 때에 하남성(河南省) 개봉(開封)으로 이주하였다. 소순흠은 매요신(梅堯臣)과 함께 '소매(蘇梅)'라고 불리며 북송 시단을 대표하였다. 소순흠은 어렸을 때부터 용모가 비범하고 큰 포부를 지니고 있었다. 정치적으로 범중엄(范仲淹)을 중심으로 한 개혁파의 일원이었던 소순흠은 범중엄의 추천으로 집현전교리(集賢殿敎理)라는 직책을 맡게 되었다.

  소순흠은 성격이 호방하고 주량이 대단했다. 그는 매일 술 한 말을 마셨지만 안주는 먹지 않고, 《한서(漢書)》를 낭독하며 주흥(酒興)을 돋우었다. 이 때문에 《한서(漢書)》를 안주로 삼았다는 뜻의 "한서하주(漢書下酒)"라는 말이 나왔다. 소순흠은 정치적 폐단을 개혁할 것을 주장했기 때문에 보수파들은 그를 눈에 든 가시처럼 미워했다.

  당시 도성에서는 각 관청의 관원들이 모여 풍악을 울리고 잡희(雜戲)를 즐기며 신에게 제사 지내는 행사가 봄과 가을 두 차례 열렸다. 이때 각 관청은 불필요한 물건을 돈으로 바꾸어 술자리를 마련하였다. 어느 해 가을, 진주원(進奏院)이라는 관청에서 일하고 있었던 소순흠은 이 행사를 주관하게 되었다. 소순흠은 관례대로 관청에서 사용했던 폐지(廢紙)를 돈으로 바꾸어 술자리를 마련하고 사람들을 초대하였다. 하지만 술자리가 무르익자 사람들은 기녀까지 불러 즐기게 되었고, 누군가가 이 일을 관청에 밀고하였다.

  원래 태자중사(太子中舍)라는 벼슬을 맡고 있던 이정(李定)은 이 행사에 참여하고 싶었지만, 소순흠이 허락하지 않자 원망하는 마음을 품었다. 그리하여 이에 대한 뒷

조사를 하였고, 마침내 술자리에서 있었던 일에 관한 소문을 퍼뜨렸다.

당시 보수파에 속한 왕공진(王拱辰) 등은 개혁파를 타도할 기회를 잡기 위해 고심하고 있었으므로, 술자리에서 있었던 일에 관한 소문은 그들에게 좋은 빌미가 되었다. 보수파는 감찰어사(監察御使) 유원유(劉元瑜)를 내세워 소순흠 등을 탄핵하였다.

당시 송나라 황제 인종(仁宗) 역시 이 일을 알고 매우 화를 내며, 즉시 소순흠 등을 옥에 가두고 그 죄를 묻게 하였다. 술자리에 참석했던 열 사람은 모두 폄적되었고, 행사를 주관한 소순흠은 평민의 신분으로 강등되었다. 개혁파는 이 일로 인해 정치적으로 큰 타격을 입었다. 이 일이 마무리된 후, 유원유는 재상 앞에서 "제가 재상을 위해 소순흠 일당을 일망타진하였습니다."라며 자신의 공로를 드러냈다.

위의 이야기는 송대(宋代) 위태(魏泰)의 《동헌필록(東軒筆錄)》에 보인다. "일망타진"은 본래 그물을 한 번 쳐서 모든 고기를 다 잡는다는 뜻으로, 어떤 무리를 단번에 모조리 다 잡는다는 것을 말한다.

우리도 생활 속에서 이런 속담을 즐겨 쓰고 있다. 어떤 사악한 무리들을 척결할 때 핵심인 주동자와 그 수하들을 모두 법의 심판대에 세우면서 사용하는 말이다. 이것으로 보면 위의 성어는 주로 우리 사회에서 부정적인 문제를 일소(一掃)하여 정화시키는 것을 의미한다. 그물을 한 번 던져 웅덩이에 있는 물고기를 모두 잡듯이, 단 한 번의 법령으로 우리 사회를 정의롭게 한다면 최고의 선이라 할 수 있을 것이다.

일명경인(一鳴驚人)

전국(戰國)시기 제(齊)나라에 정치가이자 사상가인 순우곤(淳于髡)이라는 사람이 있었다. 그는 박학다식하여, 당시의 공립 학교라 할 수 있는 직하학궁(稷下學宮)에서 배출한 뛰어난 인재 중의 한 사람으로 일컬어지고, 오랜 기간 정치와 학술계에서 활약하며 제나라의 부국강병에 큰 역할을 하였다.

순우곤은 출신이 미천하고 체격이 왜소하며 용모 또한 볼품없었다. 그러나 그는 뛰어난 변론과 은유적인 표현으로 왕에게 간언하여 나라의 많은 정치적 폐단을 개혁하였다.

제나라 위왕(威王)이 막 즉위하였을 때, 조정은 정사가 문란하고 군대도 제대로 정비되지 않아 대단히 불안한 상황이었다. 게다가 주위의 제후국들 또한 호시탐탐 제나라를 침범할 기회를 노리고 있었기에 상황은 갈수록 심각해졌다. 그러나 위왕은 주색에 빠져 국정을 돌보지 않았다. 일부 대신들은 국가의 앞날이 걱정되었지만, 이제 막 임금의 자리에 오른 왕의 성격을 아직 제대로 파악하지 못했기에 감히 간언을 하지 못하였다.

사실 위왕은 아주 총명하여 은유적인 표현으로 자신의 지혜를 드러내기를 좋아하였다. 이 때문에 다른 사람이 직접적으로 간언하는 것을 좋아하지 않았지만, 그래도 그 간언이 타당하다고 여겨지면 받아들이려고 하였다. 순우곤은 위왕의 이러한 취향을 알고 기회가 되면 간언을 하고자 계책을 마련하였다.

어느 날, 순우곤이 위왕에게 말하길, "대왕, 제가 수수께끼를 낼 터이니 풀어 보십시오. 어느 나라에 큰 새 한 마리가 있는데, 궁전 지붕에 집을 짓고 삼 년 동안 날지도 울지도 않습니다. 대왕께서는 이 새가 왜 그런지 아십니까?"

제나라 위왕은 비록 적극적으로 국정(國政)을 이끌지는 않았지만, 원래 지혜롭고 큰 포부를 가진 사람이기에 순우곤의 말을 듣고 깨달은 바가 있었다. 그는 자신의 생각을 바꾸어 적극적으로 국가의 대업을 도모하기로 결심하고, 순우곤에게 답하길, "이 새는 날지 않으면 몰라도 한 번 날면 하늘 끝까지 뚫고 올라가고, 울지 않으면 몰라도 한 번 울면 사람을 놀라게 할 수 있소이다."

이로부터 위왕은 주색을 멀리하고 나랏일에만 전념했다. 그는 먼저 72개 지방의 현령을 입궐하게 하여 상벌을 내렸다. 이로 인해 나라 전체의 정치는 기강이 서고 활기를 띠게 되었다. 한편으로는 군대를 정비하여 군사력을 키웠다. 주변 제후국들은 이 소식을 듣고 놀라 더 이상 제나라를 침범할 생각을 갖지 않았고, 심지어 이전에 차지했던 땅까지 돌려주었다.

위의 이야기는 《한비자(韓非子)》·〈유로(喩老)〉편에 보인다. "일명경인"은 평소에는 특별한 행동을 전혀 하지 않고 조용히 지내지만, 일단 어떤 일에 몰두하게 되면 놀라운 성과를 이룬다는 의미이다.

우리들 주위에도 이런 사람들을 적지 않게 찾아볼 수 있다. 즉 어떤 사람의 평소에 나타나는 모습을 우리는 그의 전부라고 단정하지만 결코 그렇지 않다. 사람은 누구나 다양한 성향을 가지고 있으며, 또한 장단점을 모두 가지고 있다. 그 사람의 한 가지 장점을 가지고 그의 모든 것을 평가할 수 없듯, 그의 한 가지 단점을 보고 그의 전부인 양 속단해서도 안 된다.

어느 날 갑자기 늘 곁에서 지켜보던 친구가 "일명경인"하는 모습을 마주한다면, 과연 나는 어떤 생각을 하게 될 것인가?

일엽폐목(一葉蔽目)

옛날 초(楚)나라 땅에 한 가난한 서생이 살고 있었다. 그는 나가서 일할 생각은 않고 온종일 집에 틀어박혀 어떻게 하면 큰돈을 벌 수 있을까 궁리만 하였다. 집의 살림은 모두 아내가 다른 사람의 빨래와 바느질을 해 주고 벌어 오는 돈으로 충당하였기에 간신히 입에 풀칠이나 하는 정도였다.

어느 날, 그는 집에서 《회남자(淮南子)》에 있는 "당랑포선(螳螂捕蟬)"이라는 이야기를 읽었다. 그 내용은 사마귀는 매미를 잡을 때, 자신의 모습을 가리기 위해 항상 나뭇잎 뒤에 숨어 있다가, 적을 발견하지 못한 매미가 아무런 경계심도 보이지 않을 때 갑자기 덮쳐 잡아먹는다는 것이다.

서생은 이 이야기를 읽고 갑자기 한 가지 계책이 떠올랐다. "사마귀가 나뭇잎으로 자신의 몸을 가리듯 나도 나뭇잎으로 몸을 가리면 사람이 보지 못할 것이고, 그러면 시장에 가서 마음대로 다른 사람의 물건을 집어올 수 있지 않을까?"

이에 서생은 사마귀가 몸을 가릴 때 쓴 나뭇잎을 찾기 위해 숲으로 갔다. 한참을 찾아 헤매던 서생은 마침내 매미를 덮치기 위해 나뭇잎 뒤에 몸을 숨기고 있는 사마귀를 발견하였다. 그는 걸어가 나뭇잎을 꺾었는데 부주의하여 그만 땅에 떨어뜨리고 말았다. 급히 바닥에 쪼그리고 앉아 나뭇잎을 찾았지만 어느 것인지 도무지 알 수 없었다. 난감해하던 그는 윗도리를 벗어 한 무더기의 나뭇잎을 모두 담아 가지고 돌아왔다.

집으로 돌아온 서생은 문을 걸어 잠그고 아내에게 보물을 주워 왔다고 말하였다. 아내가 의아해하며 묻기를, "당신이 말하는 보물이 이 나뭇잎들인가요?" 서생은 들뜬 표정으로 대답하였다. "당신은 아직 이 나뭇잎이 얼마나 신기한지 모르지만, 조금 있으면 다 알게 될 것이오."

서생은 나뭇잎 하나를 들어 눈을 가리며 아내에게 자신이 보이는지 물었다. 아내는 처음 몇 번은 사실대로 보인다고 대답하였다. 그러나 남편이 나뭇잎을 하나하나 들며 계속 똑같이 묻자 귀찮은 생각이 들었다. 이에 "이 나뭇잎은 당신을 가려 주네요. 당신이 보이지 않아요."라며 거짓으로 대답하였다. 그러자 서생은 대단히 기뻐하며 그 나뭇잎을 보물처럼 잘 간직하였다. 잠자리에 든 서생은 큰돈을 벌 수 있을 거라는 기대에 쉽게 잠이 오지 않았다.

다음 날 아침 일찍 서생은 그 나뭇잎을 가지고 시장에 갔다. 그는 한 손으로는 나뭇잎을 들어 자신의 눈을 가리고, 다른 한 손으로는 상인이 팔려고 늘어놓은 물건을 보이는 대로 집어 들었다. 그런데 물건을 들고 몸을 돌려 가려는데 상인이 그를 붙잡아 관부(官府)에 넘겼다. 서생은 현관(縣官)에게 사건의 시말을 자세히 설명하였다. 현관은 그의 말을 듣고 서생의 어리석은 행동에 어처구니가 없어 하며 탄식하길, "잎사귀 하나로 눈을 가리니, 눈앞의 태산도 보지 못하네(一葉蔽目, 不見太山)."

위의 이야기는 《할관자(鶡冠子)》·〈천칙(天則)〉편에 들어 있다. 《할관자》는 선진시기(先秦時期)의 도가사상을 담고 있는 저서로, 그 학설은 대체로 황로학파(黃老學派)에 뿌리를 두고 있다. "일엽폐목"은 한 장의 나뭇잎으로 눈을 가린다는 의미로, 일부분이나 겉으로 드러난 표면적인 현상으로 마음의 눈을 가리면 사물의 전체나 본질을 제대로 알 수 없다는 것을 비유한다.

아주 작은 나뭇잎 하나로 눈을 가리면 세상 만물을 볼 수 없듯이, 한 점 작은 사사로운 욕심이 마음에 내재된 양심을 덮을 수 있다는 말이다. 인간 사회는 많은 유혹이 따르는데, 유혹을 잘 이겨 내는 사람은 심신이 모두 강한 자이다. 아무리 작은 유혹이라도 빠지게 되면 한 사람의 인생을 파멸로 이끌 수 있으니, 경계하고 또 경계해야 한다.

일자천금(一字千金)

중국 전국시대(戰國時代) 말기의 거상(巨商) 여불위(呂不韋)는 인류 역사상 가장 큰 투자로 큰 성공을 거둔 인물이다. 그는 자신이 가지고 있는 거금(巨金)을 전혀 아끼지 않고 사용하여, 당시 조(趙)나라에 볼모로 잡혀 있던 진(秦)나라 왕자 자초(子楚)를 도와 보위에 오르게 하는데, 이 사람이 곧 장양왕(莊襄王)이다. 자초는 여불위의 은혜에 보답하고자 그를 승상으로 임명하였으나, 많은 대신들은 내심 달가워하지 않았다.

이에 여불위는 자신의 덕망과 명성을 높이고, 그들이 복종하도록 하는 방법을 찾고자 많은 문객(門客)을 불러들여 상의하였다. 그러자 어떤 사람은 여불위가 군사를 거느리고 출정하여 몇 나라를 정벌하고 공을 세운다면 위엄을 세울 수 있을 것이라고 건의하고, 어떤 사람은 여불위가 출정하였다가 전쟁에서 패하면 역효과의 결과를 가져올 수 있다고 반대하였다. 그러자 옆에서 듣고 있던 어떤 사람이 말하길, "모두들 알다시피 공자의 학문적인 업적이 위대하다고 평가받는 것은 저명한 《춘추(春秋)》를 지었기 때문이고, 손무(孫武)가 오(吳)나라 대장군이 된 것은 오왕이 그가 쓴 《손자병법(孫子兵法)》을 보았기 때문입니다. 만약 승상께서 저술을 남길 수 있다면 천하에 이름을 알릴 수 있을 뿐 아니라, 후세까지도 그 이름이 남을 것입니다." 이 말을 들은 여불위는 매우 기뻐하며 학식이 깊은 사람들을 선발하여 저술에 들어갔다.

얼마 후 많은 사람들의 노력으로 완성된 책은 《여씨춘추(呂氏春秋)》라고 이름 지었다. 여불위는 또한 이 사실을 널리 알리고자 책 전문(全文)을 베껴 함양(咸陽) 성문 위에 올려놓고, 다음과 같은 방(榜)을 붙였다. "누구든지 이 책 안에 있는 글자 하나를 더하거나 뺄 수 있다면 황금 일천 냥을 상으로 줄 것이다." 하지만 사람들은 여불위의 권세를 두려워한 나머지 감히 어느 한 사람도 응하지 않았다. 이 때문에 "일자천금(一字千金)"이란 성어가 현재까지 이어져 내려오게 되었다.

위의 이야기는 사마천(司馬遷)의 《사기(史記)》·〈여불위열전(呂不韋列傳)〉에 나타나는데, "일자천금"은 문체가 뛰어나 더 이상 고칠 수 없는 문장을 말한다. 글은 시대를 상징하지만 그 사람의 내면을 나타내기도 한다. 현대를 살아가는 우리도 글을 통하여 사상과 감정을 교류한다. 글은 다른 사람에게 용기와 희망을 주기도 하고, 때론 사회적으로 엄청난 풍파를 일으키기도 한다.

현재 사이버상에서 익명으로 게재하는 글들은 사실과 전혀 다른 내용이 많은데, 유언비어에 동조하며 사회에 해악을 끼치는 그런 언어는 자신은 물론 타인에게도 피해를 주는 양날의 칼이 되기도 한다. 옛 선현(先賢)들은 이미 오래전부터 문장의 중요성을 인식하였다. 위(魏)나라 문제(文帝) 조비(曹丕)는 《전론(典論)》에서 "문장이란 나라를 경영하는 큰 사업이며, 영원히 썩지 않는 성대한 일이다(蓋文章經國之大業, 不朽之盛事)."라고 설파하였는데, 문장으로 자신의 뜻을 펼치고, 사회를 계도할 수 있다고 생각한 것이다. 그러므로 우리는 글 한 줄, 글자 한 자에 늘 조심하고 또 조심할 일이다.

일장춘몽(一場春夢)

　중국 당(唐)나라 중기(中期), 현종(玄宗)의 연호인 개원(開元)시기에 노생(盧生)이라 불리는 젊은 선비가 경성으로 과거를 보러 떠났다. 얼마 후 옛날 조(趙)나라 수도였던 한단(邯鄲)에 이르러 객사에 머무르게 되었는데, 마침 그곳에 머물던 여옹(呂翁)이라는 도사(道士)를 만나게 되었다.

　노생은 여옹에게 자신의 힘든 인생을 한탄하며 위로를 받고자 하였다. 그는 말하길, "사나이 대장부로 태어나 어떻게 이처럼 평범할 수 있습니까? 마땅히 나라에 큰 공을 세우고 업적을 남겨야 하거늘, 아쉽게도 하늘이 내 꿈을 이룰 기회를 주지 않아, 지금까지 여전히 가난한 선비로 살아가고 있을 뿐이니, 실로 걱정입니다." 노생의 말을 들은 여옹은 베개를 꺼내더니 노생에게 건네주며 한숨 푹 자라고 하였다. 이때 객사의 주인은 조밥을 막 짓기 시작하였다.

　노생은 천천히 머리를 베개 위에 두더니 금세 깊은 잠에 빠져들었고, 조금 지나 아주 달콤한 꿈을 꾸게 되었다. 그는 꿈속에서 매우 아름답고 현숙한 여자를 아내로 맞이하여 부유하고 즐거운 생활을 누렸다. 일가를 이룬 다음 해에는 진사(進士)에 합격하여 순조롭고 평탄한 벼슬길로 나아갔다.

　바로 그때 그는 간신들의 참소(讒訴)로 옥에 갇히는 몸이 되었는데, 황제는 그의 죽을죄를 면하는 대신 변경으로 유배를 보냈다. 그는 유배지까지 가는 동안 거친 들과 산을 넘느라 온갖 고초를 다 겪었다. 몇 년이 지난 후, 황제는 그가 죄가 없다는 사실을 알고 다시 조정으로 불러들여 재상의 직책을 맡겼다.

　그는 다섯 아들과 십여 명의 손자를 두었는데, 하나같이 뛰어난 인재라 많은 사람들의 추앙을 받았다. 또한 명문 귀족과 혼인을 맺어 가족의 명성은 나날이 높아갔다.

노생은 인간 세상에 있는 부귀영화를 누리며 팔순이 넘도록 살았다.

노생은 이러한 자신의 인생에 만족하며 흐뭇해하고 있을 때 꿈에서 깨어났다. 하지만 일어나 객사 주인이 짓고 있던 조밥이 이제 막 끓어오르는 것을 보고 큰 깨달음을 얻었다. 지금까지 함께 살았던 아내와 자식들, 높은 벼슬과 부귀영화는 온데간데 없었다. 모든 것이 한낱 꿈이었던 것이다. 여옹은 그의 어깨를 두드리고 웃으며 말하길, "이제 알았는가? 인간의 부귀영화는 본래 한바탕 헛된 꿈이거늘, 무얼 그리 번민하는가?"

위의 고사는 당(唐)나라 심기제(沈旣濟)의 전기소설(傳奇小說) 《침중기(枕中記)》에 나온다. 다른 말로는 "황량일몽(黃粱一夢)", "남가일몽(南柯一夢)", "한단지몽(邯鄲之夢)"이라고도 한다. "일장춘몽"은 봄날의 한바탕 꿈이란 의미지만, 원문에는 "좁쌀로 밥을 짓는 아주 짧은 시간 동안 꾸는 좋은 꿈"으로 되어 있다.

사람들은 누구나 부귀영화를 원한다. 여기에 등장하는 노생은 우리들 주위에서 흔하게 볼 수 있는 인물이다. 자신에게 주어진 삶을 늘 한탄하고 원망하며 현실을 벗어나고자 발버둥 친다. 여옹은 그런 그에게 잠시나마 현실을 잊고 꿈속에서 모든 소원을 이룰 수 있는 기회를 주지만, 끝내는 모든 것이 연기처럼 사라지고 만다. "일장춘몽"에 지나지 않는 인생을 어떻게 살아야 할까? 인간은 백 년도 채 살지 못하면서 늘 천 년 걱정을 지닌다(生年不滿百, 常懷千歲憂)는 고시(古詩)의 말처럼, 지나친 욕심으로 걱정에 얽매여 삶을 그르치는 일은 없어야 할 것이다.

일저박시(一狙搏矢)

　옛날 중국 전국시대(戰國時代)에 오(吳)나라 왕은 강 위에서 배를 타고 노닐다가, 원숭이들이 살고 있는 강변의 산 쪽으로 정박하려 했다. 그러자 원숭들은 오왕(吳王)을 보고 놀라 흩어져 도망치거나 가시나무 넝쿨 속으로 숨었다. 그런데 원숭이 한 마리가 도망치지도 않고 사뿐히 뛰어 올라오더니 오왕 앞에서 자기의 재주를 자랑하는 것이었다. 오왕이 그 원숭이를 잡기 위해 활을 쏘자, 원숭이는 재빨리 날아오는 화살을 잡았다. 오왕은 화가 나 다시 군사들에게 활을 쏘아 원숭이를 잡으라고 명령했다. 원숭이는 끝내 날아오는 화살에 만신창이가 되어 죽고 말았다.

　오왕은 궁궐로 돌아와 친구 안불의(顔不疑)에게 말하길, "이 원숭이는 자신의 민첩함만 믿고 내 앞에서 재주를 부리다가 죽었으니, 이를 거울로 삼아야 할 걸세. 절대로 그대의 재주를 가지고 다른 사람들을 업신여겨서는 안 되네." 안불의는 집으로 돌아오자, 곧바로 현자(賢者) 동오(董梧)를 스승으로 삼아 모든 노력을 기울여 자신의 오만함을 다스리고, 관직(官職)과 영화(榮華)도 모두 버렸다. 이렇게 3년이 지나자 나라 사람들은 모두 그를 칭송하였다.

　위의 이야기는 〈장자(莊子)〉·〈서무귀(徐無鬼)〉편에 보인다. "일저박시"는 "한 마리 원숭이가 날아오는 화살을 잡다."라는 뜻으로, 자신의 재주를 믿고 남을 업신여기다가 큰 화를 당하는 것을 의미한다.

　우리 주위에서도 이와 같은 사례를 종종 볼 수 있다. 내가 남보다 더 뛰어난 재주를 가진 것은 분명 좋은 일이지만, 그 재주를 지나치게 자랑하거나 남을 업신여기는 도구로 사용하면, 돌이킬 수 없는 결과를 가져올 수도 있다. 그러므로 우리는 늘 자신을 다스리고 남을 배려하며 겸허(謙虛)하게 인생을 살아가야 할 것이다.

일전불치(一錢不值)

서한(西漢)시기에 관부(灌夫)라는 명장(名將)이 있었다. 그는 자가 중유(仲孺)이고, 영음(潁陰) 사람이다. 경제(景帝) 전원(前元－연호를 사용하기 전, 사관이 사건의 서술을 편리하게 하기 위하여 임의로 만든 부호) 3년, 오왕(吳王) 유비(劉濞)와 초왕(楚王) 유무(劉戊)가 제후국과 연합하여 칠국(七國)의 난을 일으키자, 관부는 아버지 관맹(灌孟)을 따라 종군하였다. 관부의 아버지는 불행하게도 전쟁 중에 목숨을 잃었다. 당시 군법에 따르면 부자(父子)가 함께 종군하여 한 사람이 전사하면 남은 사람은 유해와 함께 돌아올 수 있었지만, 관부는 끝까지 남아 적을 물리치는 데 큰 공을 세워 중랑장(中郎將)에 봉해졌다. 후에는 다시 대(代)나라 승상의 자리까지 올랐다. 경제의 뒤를 이어 즉위한 무제(武帝)는 하남(河南) 동남쪽에 위치한 회양(淮陽)이 교통의 요지이기 때문에 강한 군대를 배치하여 수비할 필요가 있다고 생각하여, 용맹한 장수로 이름이 난 관부를 회양의 태수(太守)로 임명하였다.

관부는 성정이 강직하고 신의를 중히 여겼다. 불공정한 일을 만나면 언제나 약자를 도왔으며, 협객이나 용사(勇士)들과 사귀기를 좋아하여 그의 집은 항상 식객(食客)들로 붐볐다. 또한 권력자들에게 아부하는 이들을 냉대하고, 자신보다 지위가 낮고 가난해도 생각이 바른 사람들은 공손히 대하였다. 한번은 관부가 두태후(竇太后)의 동생 두보(竇甫)와 술을 마시다가, 예의에 벗어난 행동을 하였다고 하여 술김에 두보를 때리는 일이 일어났다. 황제는 두태후가 이 일로 인해 관부를 죽일 것을 걱정하여 연(燕)나라의 승상으로 보냈다. 황제의 배려로 간신히 위험에 처하지 않을 수 있었지만, 관부의 이러한 성정은 끝까지 변함이 없었다.

어느 날, 승상 전분(田蚡)이 연나라 왕의 딸을 부인으로 맞아들였다. 태후는 모든 제후와 황족에게 가서 하례하라는 조서를 내렸다. 관부 역시 친구 위기후(魏其侯)의 권유로 함께 연회에 가게 되었다. 관부는 전분을 만나자 일어나 술을 올렸는데, 전분은 상체만 일으키며 "술이 가득 차 마실 수 없소."라며 거절하였다. 관부는 속으로는 불쾌하였지만 억지로 웃음을 지으며 말하길, "승상은 귀인이시기에 이렇게 술을 올리는 것입니다." 그러나 전분은 여전히 술을 마시지 않았고, 체면이 상한 관부는 속이 부글부글 끓었다. 때마침 옆에 임여후(臨汝侯)가 있어 관부는 그에게 술을 올렸다. 그때 임여후는 옆에 앉은 정불식(程不識)과 얘기를 나누고 있어서 관부의 술을 받기 위해 자리를 뜰 수 없었다. 결국 억지로 참고 있던 관부의 화는 폭발하고 말았다. 관부는 임여후에게 소리치길, "나는 평소 정불식이 한 푼의 값어치도 없는 사람이라고 말해 왔는데, 그와 계집애처럼 소곤대느라 어른이 주는 술도 받지 않는가?" 그 자리에 있던 사람들은 모두 관부가 공연한 트집을 잡아 자신의 불편한 심기를 드러낸 것임을 알았다. 후에 전분은 태후의 명을 받고 축하하기 위해 온 사람들을 모욕하였다는 이유로 관부를 탄핵하였다. 위기후가 관부를 구하기 위해 동분서주하였지만 결국 관부 일가족은 모두 처형되고 말았다.

위의 이야기는 사마천(司馬遷)의 《사기(史記)》·〈위기무안후열전(魏其武安侯列傳)〉에 실려 있다. "일전불치"는 한 개의 동전만큼도 가치가 없다는 말로, 전혀 가치가 없다는 뜻이다.

어떤 사람의 말이나 인격이 한 푼어치의 가치도 없다고 평가된다면, 참으로 헛된 인생을 살아온 것이다. 어떤 물건이든 분명 거기에 걸맞은 가치가 있는데, 그 가치에 어울리는 역할을 제대로 하지 못하면 쓸모없는 물건 취급을 받기 마련이다. 우리 인간 역시 자신의 가치는 스스로 만들어 가는 것이므로, 나의 가치를 높일 수 있도록 부단히 훌륭한 품성을 키우는 노력을 기울여야 할 것이다.

일전쌍조(一箭雙雕)

중국 당(唐)나라 태종(太宗)시기, 황후에 책봉된 장손씨(長孫氏)는 후궁에 관련된 일을 관장했다. 그녀는 학식과 교양이 있고 성품이 인자할 뿐 아니라, 자신을 이용해 관직을 얻고 이익을 얻으려는 친족들에게는 어떠한 혜택도 주지 않았다. 이에 조정의 관리는 물론 일반 백성도 모두 그녀를 존경하였다.

한번은 당 태종이 장손 황후의 오빠 장손무기(長孫無忌)를 재상으로 임명하는 문제에 대해 의견을 물었다. 그런데 뜻밖에도 장손 황후는 말하길, "일국의 재상은 다른 사람을 품을 수 있는 아량이 있어야 합니다. 그러나 오라버니는 성정이 지나치게 곧아 눈에 거슬리는 사람과 일을 결코 받아들이려 하지 않으므로, 재상의 직을 맡기기에 적합한 사람은 아니라고 생각합니다. 게다가 제 오라버니이므로 세상 사람들이 오해라도 하면 조정에 미치는 영향 또한 좋지 못할 것입니다. 세상에는 재능이 있는 사람이 많으니, 제 오라버니를 반드시 재상으로 임명해야 할 필요는 없다고 생각합니다."

당 태종은 장손 황후의 말이 타당하다고 생각하여 재상 임명에 관한 일을 다시 고려하였다. 장손 황후의 오라버니 역시 후에 이 일을 알았지만 전혀 섭섭하게 여기지 않고, 오히려 황후의 판단이 아주 옳다고 여겼다. 조정의 대신들은 이 일을 알고 장손 황후의 현명함에 더욱 탄복하였다.

이 과정에서 장손 황후는 당 태종에게 어떻게 인재를 선발해야 하는지를 효과적으로 간언했을 뿐 아니라, 자신 역시 이로써 더욱 높은 명망을 얻을 수 있었다. 이는 "일전쌍전(一箭雙雕)" 고사의 대표적인 예라고 할 수 있다. 이 고사는 다음의 이야기에서 비롯되었다.

남북조(南北朝)시기, 장손성(長孫晟)이라는 사람이 있었다. 그는 총명하여 전술(戰術)에 정통할 뿐만 아니라 무공에도 뛰어났는데, 특히 활쏘기의 명수였다.

북조(北朝) 황제는 돌궐족(突厥族)의 민심을 달래기 위해 공주를 그 수장 섭도(攝圖)에게 시집보내기로 결정하고, 장손성에게 공주를 호위하여 돌궐에 가도록 하였다. 돌궐까지 가는 길은 대단히 멀어 가는 도중 많은 어려움이 있었지만, 장손성은 자신의 임무를 끝까지 잘 수행하였다. 섭도는 공주가 무사히 돌궐에 도착한 것을 기뻐하며 친히 축하연을 베풀어 장손성을 초대했다. 그런데 돌궐에는 술잔이 세 번 돌고 나면 무예 시합을 벌여 잔치의 흥을 돋우는 풍속이 있었다. 섭도는 활을 가져오게 한 다음, 장손성에게 백 보나 떨어진 곳에 놓인 동전을 맞추도록 했다. 장손성의 활은 순식간에 날아가 동전을 관통했다. 섭도는 장손성의 활 솜씨에 경탄을 금할 수 없었다.

이 일이 있은 후 섭도는 장손성을 더욱 좋아하게 되어, 그에게 1년을 더 머물며 자신의 사냥에 동행해 줄 것을 청했다. 한번은 두 사람이 함께 사냥을 하던 중, 섭도가 하늘에서 두 마리 독수리가 고기 하나를 가지고 싸우는 것을 보았다. 섭도는 급히 화살 두 개를 꺼내 장손성에게 건네며 두 마리 독수리 가운데 큰 것을 잡아 달라고 부탁했다. 그런데 장손성은 화살은 하나면 족하다고 말하며, 서로 다투느라 정신이 없는 두 마리 독수리를 한 번에 관통해 모두 떨어뜨렸다.

위의 이야기는 당(唐)나라 이연수(李延壽)의 《북사(北史)》·〈장손성전(長孫晟傳)〉에 보이는 것으로, 한 개의 화살로 큰 독수리 두 마리를 잡는다는 뜻이다. 즉 한 가지 일을 통하여 두 개의 목적을 이룬다는 의미이다. 우리말 속담에도 같은 의미의 일석이조(一石二鳥)라는 말이 있다.

사람은 누구나 적은 노력으로 큰 소득을 얻기 원한다. 우연히 한두 번은 노력에 비해 큰 성과를 거둘지 몰라도, 탄탄한 기반이 수반되지 않은 결과는 영원할 수 없다. 농부가 들녘에서 땀을 흘리며 열심히 일하면 머지않은 가을에 풍성한 수확을 기대할 수 있는 것처럼, 진정한 삶은 나의 참된 노력으로 영글어 가는 것이다.

일주막전(一籌莫展)

채유학(蔡幼學)은 자가 행지(行之)이고, 남송(南宋) 서안(瑞安) 사람이다. 그는 어려서부터 두뇌가 명석하고, 당시의 유명한 학자 진부량(陳傳良)에게 10년 동안 학문을 익혀, 18세에 예부(禮部)가 주관하는 회시(會試)에 장원으로 급제해 그해 가장 젊은 나이로 진사(進士)가 되었다.

당시 조정의 정무(政務)는 외척인 장열(張說)이 좌지우지하였다. 채유학은 효종(孝宗)에게 장열이 제멋대로 국정을 농단하여 조정의 부패가 극도에 달한 것을 비판하는 상소를 올렸다. 상소에 관한 일을 전해 들은 장열은 분을 참지 못해 반드시 채유학을 관직에서 물러나게 하고 말겠다는 결심을 하였다.

세월이 흘러 영종(寧宗)이 즉위하였다. 영종은 조정의 기강을 바로잡기 위해 조정 대신과 지방관들에게 국정의 문제점을 지적하고 비판하는 간언을 올릴 것을 권장하였다.

채유학은 영종이 적극적으로 개혁을 도모하는 것을 보고 대단히 기뻐하며 많은 상소의 글을 지어 바쳤는데, 그 내용은 이러하다. "폐하께서 진정 현명하고 능력 있는 군주가 되려면, 반드시 다음의 세 가지로부터 시작하셔야 합니다. 첫째는 부모를 공경하여야 합니다. 둘째는 인품이 훌륭하고 능력이 있는 사람을 중용해야 합니다. 셋째는 세금을 줄이고 입법(立法)을 관대하게 하여 백성을 아껴야 합니다. 이 세 가지를 제대로 실행하려면 어질고 현명한 사람을 등용하는 것이 무엇보다 중요합니다. 그러나 근래 몇 년 동안 마음이 바르지 못한 사람이 요직(要職)에 앉아 정권을 장악하고 유능한 인재를 해하였습니다. 그들은 여론을 조장하여 나라를 위해 온 힘을 바친 충신들을 모두 몰아냈습니다. 그리하여 신하들은 시비(是非)에 연루되고 해를 입을까 두려워 감히 나서지 못합니다. 또한 조정에는 학문이 뛰어난 사람이 많지만, 혹시 임금의 뜻을 거스를까 걱정되어 감히 의견을 내놓지 못합니다. 폐하께서 지금 어떠한 계책도 내지 못하는 상황에 놓인 것은 바로 이 때문입니다. 이를 해결하려면 우선 교육에 힘쓰고 널리 인재를 선발해야 합니다. 그렇지 않으면 천하의 어질고 뜻있는 자들의 사기가 어찌 진작될 수 있겠습니까?"

영종(寧宗)은 채유학이 올린 상소를 읽고 그의 충정과 식견에 감동하여 관직을 높여 주려고 하였지만, 재상 한탁주(韓侂冑)가 극력 반대하였다. 한탁주는 평소 소견이 좁고 자신과 뜻이 맞지 않는 사람은 극력 배척하는 사람이었다. 그때 한탁주가 가장 미워하는 정적(政敵)은 우상(右相) 조여우(趙汝愚)였다. 한탁주는 조여우를 모함하여 죽음에 이르게 하였는데, 조여우가 죽자 주희(朱熹)를 비롯한 도학자(道學者)들이 그를 탄핵하는 상소를 올렸다. 한탁주는 복수하기 위해 도학(道學)은 위학(僞學)이고, 주희를 비롯한 59명의 학자들은 '위학'으로 나라에 해를 끼치는 자들이라 주장하며 탄핵하였다. 이 사건은 경원(慶元) 연간에 일어나 6년간 이어졌으며, 역사에서는 이를 경원당금(慶元黨禁)이라 부른다.

채유학은 평소 주희와 친분이 있어 자주 왕래하였다는 이유로, 어사 유덕수(劉德秀)의 탄핵을 받아 지방으로 좌천되었다. 채유학이 상소에서 어떠한 계책도 내지 못하는 왕의 상황을 표현한 "일주불토(一籌不吐)"라는 말은, 후에 "일주막전(一籌莫展)"으로 변화되어 사용되었다.

위의 이야기는 원대(元代) 탈탈(脫脫) 등이 지은 《송사(宋史)》·〈채유학전(蔡幼學傳)〉에 보이는데, "일주막전"은 모든 것이 속수무책이라 해결할 방법을 전혀 찾지 못하는 것을 말한다.

사람이 궁지에 몰려 나락으로 떨어지면 속수무책일 때가 있다. 그러나 어떤 문제라도 해결할 방법은 있는 법이니, 실망과 낙담으로 쉽게 포기하거나 주저앉지 말고 주위의 친구나 지인들에게 도움을 청하는 것도 좋은 방법이 될 수 있다. 우리말 속담에 "구두장이 셋이면 제갈량의 꾀를 이긴다."라는 말처럼, 여러 사람의 지혜를 모아 문제를 해결해 나가면 혼자 고민하고 한숨짓는 것보다 훨씬 좋은 결과를 가져올 수 있다.

일패도지(一敗塗地)

한(漢)나라 고조(高祖) 유방(劉邦)은 패현(沛縣) 사람으로 성격이 호방하고 다른 사람을 돕는 일을 즐겼다. 진(秦)나라 말기에 유방은 십 리 넓이의 지방을 관리하는 사수정장(泗水亭長)이라는 직책을 맡고 있었다. 어느 날, 유방은 사람들을 데리고 여산(驪山)으로 가 그들에게 일을 시키라는 명령을 받았다. 그런데 도중에 사람들이 하나둘 도망가는 것이었다. 유방은 속으로 이렇게 생각했다. "이렇게 하다가는 결국 사람들이 하나도 남지 않을 거야. 그러면 벌을 받을 텐데 차라리 아직 도망가지 않은 사람을 모두 풀어 주고, 나도 도망가는 게 낫겠어."

유방은 밤이 되자 사람들을 불러 모으고 말하길, "너희들은 여산에 가면 힘든 일을 하다 쓰러져 죽고 말 것이니, 기회를 틈타 지금 도망가도록 하여라." 이 말을 들은 사람들은 대단히 감동하여, 일부 사람들은 유방의 곁에 남아 그를 돕기를 희망하였다. 이에 유방은 그들과 함께 망(芒)과 탕(碭) 지역의 숲속에서 숨어 지냈다.

진시황(秦始皇)의 아들이자 두 번째 황제인 진나라 이세(二世) 호해(胡亥)가 나라를 다스리던 기원전 209년, 진승(陳勝)과 오광(吳廣)이 900여 명의 사람들을 이끌고 기현(蘄縣) 대택향(大澤鄉)에서 반란을 일으켰다. 패현(沛縣)의 현령이 반란군에게 항복하려 하자, 그 밑에서 일하던 소하(蕭何)와 조참(曹參)은 말하길, "현령께서 진나라를 배반하면 그대를 따르지 않는 자들이 있을 것입니다. 그러니 유방을 불러 그들을 제압하는 것이 좋을 것입니다." 이에 현령은 번쾌(樊噲)를 시켜 유방을 데려오게 했다. 그러나 현령은 유방이 많은 사람들을 데리고 온 것을 보고, 그가 자신의 명령을 따르지 않을까 걱정이 되었다. 이에 그는 성문을 닫아걸고 유방을 들어오지 못하게 한 다음, 소하와 조참을 죽이려고 하였다. 소하와 조참은 이 사실을 알고 도망쳐 유방에게로 갔다. 성 밖에 있던 유방은 편지를 한 통 써 화살에 매달아 성을 향해 쏘았다. 편지 내용은 패현의 백성들에게 힘을 모아 현령을 죽이고, 진나라에 항거해 목숨을 보전할 것을 권하는 것이었다. 성안의 백성들은 그의 말대로 현령을 죽이고 성문을 열어 유방을 맞이하였을 뿐 아니라, 유방에게 현령의 자리를 맡아 줄 것을 부탁했다. 유방은 사양하며 말하길, "지금 천하의 정세가 이처럼 긴박한데, 만약 현령을 잘못 뽑으면 완전히 참패하고 말 것입니다. 심사숙고하여 더 적합한 사람을 뽑도록 하십시오."

유방은 여러 차례 거절했지만, 소하와 조참의 적극적인 추천으로 마침내 백성들의 제의를 수락하였다. 그 후 유방은 패현의 젊은이 3,000여 명을 이끌고 진나라에 항거하는 투쟁을 벌여, 마침내 진나라를 무너뜨리고 한나라를 건립하였다.

위의 이야기는 사마천(司馬遷)의 《사기(史記)》·〈고조본기(高祖本紀)〉편에 보이는데, "일패도지"란 어떤 일에 실패하여 도저히 재기가 불가능한 상황을 말한다.

우리는 누구나 성공을 꿈꾸지만, 성공보다는 실패할 확률이 훨씬 더 크다. 역사에 남은 인물들을 살펴보면 평생 실패만 하고 살아온 사람들이 많다. 그러나 그들은 넘어지면 오뚝이처럼 다시 일어나기를 반복하며 거친 세상의 파도를 넘어 종국에는 성공을 이룬다. 위의 글에서 인용한 유방도 예외가 아니다. 서초패왕(西楚霸王) 항우(項羽)와의 치열한 패권 전쟁에서 수많은 실패를 거듭한 끝에, 마침내 해하(垓下-지금의 안휘성 영벽현)에서 마지막 승리를 거두고 한(漢) 왕조의 시작을 열었다. "일패도지"라는 말에 얽매이지 말고 이처럼 분발하고 노력하면 마지막에는 크고 달콤한 열매를 맛볼 수 있을 것이다.

일폭십한(一曝十寒)

맹자(孟子)는 이름은 가(軻), 자는 자여(子輿)이며, 전국시기(戰國時期) 추(鄒)나라 사람이다. 당시의 저명한 사상가, 교육가, 정치가, 산문가이고, 유가(儒家)의 대표적 인물로 추앙받아 '아성(亞聖)'이라 불리고, 공자와 함께 공맹(孔孟)이라 일컬어졌다.

백가쟁명(百家爭鳴)의 시대라 일컬어지는 전국시기에는 유세(遊說)의 풍조가 대단히 성행하였다. 유세가들은 각자의 주장을 펼치며 자신의 학설을 선전하였는데, 이들은 모두 학문이 높고 지식이 깊을 뿐 아니라 언변도 뛰어나 집정자들을 설복시켰다. 맹자 역시 제자들을 데리고 각 나라를 돌아다니며 집정자들에게 자신의 정치 이상인 '민본(民本)'과 '인정(仁政)'을 말하였다.

어느 해 맹자가 제(齊)나라에 갔다. 당시 제나라 왕은 우매하고 무능하여 주관이 없고, 간신들의 아부하는 말만 믿었다. 제나라의 충신과 의로운 인사들은 맹자가 온다는 소리를 듣고, 그가 왕에게 스스로 잘못을 깨우쳐 바른 정사를 펼 수 있도록 간언을 해 줄 것이라고 기대하였다.

그러나 맹자는 왕에게 간언하지 않았다. 이에 얼마 지나자 맹자가 왕이 현명하지 못하다는 것을 알면서도 도우려고 하지 않았음을 탓하는 원망의 소리가 들려왔다. 맹자는 그 말을 듣고 이렇게 말하였다. "대왕이 현명하지 못해 그런 것이라고 생각하지 마시오. 세상에서 가장 빨리 자라는 식물이라 할지라도 하루만 햇볕에 두고 열흘을 음지에 둔다면 역시 잘 자라지 못할 것이오. 내가 대왕의 곁에 있을 수 있는 시간은 한계가 있고, 또한 내가 대왕의 곁을 떠나면 소인배들이 대왕의 결심을 흔들 것이오. 그러니 내가 대왕에게 간언하여 좋은 방향으로 인도한들 그것이 무슨 소용이 있겠소?"

위의 이야기는《맹자(孟子)》·〈고자상(告子上)〉편에 실려 있다. "일폭십한"은 화초를 기르는데 하루만 햇볕을 쪼이게 하고 열흘을 음지에 둔다는 뜻으로, 어떤 일을 할 때 끈기가 없어 잠깐 동안은 열심히 노력하지만 나태하여 쉬는 시간이 길면, 결코 그 일을 완수할 수 없다는 것을 말한다.

우리말에도 이와 유사한 "작심삼일(作心三日)"이라는 말이 있는데, 마음먹은 지 사흘을 넘기지 못한다는 의미로, 굳은 결심이 얼마 못 가 흐지부지되어 포기하고 만다는 것이다. 새해가 되면 많은 사람들이 올해 해야 할 일들을 가슴에 새긴다. 그러나 며칠이 지나면 금세 지난번 결심을 잊어버리고 다시 게으른 생활로 빠진다. 누구든 땀 흘린 대가는 반드시 돌아온다는 것을 잘 알면서도 실천하기란 쉽지 않다. 그러기에 중단 없는 노력과 꾸준한 인내로 성공의 열매를 딴 사람들을 존경하는 것이다.

일행천리(日行千里)

옛날 선비족(鮮卑族)의 한 부락에 섭귀(涉歸)라는 족장이 있었다. 그에게는 토곡혼(吐谷渾)과 모용외(慕容廆)라는 두 아들이 있었다. 섭귀가 죽은 후, 둘째 아들 모용외는 아버지의 뒤를 이어 족장이 되고, 큰 아들 토곡혼은 1,700가구의 유목민을 분배받았다.

토곡혼과 모용외는 쌍방의 말이 떼를 지어 싸우는 바람에 마찰이 생겼다. 모용외는 사람을 시켜 토곡혼에게 다음과 같은 말을 전하게 했다. "아버지께서 생전에 이미 우리 두 사람을 분가시켜 주셨는데, 형은 무엇 때문에 유목민들을 데리고 멀리 떠나가지 않는 것이오?"

이 말을 전해 들은 토곡혼은 화가 나 이렇게 전하였다. "말은 짐승이라 예의를 모른다. 말 싸움이 우리 형제를 반목하게 만들었으니, 이게 무슨 이치란 말인가! 동생이 이런 말을 전해 온 이상, 나는 내 유목민과 말을 거느리고 천 리 밖으로 떠나겠다."

후에, 모용외는 자신의 행동이 지나쳤음을 깨닫고 후회하며 신하를 시켜 형을 돌아오게 하려고 하였다.

그러나 토곡혼은 동생이 보내 온 신하에게 말하길, "우리 내기를 한 번 해 보는 것이 어떻겠는가? 만약 그대가 내 말들을 돌아가게 할 수 있다면 나도 함께 돌아가고, 그러지 못하면 나는 내 갈 길을 가겠네."

신하는 필사적으로 말을 되돌아가게 하려고 하였지만, 말들은 몇백 보 가더니 갑자기 울부짖으며 다시 서쪽으로 몸을 돌려 달아나버렸다. 이에 토곡혼은 유목민과 말을 이끌고 서쪽으로 가서 청해(靑海)의 초원에 정착하였다.

서진(西晉) 말기 무렵에 이르러 토곡혼이 이끌고 온 유목민들은 점점 발전하여 큰 부락을 이루었고, 당(唐)나라 때에는 그 후손들이 청해왕(靑海王)에 봉해지기도 하였다. 당시 토곡혼은 페르시아에서 생산된 말 몇 마리를 청해호(靑海湖) 주변에 풀어놓았는데, 이것이 크고 튼튼한 청백색의 말로 번식하였다. 이 말은 하루에 천 리를 달릴 수 있어 사람들에게 널리 많은 사랑을 받았다.

위의 고사는 남북조시대(南北朝時代) 북제(北齊)의 위수(魏收)가 지은 《위서(魏書)》·〈토곡혼전(吐谷渾傳)〉에 보인다. "일행천리"란 하루에 능히 천 리를 간다는 의미로 속도가 매우 빠른 것을 말한다. 지금에야 하루에 천 리 길은 그리 어려운 일이 아니지만, 먼 옛날에는 거의 불가능한 일이었다. 중국은 상고시대부터 말에 대한 애착이 매우 강하였다. 준마를 한눈에 알 수 있는 능력을 가진 백락(伯樂)이라는 전설적 인물이 여러 전적(典籍)에 등장하는 것도 이러한 이유에서이다. 말은 당시의 가장 중요한 교통수단이고 전쟁터에서 매우 긴요한 동물이기 때문에 국가에서도 전략적으로 말의 사육을 장려하고 엄격히 통제하였다.

임인유현(任人唯賢)

중국 춘추시대(春秋時代) 제(齊)나라 양공(襄公)에게는 두 명의 아우가 있었다. 한 명은 공자규(公子糾)라 하고, 다른 한 명은 공자소백(公子小白)이라 하였는데, 그들은 각각 재능이 뛰어난 스승을 두고 있었다. 그 당시 제나라 조정이 혼란하여 규는 스승 관중(管仲)과 함께 노(魯)나라로 피신하였고, 소백은 스승 포숙아(鮑叔牙)를 따라 거(莒)나라로 도망쳤다.

얼마 후 제나라는 큰 내란이 일어나 양공은 피살되고, 그다음 해에는 새로 옹립한 임금마저 죽임을 당하였다. 제나라는 사신을 노나라로 보내 규를 불러들여 제나라 군왕으로 삼고자 하였고, 노나라 장공(莊公)은 친히 군사를 거느리고 규가 안전하게 돌아갈 수 있도록 호송하였다.

거나라는 제나라에서 지리적으로 매우 가까운 거리에 있어, 관중은 거나라에 거주하던 소백이 먼저 귀국하여 군왕의 자리를 차지할까 염려되었다. 그는 노나라 장공의 동의를 얻은 후, 일부 군사를 거느리고 소백이 지나는 길목을 막고자 하였다. 과연 관중의 부대가 즉묵(卽墨-중국 산동반도 서남부 청도 지역) 부근에 도착하였을 때, 서둘러 제나라로 가고 있는 소백을 보게 되었다. 관중은 앞으로 나아가 소백에게 제나라로 돌아가지 말 것을 간곡히 권하였지만, 그는 듣지 않았다. 그러자 관중은 소백에게 슬며시 화살 한 발을 쏘았다. 소백은 화살 소리와 함께 쓰러졌고, 관중은 이미 소백이 죽었다고 여겨 서두르지 않고 천천히 노나라로 돌아가 규를 호송하여 제나라로 들어갔다.

그러나 뜻밖에도 소백은 그때 죽지 않았고, 아울러 규보다 한 발 앞서 제나라 도성에 도착했다. 포숙아는 대신들을 설득하여 그를 제나라 군왕으로 삼았는데, 이가 곧 제환공(齊桓公)이다.

관중은 이미 소백이 군왕으로 즉위하였다는 소식을 듣고, 곧 노나라 군사들을 동원하여 규로 하여금 군왕의 자리를 빼앗고자 하였다. 이 때문에 제(齊)와 노(魯) 두 나라는 전쟁을 하게 되었는데, 결과는 노나라의 대패로 끝이 났다. 노나라는 부득이 제나라의 요구 조건을 들어줄 수밖에 없어 규를 죽이고 관중을 생포하였다.

후에 제나라 대신들은 노나라에 망명 중인 관중을 제나라로 보내라고 요구하였고 장공도 허락하였다. 관중은 밧줄로 묶여 제나라로 압송되어 가는 도중 굶주림과 갈증에 시달렸다. 그는 기오(綺鳥)라는 곳에 이르렀을 때, 변방을 지키는 관리에게 먹을 것을 달라고 청하였다.

변방을 지키는 관리는 의외로 땅에 무릎을 꿇으며 관중에게 먹을 것을 건네주는데, 그 모습이 매우 공손하였다. 관중이 밥을 다 먹고 나자 관리는 남몰래 말하길, "만약 그대가 제나라에 도착한 후 요행히 죽지 않고 벼슬길에 오른다면 어떻게 제게 보답하겠습니까?" 그러자 관중은 대답하길, "만약 정말 자네 말대로 그렇게 되면 난 어질고 능력 있는 사람을 등용하고, 공이 있는 사람은 상을 줄 것인데, 내가 자네에게 어떻게 보답하면 되겠는가?"

관중이 제나라 도성까지 압송되어 오자, 포숙아는 친히 마중을 나왔다. 포숙아는 관중의 재능이 자신보다 뛰어나다는 것을 알고 제환공을 설득하여, 관중을 죽이지 않고 중용하게 하였다. 훗날 제환공은 화살 맞은 원한을 갚지 않았을 뿐만 아니라 오히려 그를 재상으로 삼았으며, 포숙아는 스스로 관중의 수하가 되기를 청원하였다.

위의 이야기는 《상서(尙書)》·〈함유일덕(咸有一德)〉에 보이고, "임인유현"은 사람을 등용함에 오직 덕망과 재능을 가지고 선발하지, 단순히 나와의 관계가 가깝거나 먼 것을 가지고 논하지 않는다는 것이다.

사람들은 어떤 일을 진행함에 있어 자신과의 친소관계(親疏關係)를 부정하지 못한다. 내가 어려울 때 도와준 사람, 내가 성장하는 과정에서 격려하고 아껴 준 사람, 심지어 나의 인생에 절대적인 은혜를 베풀어 준 사람 등등. 사회적 지위나 부(富)를 가지게 되었을 때, 그들에게 은혜를 갚고자 하는 것은 인지상정이다. 관중도 자신이 굶주리고 갈증으로 온몸이 지쳐 있을 때 변방 관리의 도움으로 위기를 넘겼다. 그러나 그 관리가 후일의 보답을 요구하였을 때, 관중은 단호히 거절하였다. 사사로운 인정이나 은혜가 결코 국가의 공적인 일을 넘어설 수 없기 때문이다. 관중과 같은 인물이 있다면 우리 사회의 미래는 매우 밝을 것이다.

자자불권(孜孜不倦)

아주 먼 옛날 황하(黃河) 유역은 홍수가 자주 범람하여 피해가 끊이지 않았다. 논밭이 침수되고 집마저 물에 휩쓸려 떠내려가 백성들은 고향을 등지고 정처 없이 떠돌아다녔다.

요(堯) 임금이 여러 부락 수장(首長)들에게 누구를 보내 홍수를 다스리는 것이 좋을지 의견을 묻자, 수장들은 모두 곤(鯀)을 추천하였다. 곤은 9년 동안 애썼지만 결국 성공하지 못하였다. 그는 임종할 때 어떤 일이 있어도 이 문제를 해결하라는 유언을 남겼다.

우(禹)는 곤의 아들이다. 그는 백성들이 홍수로 인해 고통받는 것을 보고 아버지의 유언대로 반드시 홍수를 다스리고 말겠다는 결심을 하였다. 그는 아버지와 방법을 달리하여, 용문(龍門)을 파고 아홉 개 수로를 열어 물이 하천으로, 하천의 물은 강으로, 강의 물은 다시 바다로 흘러들게 하였다. 우는 십여 년의 노력을 들여 황하 유역의 홍수 문제를 완전히 해결하였다.

이어서 우는 후직(后稷)과 함께 백성들에게 농사짓는 법을 가르쳤다. 그는 삿갓을 쓰고 호미로 땅을 파 직접 농작물을 심었고, 이러한 노력으로 오랜 기간 황폐되었던 황하 유역에는 곡식이 자라게 되었다. 수확이 끝나자 우는 농작물로 필요한 물건을 바꾸어 쓰도록 하였다. 이로부터 사람들은 편안한 삶을 누리며 즐겁게 일할 수 있었다.

순이 나이가 들어 후계자를 물색하자, 사람들은 홍수를 다스리는 데 큰 공을 세운 우를 추천하였다. 이로써 부족의 수령이 된 우는 순에게 이렇게 말하였다. "저는 매일 쉬지 않고 열심히 일할 것입니다. 나태하거나 향락에 빠지는 일은 절대 없을 것입니다."

위의 이야기는 《상서(尙書)》·〈군진(君陳)〉에 보인다. "자자불권"은 부지런히 일이나 학습에 매진하여 지칠 줄 모르는 것을 의미한다.

오랜 시간 일이나 배움에 몰두하기는 쉬운 일이 아니다. 자신이 세워 놓은 목표를 향해 끊임없이 달려가다 보면 어느덧 목적지에 이르게 되는데, 많은 사람들은 앞길에 장애물이 있거나 힘들면 쉽게 포기하거나 좌절하고 만다. 그러나 우리말의 "태산을 넘으면 평지를 본다."라는 속담처럼, 어느 한 고비를 넘으면 반드시 탄탄대로의 넓은 평지를 맞이하게 된다. 농부가 봄부터 땀 흘리며 부지런히 들녘에 씨앗을 심는 것은 가을이 오면 많은 수확을 할 수 있다는 믿음 때문이다.

자참형예(自慚形穢)

진(晉)나라 때, 왕제(王濟)라는 표기장군(驃騎將軍)이 있었다. 그는 무인(武人)이지만 평소 독서를 많이 하여 학문과 지략이 뛰어날 뿐 아니라, 용모도 출중하였다. 당시 왕징(王澄)과 왕현(王玄) 역시 외모가 빼어나고 학식이 풍부하기로 이름이 났는데, 사람들은 이들을 '삼왕(三王)'이라 부르며 존경하였다.

어느 해, 왕제의 생질(甥姪) 위개(衛玠)가 어머니와 함께 그에게 의탁하기 위해 찾아왔다. 왕제는 위개의 수려한 용모를 보고, 그의 어머니에게 말하기를, "평소 사람들이 저보고 잘생겼다고 하지만, 위개의 얼굴이 옥구슬이라면 저는 돌멩이에 불과합니다. 저의 못난 용모가 부끄럽습니다."

며칠 후 왕제는 친구들을 만나러 가는 길에 위개를 데리고 갔다. 둘이 함께 걸어가는 모습을 보고, 사람들은 위개의 얼굴이 마치 백옥으로 조각해 놓은 것처럼 뽀얗고 잘생겼다 칭찬하며 구경하기 위해 몰려들었다. 인파(人波)를 헤치고 가까스로 친구의 집에 도착하였는데, 기다리던 친구들 또한 위개의 용모를 보고 칭찬이 끊이지 않았다. 그들이 위개에게 평소 무슨 책을 읽느냐고 묻자, 그는 현리(玄理)를 연구한다고 하였다. 친구들이 현리에 대해 말해 달라고 청하자 위개는 "현리는 너무 심오하기에 짧은 시간에 말할 수 있는 것이 아닙니다. 제가 몸이 약하니 다음에 기회가 있으면 그때 말씀드리겠습니다."라며 거절하였다.

그러나 친구들은 용모가 출중한 위개의 학문이 어떤 수준인지 알고 싶어 지금 얘기해 보라고 고집을 부렸다. 위개는 거듭 사양하기가 곤란해 이야기를 시작하였다. 시간이 얼마 지나지 않아 사람들은 그의 넓고 심오한 학식에 감복(感服)하지 않을 수 없었다. 왕제는 물론 왕현과 왕징도 감탄하여 넋을 잃었다.

사람들이 그들을 놀리며 말하길, "보아하니 삼왕(三王)도 위씨 집안의 도령은 당해내지 못하네." 그러자 왕제가 대답하길, "그러하네. 내가 위개와 함께 걸어가니 마치 내 몸에서 명주(明珠)의 빛이 번쩍이는 것 같았네."

위의 이야기는 남북조시기(南北朝時期) 송조(宋朝)의 유의경(劉義慶)이 저술한 《세설신어(世說新語)》·〈용지(容止)〉에 실려 있다. "자참형예"는 본래 자신의 용모가 다른 사람만큼 잘생기지 못하여 부끄러움을 느낀다는 뜻이지만, 스스로 다른 사람의 능력에 미치지 못하여 부끄럽게 생각하는 것을 말한다.

아름다운 용모는 예나 지금이나 사람들의 이목을 끈다. 지금도 많은 사람들이 자신의 외모를 가꾸기 위해 많은 노력을 기울이는 것은 다른 사람들에게 나의 좋은 모습을 보여 주기 위한 것이다. 그러나 외모 못지않게 자신의 심성(心性)도 바르고 곱게 키워 가야 하니, 세월이 흘러 나이가 들면 얼굴에 본인의 성품이 나타난다고 하지 않았던가?

점입가경(漸入佳境)

동진(東晉)의 명사(名士) 고개지(顧愷之)는 무석(無錫) 사람이다. 그는 다재다능하여 시부(詩賦)와 서예에 모두 뛰어났고, 특히 회화에 정통하였다.

고개지는 젊은 시절 대사마(大司馬) 환온(桓溫)의 참군(參軍)을 지낸 적이 있다. 당시 동진 각 지방의 할거(割據) 세력들은 병사를 모집해 세력을 확장하는 데 온 힘을 기울였고, 중앙 정부는 이들을 통제할 능력이 없었다. 환온은 국가 통일을 주장하며 할거 세력을 토벌하는 데 앞장섰다. 고개지는 오랜 기간 환온을 따라 토벌 전쟁에 참가하였고, 환온은 고개지를 매우 아꼈기 때문에 두 사람은 서로에게 깊은 애정이 있었다.

한번은 고개지가 환온과 함께 군사들을 시찰하기 위해 배를 타고 강릉(江陵)에 갔다. 강릉에 도착한 다음 날, 강릉의 관원들이 그 지역 특산물인 사탕수수를 가지고 인사를 하러 왔다. 환온은 기뻐하며 다 같이 함께 맛을 보자고 하였다. 사탕수수를 먹은 사람들은 이구동성으로 그 맛이 아주 달다고 칭찬하였다.

이때 고개지는 홀로 아름다운 경치에 정신이 빠져 사탕수수를 집어 들지 않았다. 그것을 본 환온은 고개지에게 농을 걸고 싶어졌다. 환온은 일부러 아주 긴 사탕수수를 고르고, 고개지에게 다가가 그의 손에 사탕수수 끝부분을 쥐어 주었다. 고개지는 무엇인지 보지도 않은 채 입으로 가져가 깨물었다.

환온은 고의로 고개지에게 그것이 달은지 묻자, 주위의 사람들도 함께 그를 놀리며 물었다. 고개지는 그제야 정신을 차리고 비로소 자신이 사탕수수 끝부분을 깨물고 있었고, 그래서 사람들이 웃고 있다는 것을 알아차렸다. 그는 난감한 상황을 모면하기 위해 기지를 발휘하여 이렇게 말을 이어 받았다. "뭘 보고 웃는 것입니까? 사탕수수를 먹으려면 끝부분부터 먹어야지요. 이러면 먹을수록 단맛이 나는데, 이것을 바로 '점입가경'이라고 하는 것입니다." 이 말을 들은 사람들은 모두 고개지의 재치에 감탄하며 큰 웃음을 터뜨렸다.

역사 기록에 의하면 이후 고개지는 사탕수수를 먹을 때마다 언제나 끝부분부터 먹었고, 이 방법은 명사들 사이에서 널리 유행이 되었다고 한다.

위의 이야기는 당대(唐代) 방현령(房玄齡) 등이 저술한 《진서(晉書)》·〈고개지전(顧愷之傳)〉에 전해진다. "점입가경"은 어떤 상황이 점점 호전되거나, 풍광이나 경치가 점점 아름다운 경지로 들어가는 것을 말한다.

우리말에서 '점입가경'은 좋은 뜻으로만 사용하지 않는다. 어떤 옛날이야기를 들을수록 재미있다는 의미로 쓸 수 있지만, 어떤 사람의 말이나 행위가 시간이 지날수록 더욱 꼴불견임을 비유하는 말로도 사용된다.

세상 만물은 시간의 흐름에 따라 변한다. 사람도 예외가 아니어서 누구든 조금씩 변해 가는데, 긍정적인 변화, 가치 있는 변화, 기대되는 변화가 필요하다. 이는 스스로의 노력이 쌓여 가는 결과이기 때문이다.

정저지와(井底之蛙)

 어느 작은 우물 안에 개구리 한 마리가 살고 있었다. 여름 어느 날, 개구리는 우물 가에서 먼바다에서 온 거북이와 우연히 마주쳤다. 개구리는 거북이를 보고 아주 자랑 스럽게 자신의 얄팍한 속내를 드러냈다. "내가 여기서 얼마나 즐겁게 살고 있는지 보아라! 난간에서 우물로 뛰어들 수도 있고, 피곤하면 우물 벽 틈새에서 쉴 수도 있으며, 우물 속에서 수영도 하고, 물 위에 얼굴을 내밀고 쉬기도 하며, 때로는 진흙으로 된 우물 바닥을 엉금엉금 기어 다니며 놀기도 한단다. 주위에서 함께 살아가고 있는 작은 벌레나 가재들은 어느 누구도 나처럼 자유롭게 살아가지 못하고 있어." 개구리는 계속해서 허풍을 떨며 말하길, "난 여기 우물의 주인이야, 우물에서는 늘 자유롭지, 넌 왜 이곳으로 자주 놀러 오지 않니?" 바다 거북이는 개구리의 말을 듣고 우물 속으로 한번 들어가 보고 싶어졌다.

 그러나 그의 왼쪽 발이 아직 다 들어가기도 전에 오른쪽 발이 다른 곳에 걸려 진퇴양난이 되어, 마침내 들어가기를 포기하였다. 거북이는 개구리가 자랑하는 우물이 겨우 이 정도밖에 안 된다는 것을 알고, 개구리에게 자신이 살고 있는 넓은 바다에 대해서 얘기해 주었다. "내가 사는 넓은 바다는 천 리가 넘는다는 말로는 그 넓이를 설명할 수 없고, 깊이가 만 길이 넘는다는 말로는 그 깊이를 표현할 수 없어. 하(夏)나라 대우(大禹)시기에는 10년 중 9년 동안이나 홍수가 났지만 바닷물이 불어나지 않았고, 상(商)나라 탕왕(湯王)시기에는 8년 중 7년이나 가뭄이 들었지만 바닷물이 줄어들지 않았지. 넓은 바다는 가뭄이나 홍수 때문에 물이 줄거나 불어나지 않아서, 나는 이곳에서 즐겁게 살 수 있는 거란다."

 작은 개구리는 거북이가 말하는 바다 얘기에 놀라 눈은 크게 불거지고, 얼굴은 부끄러워 빨갛게 달아올랐으며, 한마디 말도 꺼낼 수가 없었다. 개구리가 어찌 자기가 살고 있는 작은 우물보다 더 넓고 큰 세계를 상상이나 할 수 있겠는가?

위의 이야기는 《장자(莊子)》·〈추수(秋水)〉편에 보인다. 우물 안에 있는 개구리가 바다를 말할 수 없는 것은, 작은 우물 속에 갇혀 넓고 새로운 세상을 본 적이 없기 때문이다. 사람들은 자기들이 살고 있는 세계가 최고인 양, 자기들이 알고 있는 것이 아주 대단한 것처럼 여긴다. 그러나 세상에는 나와 아주 많이 다른 사람들이 서로 다른 풍습과 사고를 가지고 살아가고 있다. 나는 그중의 극히 작은 일부분에 지나지 않고, 내가 알고 있는 지식 또한 해변에 쌓인 모래알만큼이나 아주 적은 것이리라. 그래서 늘 겸허한 자세로 많이 듣고 보고 경험해야만 "우물 안 개구리"에서 벗어날 수 있는 것이다.

조삼모사(朝三暮四)

중국 송나라에 저공(狙公)이라는 사람이 있었는데, 원숭이를 매우 좋아하여 집에서 많은 원숭이를 기르고 있었다. 그는 원숭이들의 마음을 잘 헤아렸으며, 원숭이들도 또한 저공의 뜻을 잘 알고 있었다. 저공은 집안의 곡식 창고를 열어 원숭이들의 사료로 충당하려고 했다. 그러나 얼마 지나지 않아 집안에 있는 곡식을 다 먹게 되자, 원숭이들의 식사를 줄이고자 하였다.

하지만 원숭이들이 자신의 말에 따르지 않을 것을 염려하여, 먼저 그들을 달래었다. "앞으로 너희들에게 도토리를 먹게 해 줄 텐데, 아침에 세 개 저녁에 네 개 주면 충분하겠는가?" 그러자 여러 원숭이들은 펄쩍 뛰며 매우 화를 냈다. 잠시 후에 저공은 또 말하길, "그러면 아침에 네 개 저녁에 세 개 주면 충분하겠는가?" 원숭이들이 이 말을 듣자 모두들 땅 위를 뛰어오르며 크게 기뻐하였다.

이 고사는 《열자(列子)》·〈황제(黃帝)〉편에 보인다. 《장자(莊子)》·〈제물론(齊物論)〉에도 보이나 겨우 몇 마디만 언급하여 구체적이지 못하다. 다른 말로는 "모사조삼(暮四朝三)"이라고도 하며, 지금은 변화무상하고 변덕스러운 사람을 일컬을 때 주로 사용한다.

이 고사에서 보는 것처럼, 도토리를 아침에 더 먹든 저녁에 더 먹든 하루를 두고 본다면 전혀 차이가 없는데, 교묘한 화술로 사람들을 현혹시키는 경우를 종종 볼 수가 있다. 현명한 사고와 올바른 가치관을 가지고 생활하면 이러한 현혹에 넘어가는 어리석은 일은 일어나지 않을 것이다.

중도복철(重蹈覆轍)

　　동한(東漢) 환제(桓帝)시기, 정권을 장악한 외척(外戚)세력은 황제를 위협하여 국사(國事)를 좌지우지하였다. 아무런 실권이 없는 허수아비에 불과한 환제는 외척 세력에 대항하기 위해 환관(宦官)들과 손을 잡았다. 159년, 환제(桓帝)는 선초(單超) 등과 함께 계책을 세워 마침내 대장군의 자리에 있던 외척 양기(梁冀) 일당을 죽이는 데 성공하였다.

　　그러나 얼마 지나지 않아 환관들 역시 당파를 형성하여 조정을 장악하고 백성을 착취하였다. 환관 집단의 농단(壟斷)과 횡포에 백성들은 강하게 반발하고, 명문세가와 호족(豪族)들도 큰 불만을 가졌다. 이에 사례교위(司隸校尉)의 자리에 있던 이응(李膺)과 태학생(太學生)들의 수령(首領) 곽태(郭泰) 등이 함께 환관 집단을 반대하고 나섰다. 166년 환관 세력은 이응 등이 당파를 만들어 조정을 비방하였다고 무고하여 잡아다가 옥에 가두었는데, 당시 이 사건에 연루되어 목숨을 잃은 사람이 수백 명에 이르렀다.

　　황후의 부친 두무(竇武)는 환관들의 전횡에 큰 불만을 가졌다. 이에 그는 환관들의 이러한 행태(行態)를 그대로 놔두면 국가와 백성에게 큰 재앙을 가져올 것이고, 그들에게 항거하여 하옥된 이응 등은 무고하다는 내용의 상소를 올렸는데, 그 안에는 이러한 말이 있다. "지금 환관들의 전횡이 국가와 백성에게 재앙을 가져왔던 과거의 일을 교훈으로 삼지 않고, 수레가 전복되었던 그 길을 다시 걸어간다면, 진(秦)나라 2세 황제시기에 국가를 멸망에 이르게 한 재난이 반드시 또 나타날 것입니다. 폐하께서는 진나라 조고(趙高)의 이야기를 잘 아실 것입니다. 환관들의 권력을 제한하지 않으면 그러한 일이 조만간 벌어질 것입니다."

환제는 상소를 읽고 이응 등을 즉시 석방하였다.

위의 고사는 남조(南朝) 유송(劉宋)시기의 범엽(范曄)이 저술한 《후한서(後漢書)》·〈두무전(竇武傳)〉에 보인다. "중도복철"은 수레가 전복되었던 길을 다시 밟는다는 뜻으로, 예전의 실패한 교훈을 깨닫지 못하고 똑같은 실수를 다시 저지르는 것을 비유한다.

우리는 세상을 살며 끊임없는 실패를 거듭한다. 실패의 원인을 찾고 새로운 방법으로 보완해 나가면 성공의 길로 들어설 수 있지만, 많은 사람들은 운이 없다거나, 그 일은 나와 인연이 없다는 등의 변명으로 자기 합리화에만 익숙하다. 실패를 거울삼아 철저히 다음을 대비하지 않으면 그와 같은 일은 또다시 반복될 수밖에 없다.

지록위마(指鹿爲馬)

조고(趙高)는 진(秦)나라 황위(皇位)를 찬탈하려 하였으나, 여러 신하들이 자신의 말을 듣지 않을까 걱정되었다. 그래서 먼저 꾀를 내어 그들을 시험해 보기로 하였다. 그는 사슴 한 마리를 진(秦)나라 이세(二世)에게 바치며 "말입니다."라고 하였다. 이세(二世) 호해(胡亥)는 잠깐 동안 어이없어 하다가 웃으면서 말하길, "승상은 잘못 생각하셨구려, 분명 사슴인데 어찌 말이라 하시오?" 그리고 좌우에 늘어선 신하들에게 물었는데, 신하들 가운데 어떤 사람은 침묵하고, 어떤 사람은 조고에게 아첨하려고 말이라고 하였다. 또한 바른대로 사슴이라고 말한 신하들도 있었는데, 조고는 그들을 법으로 엄히 다스렸다. 그러자 그 후로는 여러 신하들이 조고를 매우 두려워하였다.

위의 이야기는 《사기(史記)》·〈진시황본기(秦始皇本紀)〉에 보인다. "지록위마"는 사슴을 가리켜 말이라고 한다는 뜻으로, 후에는 "호록위마(呼鹿爲馬)" 또는 "망지록마(妄指鹿馬)"라고도 하였다.

조고는 진시황의 환관으로서 시황제(始皇帝)가 죽자 그의 아들 호해로 하여금 황위(皇位)를 잇게 하고, 자신은 승상의 자리에 올랐다. 그러나 얼마 지나지 않아 전국적인 봉기가 일어났고, 진 왕조의 운명이 얼마 남지 않음을 예감한 조고는 호해를 시해하기에 이른다.

권력을 장악하는 과정에서 자신을 반대하는 세력을 제거하기 위한 하나의 술책으로 이용된 "지록위마"는 후세에는 시비를 왜곡하거나 흑백을 구분하지 못하는 억지 주장을 가리키는 표현으로 종종 사용되었다.

지상담병(紙上談兵)

조괄(趙括)은 전국시기(戰國時期) 조(趙)나라 사람이고, 명장(名將) 조사(趙奢)의 아들이다. 조괄은 어려서부터 병서(兵書)를 읽어 병법(兵法)을 잘 알았고, 용병(用兵)에 대한 일을 말할 때도 많은 경전을 인용하여 조리 있게 설명하였다. 이에 그는 병법에 관해서는 자신이 세상에서 최고라고 생각하였다. 조괄은 아버지 조사와 함께 용병과 전쟁에 관한 이야기를 나눈 적이 있었다. 조사는 아들의 말을 듣고 반박하는 의견을 낼 수 없었지만, 훌륭하다는 말을 하지 않았다. 조사는 아내가 아들을 칭찬하지 않는 이유를 묻자 말하길, "전쟁은 목숨을 다투는 일인데, 이 아이는 너무 쉽게 말을 하는구려. 조나라가 괄에게 장군의 자리에 오를 기회를 주지 않는 것이 조나라에게는 복이 될 것이오. 만약 괄이 장군이 되면 조나라 군대를 망치는 자는 분명 그일 것이오. 전쟁터에 나가 본 적이 없기에 종이 위에서만 병법을 논할 수 있을 뿐, 실제로 군대를 이끌고 전쟁터에 나가면 분명 문제가 생길 것이오."

아버지만큼 아들을 잘 아는 자가 없다는 말이 있듯이, 조사의 판단은 아주 정확했다. 진(秦)나라 소왕(昭王) 47년(기원전 260년), 진나라 장수 왕흘(王齕)이 군사를 이끌고 상당(上黨)을 공격하였다. 조나라에서는 장수 염파(廉頗)를 보내 대적하게 하였다. 염파는 수비 전략으로 4개월을 버틴 끝에 진나라 군대를 물리쳤는데, 이것이 바로 그 유명한 장평(長平)의 싸움이다.

소왕은 거의 자신의 손안에 들어왔다고 생각한 상당이 조나라에게 넘어가자 그 분을 이길 수 없었다. 이에 소왕은 재상 범저(范雎)가 내놓은 이간책(離間策)에 따라 다시 한 번 조나라 공략을 시도하기로 하였다. 그는 먼저 사람을 보내 다음과 같은 헛소문을 퍼뜨렸다. "진나라 군사가 두려워하는 사람은 조괄뿐이다. 염파는 무능한 사람이니 며칠 지나면 분명 투항할 것이다."

조나라 왕은 이 소문을 듣고 조괄을 파견해 염파의 자리를 대신하게 하려 하였다. 어느 날 왕이 조괄을 불러 묻기를, "그대가 진나라와의 싸움에서 이겨 나라에 영광을 가져다줄 수 있겠는가?"

조괄은 전혀 거리낌 없이 자신 있게 대답하였다. "진나라 장군 백기(白起)는 용병에 능하여 대적하려면 어떻게 싸워야 할지 생각이 필요하지만, 지금 군대를 이끌고 온 왕흘이라면 단번에 무찌를 수 있습니다."

조괄은 염파의 병권(兵權)을 이어받고 군대를 정돈한 후, 왕흘과 싸움을 벌였다. 소왕은 왕흘의 군대가 불리한 상황에 놓였다는 소식을 듣고 급히 백기를 파견하였다. 백기는 조괄과 결전을 벌였고, 마침내 조괄의 군대를 크게 무찔렀다. 조괄의 군대 40만 명은 포로가 되어 전부 생매장되고, '종이 위에서 병법을 논하는 것'에만 능한 조괄 역시 적의 포위망을 뚫고 나가다가 화살을 맞고 죽었다. 이 전투로 인해 조나라는 그 근간(根幹)이 흔들릴 정도로 큰 손실을 입었다.

위의 고사는 사마천(司馬遷)의 《사기(史記)》·〈염파인상여열전(廉頗藺相如列傳)〉에 보인다. "지상담병"은 단지 종이 위에서만 전쟁을 논한다는 의미로 탁상공론(卓上空論)을 말한다.

어떤 일이든 실전과 이론은 매우 다르다. 실제적 경험을 해 보지 않으면 그 상황을 이해할 수 없는데, 하물며 전쟁은 목숨을 담보로 하는 것이다. 전쟁은 무수한 변수가 생겨나는 것이기에, 임기응변과 빠른 상황 판단 능력이 승패를 가른다.

우리는 일상생활에서도 "지상담병"을 일삼는 일이 많다. 현실과 전혀 맞지 않는 탁상공론으로 언성을 높이고 진실을 호도하는 경우를 종종 볼 수 있다. 위의 조괄도 병법에 관한 이론은 해박할지 모르나 실전 경험이 부족하였기에, 결국에는 조나라를 망국의 길로 이끌었던 것이다.

창해상전(滄海桑田)

옛날 왕원(王遠)과 마고(麻姑)라는 두 선인(仙人)이 있었다. 어느 날, 두 사람은 채경(蔡經)의 집으로 술을 마시러 가기로 약속하였다. 약속한 날이 되자 왕원은 다섯 마리의 용이 끄는 수레를 타고, 기린이 연주하는 음악 소리와 함께 수많은 시종들의 호위를 받으며 채경의 집으로 갔다. 높은 모자를 쓰고, 여러 가지 빛깔로 장식한 끈에 호랑이 머리 모양의 화살통을 차고 있는 그의 모습은 매우 늠름하였다. 왕원이 채경의 집에 도착하자, 그를 호위하던 사람들은 모두 순식간에 사라졌다. 왕원은 채경과 인사를 나눈 뒤, 혼자 앉아 마고가 오기를 기다렸다.

왕원은 한참을 기다렸지만 마고가 오지 않자 하늘을 향해 손짓을 하였는데, 이는 사람을 보내 마고를 모셔 오라는 표시였다. 채경의 집 사람들은 마고가 하늘의 선녀라는 것을 알지 못하였으므로, 그녀의 모습을 보기 위해 모두 정원에 앉아 기다리고 있었다.

잠시 후 심부름을 간 사람이 돌아와 왕원에게 고하기를, "마고 선녀께서 왕원 신선을 뵌 지도 벌써 오백 년이 되었다며, 지금 옥황상제의 명을 받들어 봉래(蓬萊)의 섬을 순시하고 있으니 조금만 기다리시면 오겠다고 하십니다." 이에 왕원은 마고를 조금 더 기다리기로 하였다.

얼마 후 정말 마고가 하늘에서 내려왔다. 그녀를 호위하고 온 사람들은 왕원의 절반에 불과하였다. 채경의 집 사람들이 보기에 마고는 18~19세의 아리따운 아가씨와 같았다. 무슨 천으로 만들었는지 옷에서는 광채가 나고, 칠흑 같은 긴 머리와 고운 얼굴에서도 빛이 돌고 기품이 넘쳤다.

왕원은 마고와 서로 인사를 나눈 뒤, 연회를 준비하라고 말하였다. 상 위에는 화려한 문양으로 장식된 금 그릇과 옥그릇에 담긴 산해진미가 차려졌다. 이를 본 채경의 집 사람들은 눈이 휘둥그레져 입을 다물지 못하였다.

잠시 후 마고가 왕원에게 물었다. "도를 깨닫고 선녀가 되어 옥황상제의 명을 받은 후, 저는 동해(東海)가 뽕밭으로 변하는 것을 세 번이나 보았습니다. 방금 봉래에 갔을 때, 바닷물이 이전보다 절반이나 얕아진 것을 보았는데 또 육지로 변하는 것은 아닐까요?"

그러자 왕원이 탄식하며 말하기를, "그렇습니다. 성인(聖人)들께서도 바닷물이 줄어들면, 얼마 후 그곳에 흙먼지 휘날리는 육지가 솟아오를 것이라고 말씀하셨습니다." 연회가 끝나자 왕원과 마고는 각자의 수레를 타고 하늘로 올라갔다.

위의 이야기는 동진(東晉) 갈홍(葛洪)의 《신선전(神仙傳)》·〈왕원(王元)〉편에 보인다. "창해상전"은 푸른 바다가 육지로 변하고 육지가 푸른 바다가 된다는 의미로, 인간 세상의 변화가 매우 큰 것을 말한다. 다른 말로는 "상전벽해(桑田碧海)" 또는 "창상지변(滄桑之變)"이라고 한다.

현대 사회는 하루가 다르게 변하고 있다. 바다를 메워 간척지로 만들고, 산을 깎아 생활할 수 있는 주거지나 공원으로 만드는 "창해상전"을 너무 자주 접하게 된다. 자연을 개발하는 것은 일종의 파괴 행위일 수도 있는데, 우리는 늘 편리함을 좇아 이를 행한다. 이제는 보다 더 먼 미래를 위해 우리의 이러한 행위를 돌아보고 새로운 대책을 세워야 할 것이다.

천라지망(天羅地網)

원(元)나라의 이수경(李壽卿)은 〈오원취소(伍員吹簫)〉라는 잡극(雜劇)을 지었는데, 그 내용은 이러하다.

춘추시기(春秋時期), 초(楚)나라 평왕(平王)은 우매하고 무능한 왕이었다. 그는 간신 비무극(費無極)에게 진(秦)나라로 가서 태자 미건(半建)의 아내가 될 경공(景公)의 딸 맹영(孟嬴)을 데려오게 했다. 비무극은 진나라로부터 돌아오자마자 평왕에게 달려가, 맹영이 절세미인이니 후궁으로 들이라고 부추겼다. 여색을 좋아하는 평왕은 맹영을 차지하기 위해, 그녀가 시집올 때 데려온 시녀를 맹영이라 속여 미건 태자에게 시집보냈다. 이 소문은 초나라 전체로 퍼져 나갔다.

평왕은 미건이 이 일을 알게 될까 두려워, 그를 성부진(城父鎭)이라는 변방으로 보냈다. 미건에게는 오사(伍奢)라는 스승이 있는데, 그는 성격이 강직하고 정의로운 사람이었다. 비무극은 자신이 저지른 일이 밝혀지면 오사가 태자를 도와 자신을 벌할 것이 두려워, 미건이 오사와 함께 모반을 꾀하였다고 무고하였다. 이에 평왕은 미건과 오사는 물론, 오사의 두 아들까지 모두 죽이라는 명령을 내렸다. 그러나 미건은 이 사실을 알고 멀리 도망갔다.

미건은 오사의 둘째 아들 오원(伍員), 즉 오자서(伍子胥)가 번성(樊城)을 지키고 있다는 사실을 알고 그곳을 향해 밤낮으로 도망쳤다. 그러고는 오사는 물론 그의 가족들이 모두 죽임을 당한 것과 조만간 비무극이 그의 아들 비득웅(費得雄)을 보내 오자서를 궁궐로 불러들여 죽이려는 간계를 꾸미고 있다고 말해 주었다. 오자서는 이 말을 듣고 무능한 평왕과 간교한 비무극에게 깊은 원한을 품었다.

그런데 정말 얼마 후 비득웅이 번성에 도착하였다. 그는 오자서를 보자 말하길,

"그대는 전쟁에서 여러 차례 큰 공을 세웠기 때문에 지금 궁궐로 돌아가면 평왕이 큰 상을 내릴 것이오." 오자서는 아무것도 모르는 척하며 물었다. "내가 입궐하지 않은 지 반년이 되었는데, 내 부친께서 잘 계시는지 모르겠습니다." 비득웅은 사실을 은폐하기 위해 집 식구 모두 잘 지내고 있다고 하였다. 그러자 오자서는 이 말을 듣고 크게 화를 내며 말하길, "우리 가족을 모두 죽인 것을 잘 알고 있는데, 그래도 잘 지내고 있다고 하는가?" 비득웅은 오자서가 자세한 상황은 알지 못할 것이라고 생각하여, 누구에게 그 말을 들었는지 캐물었다. 오자서가 대답하기를, "만약 미건 태자가 너희들의 간악한 내막을 폭로하지 않았다면, 나는 빈틈 하나 없는 너의 그물에 꼼짝없이 걸려들고 말았을 것이다."

오자서는 비득웅을 호되게 때린 다음 벼슬을 버리고 도망갔다. 그는 천신만고 끝에 오(吳)나라로 가 거리에서 피리를 불며 먹을 것을 얻어 연명하였다. 후에 오자서는 오나라 왕에게 등용되어 군대를 이끌고 초나라를 공격하여 원수를 갚았다.

위의 이야기는 원대(元代) 무명씨(無名氏)가 지은 《쇄마경(鎖魔鏡)》에 실려 있다. "천라지망"은 하늘과 땅 온천지에 그물이 펼쳐져 있어, 도저히 빠져나갈 방법이 없는 것을 말한다. 지금은 "망라하다"라는 동사로 사용하는데, 물고기나 새를 잡는 그물이라는 뜻에서 비롯되었고, 널리 받아들여 모두 포함한다는 의미이다.

노자(老子)의 《도덕경(道德经)》에 보면 "하늘의 법도는 매우 크고 넓어, 성긴 것 같아도 결코 놓치는 법이 없다(天網恢恢, 疏而不失)."라는 말이 있어, "천라지망"과 "망라하다" 등은 모두 이로부터 파생되었음을 엿볼 수 있다.

천의무봉(天衣無縫)

　옛날 산서성(山西省) 태원(太原)에 곽한(郭翰)이라는 사람이 있었다. 그는 용모가 빼어나고 행동거지가 대범할 뿐 아니라, 언변도 능하고 서법(書法)에도 정통하였다. 평소 권문세가의 요청이나 외압에도 아랑곳하지 않고 주관을 가지고 처신했기에, 인품이 고결한 사람이라는 평판을 얻었다. 그는 일찍이 부모를 여의고 혼자 살았다. 무더위가 기승을 부리는 어느 여름날, 그는 달빛을 보며 정원에서 바람을 쐬고 있었다. 그때 서늘한 바람을 따라 짙은 향기가 풍겨 왔다. 곽한이 이상하다고 느끼며 고개를 들어보니, 누군가가 하늘에서 천천히 자신을 향해 내려오는 것이었다. 앞까지 내려왔을 때 자세히 보니, 예사롭지 않은 풍모를 지닌 여인이었다.

　곽한은 황급히 몸을 일으켜 여인에게 물었다. "어디서 오신 분이십니까?"

　여인은 곽한에게 예를 갖춘 뒤 말하기를, "저는 직녀(織女)이고, 하늘에서 내려왔습니다. 천제(天帝)께서 인간 세상을 유람하고 올 수 있도록 상을 내리셔서 내려오게 되었습니다. 당신의 고상한 품격을 흠모해 왔기에 그대와 이야기를 한 번 나눠 보고 싶었습니다."

　곽한은 이 말을 듣고 깜짝 놀라 여인을 자세히 살펴보았다. 그는 직녀의 옷에 재봉을 한 흔적이 없음을 발견하고 놀라움을 금하지 못하며 물었다. "당신의 옷은 어떤 옷감으로 만든 것이기에 재봉의 흔적이 보이지 않는 것입니까?" 이 말을 들은 직녀는 미소를 지으며 말하길, "천의(天衣)는 실과 바늘로 꿰매어 만들지 않기에 재봉의 흔적이 없는 것입니다."

　두 사람이 즐겁게 이야기를 나누다 보니 어느덧 날이 밝아 왔다. 직녀는 곽한에게 작별의 인사를 하고 구름에 올라 표연히 하늘로 사라졌다.

위의 이야기는 중국 오대시기(五代時期) 전촉(前蜀)의 우교(牛嶠)가 지은《영괴록
(靈怪錄)》·〈곽한(郭翰)〉편에 실려 있다. 우교(牛嶠)는 생몰 연대가 정확하지 않아 알
수 없으나, 대략 당말(唐末)부터 오대(五代)의 혼란기에 살았던 인물로 추정되고, 그
의 문학 작품은 풍격이 온정균(溫庭筠)과 유사하여 화간파(花間派)로 분류된다.

"천의무봉"은 선녀가 입은 천상의 옷은 재봉선이 없다는 뜻으로, 일이 너무나 완벽
하여 조금의 허점도 보이지 않는 것을 말한다. 사람들은 종종 어떤 일을 행함에 있어
스스로 "천의무봉"하다고 여기지만, 자세히 살펴보면 그렇지 않은 경우가 많다. 인간
세상의 옷은 재봉선이 없을 수 없듯이, 우리의 일 또한 완전무결할 수 없으니 자만하
여 일을 그르치는 일은 없어야 할 것이다.

청출어람(靑出於藍)

남북조(南北朝)시기에 공번(孔璠)이라는 유명한 학자가 있었다. 그는 많은 제자를 양성하였고, 그 가운데 이밀(李謐)이라는 사람이 있었다. 공번은 이밀의 성실한 학업 태도에 매우 만족하여 자신의 모든 것을 그에게 전수하려고 하였다. 몇 년이 지나자 이밀의 지식과 학문은 스승을 능가하는 수준에 이르렀다. 그러나 이밀은 겸손하여 스승의 앞에서 자신의 실력을 드러내지 않았다.

공번은 어려운 문제를 만나면 제자와 함께 토론하고, 심지어 제자에게도 겸손하게 가르침을 청하는 버릇이 있었다. 한번은 공번이 이밀에게 가르침을 청하였는데, 이밀은 이미 답을 알고 있었지만 스승 앞이라 더듬거리며 우물쭈물하였다. 그의 행동은 공번의 눈에도 아주 부자연스러워 보였다. 이에 공번은 말하길, "스승인 나의 체면을 생각하여 아는 문제도 모른다고 대답하지 말거라. 공자도 '여러 사람 가운데 반드시 내가 스승으로 삼을 만한 사람이 있다.'라고 말씀하셨다. 어느 방면이든 나보다 뛰어난 점이 있는 사람은 나의 스승이 될 수 있다. 더구나 너는 재주가 아주 뛰어나지 않느냐."

그 후 제자에게도 허심탄회하게 가르침을 청한 공번의 일은 널리 알려져 많은 사람들의 칭송을 받았다. 혹자는 시를 지어 아랫사람에게 묻는 것을 부끄러워하지 않는 공번과 스승을 존경하는 이밀의 태도를 칭찬하였다. 즉 "푸른색은 쪽빛에서 만들어지지만, 쪽빛은 푸른색에 가르침을 청하네. 스승이 어디 영원하리오, 영원한 것은 오직 경전의 뜻에 통달하는 것에 있네(靑成藍, 藍謝靑. 師何常, 在明經)." "청출어람"은 쪽잎으로 만든 파란색 염료는 남초(藍草)로부터 추출한 것이지만, 그 빛깔이 남초보다 더 짙어 옷감을 물들이기가 쉬운 것을 말하는데, 이는 학생이 스승, 혹은 후세인들이 이

전 시대의 사람을 능가하는 것을 비유한다.

위의 이야기는 《순자(荀子)》·〈권학(勸學)〉편에 보인다. "청출어람"은 지금도 흔히 사용하는 성어로 제자나 후손이 스승이나 선조를 능가하는 것을 말한다. 스승은 제자가 자신보다 뛰어나길 바라고, 부모는 자녀가 자신보다 우수하길 바라는 것은 인지상정이다. 이러한 인류의 속성이 바로 새로운 삶을 개척하고 지금의 문명을 창조한 원동력이 되었다.

초관인명(草菅人命)

가의(賈誼)는 어린 시절부터 부지런히 학문에 힘써 선진(先秦) 제자백가(諸子百家)의 책을 두루 섭렵하였다. 그는 순자(荀子)의 제자이자 진(秦)나라의 어사인 장창(張蒼)을 스승으로 섬겼는데, 《시경(詩經)》·《상서(尙書)》에 정통하고 문장이 뛰어나 18세에 이미 하남군(河南郡)에서 매우 유명하였다.

하남의 군수 오공(吳公)은 원래 진나라의 재상 이사(李斯)와 동향(同鄕) 사람이고, 그의 제자이기도 하였다. 오공은 가의가 학문이 깊은 인재라는 것을 알고 그 재주를 아껴 자신의 문하로 불러들였으며, 후에는 한(漢)나라 문제(文帝)에게 추천하였다. 문제는 가의를 조정으로 불러들여 박사(博士)를 제수하였으며, 이로부터 가의는 정치에 발을 들여놓게 되었다. 당시 그의 나이 겨우 21세로 모든 박사 가운데 가장 어렸다.

박사는 문헌을 관리하고 고금(古今)의 일을 깊이 연구하여 임금의 고문 역할을 하던 관직이다. 문제가 박사들에게 질문을 던져 논의할 것을 명하면 대부분 명쾌한 대답을 내놓지 못했지만, 학문이 연박(淵博)하고 대담하게 할 말을 다 하던 가의는 막힘없이 답하였다. 문제는 가의의 재주에 대단히 흡족해하며 1년도 되지 않아 다시 태중대부(太中大夫)로 발탁하였다. 당시 이는 매우 파격적인 인사였다.

그러나 일부 공신(功臣)과 원로들은 가의의 비약적인 출세를 시샘하였고, 결국 가의는 주발(周勃)의 모함을 받아 장사왕(長沙王)의 태부(太傅)로 좌천되었다. 임금을 보좌하여 원대한 사업을 벌여 보겠다는 꿈을 가지고 있던 가의는 좌절하지 않을 수 없었다. 이에 그는 〈조굴원부(弔屈原賦)〉를 지어 굴원을 존경하고 애도하는 마음을 빌어 자신의 원망스러운 감정을 표현하였다.

문제는 후에 가의를 다시 장안으로 불러들여 양왕(梁王) 유읍(劉揖)의 태부를 맡도록 하였다. 양왕은 문제가 총애하는 아들로 후일 그가 자신의 황위(皇位)를 이어받기를 바라고 있었으므로, 가의를 따라 학문에 매진하게 하였다. 그러자 가의가 문제에게 말하길, "황태자에게 책을 읽도록 가르치는 것도 중요하지만, 더 중요한 것은 정직한 사람이 되도록 가르치는 것입니다. 예를 들어 진(秦)나라 말기 조고(趙高)는 두 번째 황제가 된 호해(胡亥)를 가르칠 때 엄격하게 형벌을 집행하고 법을 지켜야 한다고 강조하며, 죄를 지으면 목이나 치고 코나 벨 것이 아니라, 무조건 재산을 몰수하고 참형에 처해야 한다고 하였습니다. 그러다 보니 호해는 왕이 되어 사람 죽이는 일을 어린아이 장난이나 잡초 베는 일 정도로밖에 생각하지 않았습니다. 단지 호해의 본성이 나빠 그리된 것이겠습니까? 이는 그에게 정도(正道)를 가도록 가르치지 않았기 때문입니다."

가의는 양왕이 학식과 인격 면에서 모두 진보할 수 있도록 전력을 다해 교육하였으나, 애석하게도 후에 양왕은 말을 타다 넘어져 죽고 말았다. 가의는 태부로서의 책임을 다하지 못하였다고 자책하다가 얼마 후 역시 세상을 떠나고 말았는데, 그때 그의 나이 33세였다.

위의 이야기는 동한(東漢) 반고(班固)의 《한서(漢書)》·〈가의전(賈誼傳)〉에 보인다. "초관인명"은 사람의 목숨을 초개처럼 가볍게 여긴다는 뜻으로, 위정자들이 백성의 생명을 무자비하게 해치는 것을 말한다.

봉건시대에는 전쟁이 일어나거나 위정자들의 권력 다툼이 발생하면 민초들의 목숨은 늘 초개처럼 가볍게 다루어졌다. 백성을 권력 유지를 위한 수단과 방법의 하나로 간주하여 핍박하고 희생을 강요한 것은, 세상 만물 가운데 사람처럼 존귀한 존재는 없으며, 사람은 신분의 고하(高下)와 상관없이 누구나 평등하다는 평범한 진리를 그때 사람들은 깨닫지 못했기 때문이다.

추염부세(趨炎附勢)

　북송(北宋)시기 이수(李垂)라는 사람이 있었다. 그는 매우 정직하고 성실하여, 관리로 있을 때 높은 사람의 비위를 맞추며 아부하는 자들을 아주 싫어하였다. 당시 아부를 잘하여 진종(眞宗)의 환심을 사 재상의 자리까지 오른 정위(丁謂)라는 사람이 있었다. 정위는 권모술수를 써서 자신에게 동조하지 않는 사람들을 모두 배척하고 조정의 권력을 장악하였다. 높은 자리에 오르려는 사람은 반드시 그에게 아부하여 환심을 사야 하였으며, 이에 조정의 많은 관리들은 그의 눈 밖에 벗어나지 않으려고 전전긍긍하였다. 정위의 권세는 날로 높아갔고, 조정의 관리들은 대부분 그의 수하에 있었다. 당시 이수는 왕의 일상을 기록하는 일을 담당하였고, 이는 높은 관직이 아니었다. 그럼에도 불구하고 그는 매사에 강직한 태도를 보였다. 권세가 하늘을 찌르는 정위에게 결코 잘 보이려고 애쓰지 않았다.

　어느 날 어떤 사람이 그에게 충고하였다. "정위의 집에 찾아가 인사를 한번 하는 것이 어떻겠는가? 그러면 높은 자리에도 오를 수 있고, 벼슬길도 순탄할 것이네." 그러자 이수는 정색을 하고 답하기를, "정위는 한 나라의 재상이지만 사람들의 존경을 받을 만한 일을 하기는커녕, 권모술수로 조정을 농락하여 정사(政事)를 엉망으로 만들었네. 그 뻔뻔함이 이루 말로 할 수 없건만, 내가 어찌 그런 사람과 한패가 될 수 있단 말인가? 또한 나는 항상 일 처리가 공정하지 않은 사람을 보면 비판하고 훈계하였는데, 어찌 나보고 정위의 집을 찾아가 아첨을 하란 말인가?" 상대방은 이수의 단호한 태도에 절로 감탄하지 않을 수 없었다.

　인종(仁宗)이 즉위한 후, 정위는 실각(失脚)하여 궁벽한 곳으로 가게 되었고, 이수는 오히려 수도에서 벼슬을 하게 되었다. 평소 그와 친하게 지내던 사람이 어느 날 그에게 이런 말을 하였다. "조정에는 그대의 학식을 인정하는 사람들이 많네. 그래서 일부 대신들이 그대를 지제고(知制誥)에 추천하려 하는데, 정작 황제께서는 아직 그대를 잘 모르시니, 황제를 알현하는 것이 어떻겠는가?" 그러자 이수가 답하기를, "예전에 내가 재상 정위를 찾아갔더라면 벌써 한림학사(翰林學士) 자리에 올랐을 것이네. 지금은 나이도 많은데 어찌 다른 사람에게 아첨하는 일을 할 수 있겠는가? 다른 사람의 눈치나 살피며 환심을 사고, 또 그것으로 높은 자리에 발탁되는 일 같은 것은 할 수 없네." 얼마 후 그의 말은 재상의 귀에까지 들어갔고, 그는 다시 어느 지방으로 좌천되었다.

위의 이야기는 원대(元代)의 군사가(軍事家)이며, 정치가였던 탈탈(脫脫) 등이 편찬한 《송사(宋史)》·〈이수전(李垂傳)〉에 실려 있다. "추염부세"는 권문세도가에게 아부하거나 빌붙는 것을 말한다.

대부분의 사람은 자신에게 도움을 주거나 이롭게 하는 자를 가까이하기 마련이다. 그러나 그의 행위가 정의롭지 못하거나 권모술수에 능한 사람이라면 거리를 두어 멀리하는 것이 현명하다. 비록 한순간은 영달(榮達)할 수 있으나, 세상은 결코 그를 용납하지 않아 언젠가는 반드시 나락으로 떨어질 날이 올 것이기 때문이다. 《좌전(左傳)》에도 "나쁜 일을 많이 하면, 반드시 스스로 죽음을 부르게 된다(多行不義必自斃)."라는 말이 있지 않은가?

취옹지의부재주(醉翁之意不在酒)

　북송(北宋)의 뛰어난 문학가이자 역사가인 구양수(歐陽修)는 강서(江西) 영풍(永豐) 사람으로 자는 영숙(永叔)이고, 호는 취옹(醉翁)이며, 말년에는 육일거사(六一居士)라고 칭하였다. 구양수가 저주태수(滁州太守)로 있을 때 〈취옹정기(醉翁亭記)〉라는 글을 지었는데, 그 안에는 이러한 내용이 들어 있다.

　저주는 산으로 둘러싸여 있으며, 그 서남쪽의 여러 산봉우리는 숲과 계곡이 특히 아름답다. 멀리서 보았을 때 숲이 무성하고 깊으며 빼어나게 아름다운 곳이 바로 낭야산(琅琊山)이다. 산길을 따라 6~7리를 가면 졸졸 물 흐르는 소리가 들리는데, 이는 양쪽 봉우리 사이에서 세차게 흘러내리는 양천(釀川)이다. 굽이굽이 산길을 따라가다 보면 마치 새가 날개를 펼친 것처럼 네 모퉁이가 위로 향한 정자가 하나 샘물 옆에 우뚝 솟아 있으니, 이것이 바로 취옹정(醉翁亭)이다. 이 정자를 지은 자는 누구인가? 바로 이 산에 사는 승려 지선(智仙)이다. 이 정자에 이름을 붙인 사람은 누구인가? 태수가 직접 이름을 붙였다. 태수는 손님들과 함께 이곳에 와 술을 마시곤 하였는데, 조금만 마셔도 취하고 나이가 제일 많아 자신을 취옹이라 불렀다. 취옹의 뜻은 술에 있지 않고 산수(山水)에 있었다. 즉 산수에서 노니는 즐거움을 술에 기탁한 것이다.

　위의 내용을 통해 볼 때 구양수의 즐거움은 술에 있는 것이 아니라 산수의 아름다운 경치를 감상하는 데 있었다는 것을 알 수 있다. 술은 자신의 의취(意趣)를 기탁한 하나의 사물에 불과했던 것이다. "취옹지의부재주"는 간단히 "취옹지의(醉翁之意)"라고도 한다.

북송(北宋) 인종(仁宗) 때, 구양수는 범중엄(范仲淹), 한기(韓琦), 부필(富弼) 등과 새로운 정치를 추진하다가 역풍을 맞고 저주(滁州)로 폄적되었다. 그의 〈취옹정기(醉翁亭記)〉는 이때 지어진 것으로, 산수풍경을 고아(古雅)하면서도 청려(淸麗)한 정취가 담긴 문장으로 표현하여, 고문(古文) 예술의 최고 경지를 보여 주는 작품의 하나로 손꼽힌다.

칠보지재(七步之才)

　조식(曹植)은 삼국시기(三國時期)의 유명한 시인이자 문학가이다. 그는 조조(曹操)의 아들이고, 위(魏) 문제(文帝) 조비(曹丕)의 동생으로 진왕(陳王)에 봉해졌다. 조식은 어려서부터 총명하고 영리할 뿐 아니라, 글재주가 뛰어나 조조로부터 많은 사랑을 받았다. 조조는 그가 여러 아들 가운데 가장 뛰어나기 때문에 큰 업적을 이룰 것이라 생각하여 세자에 책봉하려고 마음먹기도 하였다. 그러나 조식은 성격이 제멋대로이고 예법에 구애받는 것을 싫어하여 여러 차례 금령(禁令)을 어겼고, 이로 인해 조조로부터 심한 꾸지람을 듣기도 하였다.

　조비는 조식이 아버지의 칭찬받는 것을 크게 질투하였다. 그는 의도적으로 매사에 신중하게 처신함으로써 아버지의 호감을 얻었고, 마침내 건안(建安) 22년(217년) 세자 자리에 올랐다.

　건안 25년(220년)에 조조가 병으로 세상을 떠나자, 조비는 한(漢)나라 헌제(獻帝)를 폐위하고 황제의 자리에 올랐다. 조비는 황제가 된 후에도 여전히 조식을 미워하였다. 한번은 조비가 아버지의 상을 치를 때, 조식이 예법을 지키지 않았다는 핑계로 죄를 물어, 그를 사형에 처하려고 하였다. 변태후(卞太后)는 이 일을 알고 한 어머니에게서 나온 형제이니 선처해 줄 것을 간청하였다. 조비는 조식이 지난날 자신의 재주와 학문을 과시하며 일부러 예법을 무시했다고 질책하기를, "아버지께서 생전에 항상 네가 총명하고 재주가 뛰어나다고 칭찬하셨지만, 너의 재주를 시험해 보신 적은 없다. 오늘 일곱 걸음을 걷는 동안 시 한 수를 지으면 너의 죄를 용서할 것이고, 그렇지 못하면 너를 벌하겠다."

　조식이 머리를 조아리며 시제(詩題)를 내려 줄 것을 청하자, 조비는 말하길, "너는

'형제'라는 제목으로 시를 짓되, 시 안에 '형제'라는 말이 나와서는 안 된다." 조식은
잠시 생각한 뒤 발걸음을 떼었고, 한 걸음 갈 때마다 한 구절씩 읊었다.

> 콩을 삶아 국을 끓이는데, 콩은 걸러 내어 국물만 남았네.
> 콩대는 솥 아래에서 타고, 콩은 솥 안에서 흐느끼네.
> 콩과 콩대는 본디 같은 뿌리에서 나왔건만,
> 콩대는 어찌 이리 급히 콩을 볶는가?

> 煮豆持作羹, 漉菽以爲汁.
> 其在釜下燃, 豆在釜中泣.
> 本自同根生, 相煎何太急?

조비는 조식이 지은 시를 보고 그 의미를 파악하여, 만약 자신이 조식을 죽이면 세
상 사람들의 비웃음을 살 것이라 생각하고 죽이려 했던 명령을 거두었다. 그리고 그
의 지위를 안향후(安鄕候)로 강등시켰다.

위의 이야기는 남북조시기(南北朝時期) 송대(宋代)의 유의경(劉義慶)이 지은《세설
신어(世說新語)》·〈문학(文學)〉편에 나온다. "칠보지재"는 일곱 발자국을 걸으며 한
편의 시를 짓는다는 뜻으로, 시의 귀재를 일컫는 말이다.
형제는 가장 가까운 혈족이다. 원대(元代)의 이직부(李直夫)는 "형제는 수족(手足)
과 같아, 잘리면 다시 이을 수 없다."라고 하여 형제의 우애를 강조하였다. 그러나 먼
옛날이든 지금이든 종종 형제들의 전쟁을 목도하게 된다. 부모가 가진 권력이나 재산
을 이어받기 위해 서로 마지막까지 칼을 겨누는 "형제의 난"은 결코 바람직한 현상이
아니다.

타초경사(打草驚蛇)

  남당(南唐)시기, 안휘성(安徽省) 마안산(馬鞍山)에 당도(當塗)라는 고을이 있었다. 그곳 현령(縣令) 왕로(王魯)는 성정이 탐욕스러워 재물을 목숨처럼 아낄 뿐만 아니라, 현령의 자리도 윗사람에게 뇌물을 주고 얻은 것이었다. 그가 돈을 주고 현령의 벼슬을 산 것은, 현령이 되면 그 권세를 이용해 더 많은 돈을 얻을 수 있다는 것을 알았기 때문이다. 이에 현령이 된 후에는 기회만 있으면 백성들을 협박하여 돈을 갈취하였다. 돈이 되는 일이라면 어떤 흉악한 짓도 서슴지 않았다. 그의 아랫사람들 역시 그의 행동을 본받아 사리사욕을 채우는 일에만 혈안이 되어 백성들의 원성을 샀다.

  어느 날, 왕로가 관청에 앉아 어떻게 하면 백성들로부터 더 많은 재물을 거두어들일 수 있을지 궁리하고 있는데, 갑자기 바깥에서 시끄러운 소리가 들려왔다. 알고 보니 백성들이 누군가를 고소하기 위해 떼로 몰려온 것이었다. 그들의 고소장을 받아 본 왕로는 깜짝 놀랐는데, 바로 자신의 밑에서 문서를 담당하는 일을 맡고 있는 사람의 이름이 적혀 있었기 때문이다. 문서에 적힌 그의 죄행은 이루 헤아릴 수 없을 정도로 많았고, 백성들은 왕로에게 강력한 처벌을 요구했다. 왕로는 등에서 식은땀이 흘렀는데, 문서에 적힌 그의 죄행은 평소 그가 백성들에게 행하였던 것과 하나도 다르지 않았기 때문이다. 왕로는 법대로 그를 처벌하면 현령인 자신 역시 소송을 당할 것이 분명하므로 전전긍긍 어찌할 바를 몰랐다. 그때 갑자기 며칠 전 정원에서 산책하며 막대기를 가지고 풀을 헤치자 뱀 한 마리가 놀라 달아나던 광경이 머리에 떠올라, 자기도 모르게 고소장에 "그대는 단지 풀을 헤쳤을 뿐이나, 나는 이미 놀란 뱀과 다름없다."라고 적었다. 두려움에 떠는 자신의 처지를 놀라 달아나는 뱀에 비유한 것이다. 잠시 후 왕로는 두려움이 다소 덜해지자, 이 안건이 자신의 손에 들어온 것을 다행으로 여기며, 앞으로는 각별히 조심하여 꼬투리 잡힐 만한 일을 해서는 안 되겠다는 생각이 들었다. 이에 그는 이 안건은 상부에 보고해야 하므로 며칠 더 기다렸다가 판결해 주겠다고 얼버무려 백성들을 돌려보냈다.

위의 이야기는 북송(北宋)시기 정문보(鄭文寶)가 지은《남당근사(南唐近事)》에 나온다. "타초경사"는 수풀을 휘저어 풀숲에 엎드린 뱀을 놀라게 한다는 뜻으로, 의도하지 않은 행동이 뜻밖의 결과를 가져올 수 있다는 것을 말한다. 현대에는 행동을 조심하지 않아 상대방에게 경계심을 갖게 한다는 의미로 사용되고 있다.

어떤 일을 도모할 때 작은 일이 빌미가 되어 큰일을 그르치는 경우가 있는데, 순간의 부주의가 모든 계획을 수포로 만들기 때문이다. 그래서 아무리 하찮고 작은 일이라도 성실하게 이행하는 자세가 매우 중요한 것이다.

태약목계(呆若木鷄)

　서주(西周)시기 선왕(宣王) 희(姬)는 닭싸움을 대단히 좋아하였다. 그는 궁궐에서도 특별히 힘센 싸움닭을 골라 기르게 하였고, 정사를 돌본 후에는 닭싸움을 즐기는 것을 가장 큰 흥미로 삼았다. 어느 정도 시간이 흐른 후, 선왕은 아무리 힘센 싸움닭이라도 항상 승리만 하는 것은 아니라는 사실에 불만을 가지게 되었다. 그러던 어느 날 그는 제(齊)나라에 닭을 잘 훈련시키는 기성(紀渻)이라는 사람이 있다는 말을 들었다. 선왕은 닭을 훈련시키는 일을 맡기기 위해 사람을 보내 기성을 불러왔다. 기성은 먼저 닭들 중에서 벗이 높고 크며, 황금색 발에 채색 깃털을 가진 수탉 한 마리를 고른 뒤, 선왕에게 훈련이 시작되면 사람이 함부로 들어와 훈련을 방해하는 일이 없도록 해 줄 것을 부탁하였다.

　선왕은 훈련을 마친 닭의 모습을 하루빨리 볼 수 있기를 기대하며 초조히 기다렸다. 선왕은 10일 정도 지났을 때 사람을 보내 훈련이 끝났는지 물었다. 기성은 고개를 저으며 말하길, "아직 끝나지 않았습니다. 지금 이 닭은 기세등등한 듯 보이지만 사실 배짱이 부족합니다." 다시 10일 지나도 아무런 소식이 없자 선왕은 또 사람을 보내 훈련이 끝났는지 물었다. 기성은 대답하길, "아직 안 됩니다. 지금 이 닭은 다른 닭의 그림자만 봐도 긴장하는데, 이는 아직 싸우기 좋아하는 심리가 있다는 것입니다." 다시 10일이 지났는데도 아무런 소식이 들려오지 않자 선왕은 더 이상 참을 수가 없었다. 이에 다시 사람을 보내 물으니, 기성은 고개를 내저으며 대답하길, "아직 끝나지 않았습니다. 눈에 빛이 번쩍거리는 모습이 아직 그 기세가 수그러들지 않았습니다."

이후 10일이 더 지나고서야 선왕은 훈련이 거의 다 끝나 간다는 소식을 들을 수 있었다. 기성은 이 닭이 마치 나무로 조각한 닭처럼 멍청해 보이지만, 이미 완벽한 정신의 경지에 이르렀다고 말하였다.

선왕이 닭을 싸움판에 들여보내자 다른 닭들은 그 모습만 보고도 바로 고개를 떨어뜨리고 가 버렸다. 선왕이 이 점을 의아하게 생각하자 기성이 이렇게 설명하였다. "나무로 조각한 닭처럼 멍청해 보인다는 것은 정말로 멍청한 것이 아니고 단지 멍청해 보인다는 것일 뿐이며, 사실은 아주 강한 싸움 능력을 가지고 있습니다. 겉모습이 나무토막 같은 닭은 먼저 나서서 공격하지 않지만, 다른 닭들이 그 그림자만 보고도 무서워 달아나게 할 수 있습니다. 그러므로 나무로 조각한 닭처럼 멍청해 보이는 것 이야말로 싸움닭의 최고 경지라고 할 수 있습니다."

위의 이야기는 《장자(莊子)》·〈달생(達生)〉편에 실려 있다. "태약목계"는 바보스러운 모습이 마치 나무를 깎아 만든 닭과 같다는 의미지만, 현재는 아둔하거나 무언가에 놀라 멍한 모습을 표현하는 말이다.

세상 많은 사람들은 스스로가 매우 똑똑하다고 여긴다. 그러나 노자(老子)의 "진실로 큰 지혜를 가진 사람은 겉으로 보기에 바보처럼 보인다."라는 말처럼, 진정으로 현명한 사람은 자신의 예봉(銳鋒)을 함부로 드러내지 않는다. 또한 세류(世流)에 쉽게 동화되지도 않고 달콤한 말로 남을 현혹하지도 않는다. 그러기에 우리말 속담에도 "빈 수레가 요란하다."라는 말이 있는 것이 아니겠는가?

파경중원(破鏡重圓)

　남조(南朝) 진(陳)나라에 서덕언(徐德言)이라는 사람이 있었다. 서덕언은 태자사인(太子舍人)이라는 관직에 있었고, 그의 아내는 황제 진숙보(陳叔寶)의 동생 낙창(樂昌) 공주이다. 두 사람은 사이가 좋아 서로 사랑하며 행복하게 보냈다. 서덕언은 조정이 부패하여 국가의 멸망이 멀지 않았음을 예측하고 매우 근심하였다.

　어느 날, 서덕언은 걱정이 가득한 얼굴로 아내에게 말하길, "아마 곧 어지러운 세상이 올 것이오. 그러면 우리 부부도 헤어지게 될 텐데, 우리의 인연이 끝나지 않으면 다시 함께할 날이 반드시 올 것이오. 그날을 위해 한 가지 물건을 정해 만남의 징표로 삼읍시다."

　낙창공주가 남편의 말에 적극적으로 동의하자, 서덕언은 동그란 거울 하나를 꺼내 반으로 나누어 하나는 자신이 갖고 다른 하나는 아내에게 주며 말하였다. "만약 헤어지게 되면 매년 정월 15일에 사람을 시켜 이 반쪽 거울을 가지고 시장에 내다 팔도록 하시오. 내가 살아 있다면 반드시 누군가를 시장에 보낼 것이고, 그러면 내가 가진 반쪽 거울이 징표가 되어 우리가 다시 만날 수 있을 것이니 잘 간직하도록 하시오."

　훗날 수(隋)나라 문제(文帝) 양견(楊堅)은 진나라 수도 장안(長安)을 함락하였고, 이로써 진나라는 멸망하였다. 진나라를 멸망시키는 데 큰 공을 세운 양소(陽素)는 월국공(越國公)에 봉해지고 많은 하사품을 받았는데, 낙창공주 또한 그에게 상으로 주어졌다. 서덕언은 압박을 피해 멀리 도망갔다.

　서덕언은 계속 아내의 행방을 수소문하여 마침내 그녀가 장안에 있다는 사실을 알아냈다. 그는 아내를 만나기 위해 장안을 향해 달렸고, 밤마다 거울 반쪽을 꺼내 어루만지며 하루빨리 아내를 만날 수 있기를 고대하였다. 낙창공주는 양소의 사랑을 받으며 행복한 생활을 보내고 있었지만, 역시 속으로는 남편을 그리워하였기에 자주 거울을 꺼내 들여다보며 회상에 잠겼다.

정월 15일이 되는 날, 서덕언은 가슴에 거울을 품고 아침 일찍 시장에 갔는데, 어느 노인이 높은 가격에 반쪽 거울을 사라고 외치는 것을 보았다. 서덕언이 자세히 살펴보니 그것은 바로 아내 낙창공주의 반쪽 거울이었다. 노인은 양소 집안의 하인이었다. 서덕언은 급히 시 한 수를 적어 노인에게 주며 낙창공주에게 전해 달라고 부탁하였다. 시의 내용은 이러하다. "거울과 사람 모두 갔는데, 거울은 돌아왔건만 사람은 오지 않았네. 더 이상 상아(嫦娥)의 그림자 보이지 않고, 하늘에는 밝은 달빛만 남아 있네."

낙창공주는 하인이 가지고 돌아온 남편의 반쪽 거울과 시를 보고 온종일 울기만 하였다. 그 후 양소는 모든 사실을 알게 되었으며, 두 사람의 진정한 사랑에 감동하여 사람을 보내 서덕언을 집으로 불러왔고, 그에게 많은 재물을 주며 낙창공주를 데리고 강남으로 돌아가 살도록 하였다.

위의 이야기는 당(唐)나라 위술(韋述)이 지은 《서경신기(西京新記)》에 기록되어 있다. "파경중원"은 부부가 서로 헤어지거나 감정이 결렬되었다가 다시 만나거나 합쳐지는 것을 말한다.

세상 사람들은 모두 만남과 이별을 거듭하며 살아간다. 불가(佛家)에서의 "회자정리(會者定離)"라는 말처럼, 만남이 있으면 언젠가는 헤어짐도 있기 마련이지만, 이별을 경험하는 것은 참으로 가슴 아픈 일이다. 그러므로 누구나 인연(因緣)을 소중히 여기고 힘써 지키려고 노력해야 할 것이다.

파부침주(破釜沉舟)

　진(秦)나라 장군 장한(章邯)은 초나라와의 전쟁에서 크게 승리를 거두고, 이어 대군을 이끌고 조(趙)나라 수도를 공략하였다. 그러자 조나라 왕은 군대를 이끌고 거록(巨鹿)으로 후퇴하였다. 장한이 거록을 다시 포위하자 다급해진 조나라 왕은 급히 초(楚)나라 회왕(懷王)에게 구원을 요청하였다. 항우(項羽)는 그의 숙부 항량(項梁)이 이전에 장한과의 싸움에서 패하여 죽었기 때문에, 원수를 갚고자 급히 구원병을 이끌고 가려고 하였다. 회왕은 생각을 거듭한 끝에 송의(宋義)를 상장군(上將軍), 항우를 부장(副將)으로 삼아 출정하게 하였다.

　송의는 진나라와 조나라 군대를 먼저 싸우게 하여 양쪽이 모두 지쳐 떨어지면 그때서야 공격을 하겠다는 전략으로, 군대를 안양(安陽)에 주둔시키고 동정을 살폈다. 숙부의 원한을 갚겠다는 마음이 절실했던 항우는 송의에게 말하길, "진나라 군사들이 이미 거록을 포위하였기 때문에 지금은 상황이 아주 급박합니다. 우리가 빨리 강을 건너가 조나라 군사와 좌우협공하면 반드시 그들을 물리칠 수 있습니다."

　송의는 원래 속으로 항우를 무시하였기 때문에 그들이 먼저 싸움을 하도록 만들어야 한다고 고집하였다. 그는 항우에게 "전쟁터에 나가 싸우는 일은 내가 그대보다 못하지만, 전술 전략을 세우는 일은 그대가 나보다 못하오."라고 말하고, 한편으로는 만약 자신의 명령을 따르지 않는 자가 있으면 누구라도 군법(軍法)에 따라 처단하라는 명령을 내렸다. 이 말은 결국 항우를 겨냥한 것이고, 이를 잘 아는 항우는 분을 참을 수가 없었다. 당시는 한 겨울인 데다 비까지 내렸고, 군영의 식량도 바닥을 드러내고 있었다. 얼마 후 굶주림에 지친 병사들 사이에서 원망의 소리가 나오기 시작하였고, 항우는 이 기회를 틈타 병사들을 선동하여 송의를 죽였다. 이 소식을 들은 초나라 회왕은 달리 방도가 없어 항우를 상장군에 임명하였다.

항우는 바로 군대를 이끌고 강을 건너 진나라 군대를 공격하였다. 그는 강을 건너자 병사들에게 삼 일 분량의 식량만 몸에 지니도록 하고, 밥 짓는 솥과 배를 모두 부수어버렸다. 그런 다음 병사들에게, "우리에게는 진격만 있을 뿐 후퇴는 없다. 삼 일 안에 반드시 진나라 군대를 격파해야 한다."라며 독려하였다.

항우의 용기와 결단에 사기가 진작되어 병사들은 전력을 다해 싸움에 임하였고 마침내 큰 승리를 거두었다. 이것이 역사적으로 유명한 '거록의 전쟁'이다. '거록의 전쟁'으로 명망이 높아진 항우는 진나라에 반대하는 세력들의 수장(首長)으로 추대되었다.

위의 고사는 사마천(司馬遷)의 《사기(史記)》·〈항우본기(項羽本紀)〉에 실려 있다. "파부침주"는 솥을 깨뜨리고 배를 물속에 가라앉힌다는 뜻으로, 싸움터에 나가면 다시 살아 돌아올 생각을 하지 말고 죽기를 무릅쓰고 싸워야 함을 말한 것이다. 즉 어떤 결정을 하면 끝까지 목표를 완수해야 한다는 것이다. 우리말 "배수진(背水陣)"과 유사한 의미를 갖는다.

사람은 누구나 결정적인 순간이 있다. 이런 절체절명(絶體絶命)의 순간에 포기하거나 뒤로 물러서서는 안 된다. 내가 가진 모든 역량을 다하여 이겨 내야만 새로운 세계를 맞이할 수 있는 것이다.

포신구화(抱薪救火)

중국 전국시대(戰國時代) 위(魏)나라는 줄곧 진(秦)나라의 침략을 받아 왔다. 위나라에서 안리왕(安釐王)이 즉위한 후, 진나라의 공세(攻勢)는 더욱 격렬해져, 위나라는 연전연패하고 있었다. 안리왕 원년(元年)에는 진나라의 공격을 받아 성 두 개를 잃었으며, 그다음 해에는 또다시 성 세 개를 잃는 아픔을 겪었다. 그럼에도 불구하고 진나라 군대는 여전히 위나라 도성을 압박하여 상황이 매우 위급하였다.

한(韓)나라는 위나라의 요청으로 지원군을 파병하였지만, 진나라 군사들에게 크게 패하여 돌아갔다. 위나라는 더 이상 방법이 없어 부득이 영토를 할양(割壤)하여 전쟁을 매듭지었다. 그러나 3년째 되던 해에 진나라는 다시 공격을 시작하여 위나라 성 두 개를 함락시키고 수만의 병사를 살해하였다. 4년째에 진나라는 다시 위(魏), 한(韓), 조(趙) 세 나라를 동시에 침략하여 크게 이겼다. 당시 병사 15만 명이 전사하고, 위나라 장수 망묘(芒卯)가 실종되기도 하였다. 위나라 군사가 대패하였다는 소식을 접한 위왕은 불안에 떨며 어찌할 바를 몰랐다. 이때 위나라 장수 단간자(段干子)는 위왕에게 남양(南陽) 지역을 진나라에 넘겨주고 화친을 맺자고 건의하였다. 진나라의 맹렬한 공격에 두려움을 느끼고 있던 위왕은, 영토를 떼어 주고 화친을 맺으면 평화를 얻을 수 있을 거라는 생각에 단간자의 의견을 따르기로 하였다.

당시 소대(蘇代)라고 하는 사람이 있었다. 소진(蘇秦)의 아우인 그는 합종(合縱)을 주장하며, 여러 나라가 연합하여 진나라의 침략을 막아야 한다고 제후들을 설득하였다. 소대는 위나라가 땅을 떼어 주고 화친을 맺고자 한다는 사실을 알고 위왕에게 말하길, "침략자의 욕심은 끝이 없기에, 조그만 땅이라도 가지고 있으면 끝까지 모두 빼앗으려고 할 것입니다. 영토나 권세로 평화를 얻는 것은 절대 있을 수 없는 일입니다. 영토를 떼어 주고 평화를 얻으려는 것은 마치 섶을 지고 불 속으로 뛰어드는 격으로, 섶을 조금씩 불 속으로 집어넣으면 불이 어떻게 꺼질 수 있겠습니까? 섶이 조금이라도 남아 있다면 불은 절대로 꺼지지 않을 것입니다."

그러나 비록 소대의 말이 모두 사리에 맞고 옳다고 하더라도, 잔뜩 겁에 질려 있는 위왕은 눈앞의 안위만 염두에 두어 소대의 말은 귀담아 듣지 않고, 영토를 떼어 주고 진나라와 화친을 맺었다.

얼마 후 기원전 225년, 과연 진나라는 대규모의 군사를 동원하여 위나라로 쳐들어왔다. 진나라는 수도 대량(大梁)을 포위한 다음, 황하의 제방을 무너뜨려 일거에 대량성(大梁城)을 물바다로 만들었으며, 위나라는 끝내 멸망하고 말았다,

위의 고사는 사마천(司馬遷)의 《사기(史記)》·〈위세가(魏世家)〉에 보인다. "포신구화"는 섶을 지고 불에 뛰어든다는 뜻으로, 그릇된 방법으로 어떤 불행을 피하고자 하면 결과적으로 그 불행은 오히려 더 커지게 됨을 의미한다.

집에 불이 나면 물이나 소화기를 이용해 불을 꺼야 하는데, 오히려 섶을 집어넣으니 불길은 더 거세질 수밖에 없다. 이는 방법이 잘못되었기 때문이다. 눈앞의 안위에만 급급하여 사태의 본질을 간과하면 후일 걷잡을 수 없는 문제에 부딪치고, 돌이킬 수 없는 후회를 남기게 된다.

포전인옥(抛磚引玉)

당(唐)나라에 종임선사(從稔禪師)라는 고승(高僧)이 있었다. 그가 조군(趙郡)에 있는 관음원(觀音院)이라는 절의 주지 스님으로 있을 때의 일이다. 그는 설법할 때 승려들에게 외부 사물에 관한 모든 잡념은 버리고, 조용히 앉아 생각을 집중하여 입정(入定)의 경지에 들것을 요구하였다. 입정이란 불교에서 몸·입·마음으로 짓는 세 가지 업, 즉 신업(身業)·구업(口業)·의업(意業)을 그치게 하여 한마음으로 사물을 생각해 흐트러짐이 없는 경지에 이르는 것을 말한다.

어느 날 종임선사는 일부러 참선을 하는 승려들에게 이렇게 말했다. "오늘 밤 설법을 듣고 깨달음을 얻은 사람은 나오너라." 모든 승려들은 눈을 감고 조용히 앉아 생각을 집중하느라 전혀 움직이지 않았다. 그런데 한 승려가 답답함을 이기지 못하여 깨달음을 얻었다고 자처하며 걸어 나와 불단에 예배(禮拜)를 올렸다. 종임선사는 그를 처다보며 천천히 말하였다. "벽돌을 던져 옥을 끌어들이려 한 것인데, 뜻밖에 벽돌만도 못한 흙덩이만 끌어들인 꼴이 되고 말았구나."

《역대시화(歷代詩話)》·〈談證(담증)〉에는 이러한 내용이 있다. 당나라 시인 조하(趙嘏)는 "들려오는 피리 소리에 사람은 누각에 기댄다(長笛一聲人倚樓)."라는 구절로 대시인 두목(杜牧)의 칭찬을 받아 이름이 났다. 이에 사람들은 조하를 "조의루(趙倚樓)"라고 불렀다. 당시 또 상건(常建)이라는 시인이 있었는데, 그는 평소 조하를 존경해 왔다. 어느 날 상건은 조하가 소주(蘇州)에 온다는 말을 들었다. 그는 조하가 반드시 영암사(靈岩寺)에 들를 것이라고 생각하여, 먼저 가서 절 앞 담장에 시 두 구절을 적었다. 그는 조하가 뒤 두 구절을 보충해 주기를 바랐다. 과연 그의 생각대로 영암사에 들른 조하는 담장에 적힌 시를 보자 절로 흥취가 일어, 뒤의 두 구절을 보충하여

시 한 수를 완성하였다. 상건은 조하의 재주에 미치지 못하는 자신의 시로 조하의 시를 이끌어 내려고 생각한 것이고, 사람들은 이러한 방법을 "포전인옥"이라고 불렀다. 사실 조하와 상건은 같은 시대 사람이 아니다. 이들이 활동한 시대는 시간적으로 100여 년이나 차이가 나기 때문에 위의 기록은 믿을 만한 것이 못 된다. 그럼에도 불구하고 이 고사가 워낙 유명하다 보니 사람들은 이것을 성어 "포전인옥"의 유래로 삼았다.

위의 이야기는 북송(北宋)시기 석도원(釋道原)이 지은《경덕전등록(景德傳燈錄)》에 실려 있다. "포전인옥"은 벽돌을 던져 옥을 끌어낸다는 뜻으로, 즉 자신의 부족한 생각이나 작품으로 다른 사람의 더 좋은 의견이나 작품을 이끌어 내는 것을 말한다.

대부분 사람들은 자신을 늘 부족한 사람이라고 생각한다. 여기에는 물론 겸손의 의미도 들어 있지만, 누구든 신(神)처럼 완벽할 수는 없다. 누군가 나의 부족한 생각을 보완해 주고 새롭고 합리적인 방향으로 이끌어 준다면 그것처럼 좋은 일이 없다. 그래서 무언가를 시도할 때는 주저하지 말고 주위 사람들에게 의견을 구할 필요가 있는데, 그것은 그들에게서 주옥같은 조언을 들을 수 있기 때문이다.

포풍착영(捕風捉影)

한(漢)나라 성제(成帝) 유오(劉驁)의 시호는 "효성황제(孝成皇帝)"이다. 그는 미색(美色)과 술에 빠져 장기간 정사를 돌보지 않아 중국 역사에서 대표적인 혼군(昏君)으로 손꼽힌다.

당시 대사농(大司農)의 자리에 있던 곡영(谷永)은 충성스런 신하였다. 그는 성제의 행동과 처사에 불만을 가져 상소를 올려 간언하였는데, 그 내용은 이러하다. "신(臣)이 듣기에 천지의 본성을 잘 아는 사람은 어떠한 신성(神聖)에도 미혹되지 않으며, 세상 만물의 이치를 잘 아는 사람은 행동이 바르지 못한 자의 속임수에 넘어가지 않는다고 합니다. 지금 귀신과 신선의 일을 말하고, 제사에 관한 일을 높이 받들며, 신선의 약을 먹으면 영원히 죽지 않는다고 하는 사람들이 있습니다. 그들의 말을 들으면 마치 당장이라도 신선이 될 수 있을 것 같습니다. 사실 폐하께서 그것을 구하고자 하시지만, 이는 바람이나 그림자를 잡으려는 것처럼 허무맹랑하기 그지없는 일입니다. 그러므로 고대의 현명한 군왕들은 이러한 말을 듣지 않았고, 성인들 또한 결코 이러한 일을 하지 않았습니다."

곡영은 다시 예를 들어 이렇게 설명하였다. "주(周)나라의 사관(史官) 장홍(萇弘)은 영왕(靈王)을 돕기 위해 귀신에게 제사를 지냈지만, 그 이후 더 많은 제후들이 모반을 꾀하였습니다. 초(楚)나라 회왕(懷王)은 귀신에게 성대한 제사를 올려 진(秦)나라 군사를 물리칠 수 있도록 해 달라고 간구하였지만, 결국 크게 패하여 포로로 잡혀 가는 신세가 되었습니다. 진시황(秦始皇)은 천하를 통일한 후 서복(徐福)에게 어린남녀 아이들을 데리고 바다로 나가 신선이 될 수 있는 약을 구해 오라고 하였지만, 한 사람도 돌아오지 않았습니다."

곡영은 끝으로 이런 말을 하였다. "예로부터 황제들은 신선을 찾는 데 많은 노력과 재물을 쏟아부었지만, 오랜 세월 동안 그들은 아무런 영험도 발휘하지 못하였습니다. 그러므로 폐하께서는 이처럼 행동이 바르지 못한 사람들이 조정의 일에 간여하지 못하도록 하시기 바랍니다."

그러나 성제는 곡영의 간언을 무시하였고, 결국 주색(酒色)으로 일생을 마감하였다.

위의 이야기는 동한(東漢) 반고(班固)의《한서(漢書)》·〈교사지(郊祀志)〉에 실려 있다. "포풍착영"은 바람이나 그림자를 잡으려 한다는 뜻으로, 말이나 행동은 그럴듯해 보이나 실제로는 황당무계한 것을 비유한다.

우리가 흔히 쓰는 '뜬 구름을 잡다.'라는 말처럼 허황된 이야기를 하는 사람들을 심심찮게 볼 수 있다. 그런데도 많은 사람들은 그들의 말에 귀 기울이며 실현 가능성이 있는 현실로 착각한다. 아무리 뛰어난 재주를 가졌다고 해도 바람과 그림자를 잡을 수는 없는 노릇이다. 따라서 이상과 현실은 엄연히 다른 법이니, 아름다운 무지개를 좇고자 하늘을 올려 볼 수는 있어도 발은 항상 땅을 딛고 있다는 사실을 명심해야 한다.

풍성학려(風聲鶴唳)

　전진(前秦)의 황제 부견(符堅)은 90만 대군을 이끌고 남하하여 동진(東晉)을 공격하였다. 동진의 효무제(孝武帝)는 사현(謝玄)에게 그 숙부 정로장군(征虜將軍) 사석(謝石)과 함께 서주(徐州) 일대의 군대 8만 명을 이끌고 가 대적하게 하였다. 부견은 자신의 군대가 숫자도 많고 강하기 때문에 아주 쉽게 이길 수 있을 것이라고 생각하였다. 그는 군대를 수양(壽陽)에 주둔시키고 비수(淝水)에 진을 쳤다.

　사현은 적들의 정세(情勢)를 분석한 후, 적은 군사로도 이길 수 있다고 판단하였다. 이에 진나라 군영으로 사자를 보내 부견에게 이렇게 전하게 하였다. "전진의 군대는 먼 길을 왔는데도 비수에 진을 치니, 이는 속전속결(速戰速決)을 원하는 것이 아니겠소? 전진의 군대를 조금만 뒤로 물리어 우리가 비수를 건너가 결전을 벌일 수 있도록 해 주면 어떠하겠소?" 부견은 장수들을 소집하여 대책을 세웠다. 장수들은 모두 동진의 군대가 건너오지 못하게 비수를 잘 방어해야 자신들이 승리할 수 있을 것이라고 생각하였다.

　그러나 부견은 아군(我軍)의 힘을 과신하여 승리를 확신하였기 때문에, 장수들의 말에 동의하지 않고 말하길, "우리 군대가 후퇴하여 그들을 건너오게 한 다음 바로 공격하면 분명 큰 승리를 거둘 수 있을 것이다." 이에 전진의 대장 부융(符融)은 군사들에게 후퇴 명령을 내렸다. 뜻밖에도 군사들은 자신들이 패하여 후퇴하라는 줄로 알고 우왕좌왕 헤매며 어찌할 바를 몰랐다. 장수들 역시 순식간에 혼란에 빠진 진영을 통제할 방법이 없었다. 그때 사현이 병사들을 이끌고 비수를 건너와 전진을 공격해 왔다. 당황한 부견의 군대는 달아나기 바빠 서로를 짓밟으며 도망쳤다. 물에 빠져 죽은 사람의 시체가 비수를 가득 메울 정도였다. 남은 전진의 군사들은 갑옷과 무기를 버리고 밤을 틈타 도망갔는데, 도중에 들려오는 바람 소리와 학 울음소리를 동진의 군사들이 추격하여 오는 소리라고 생각해 혼비백산하였다. 결국 동진은 적은 병력으로 전진의 대군을 무찌를 수 있었다.

위의 이야기는 당대(唐代) 방현령(房玄齡) 등이 지은 《진서(晉書)》·〈사현전(謝玄傳)〉에 보인다. "풍성학려"는 바람 소리와 학의 울음소리를 듣고 모두 적이 추격하고 있다고 생각하여 두려워한다는 뜻으로, 사람이 별것 아닌 일에 겁을 먹고 혼비백산하는 모습을 말한다.

사람은 어떤 일에 놀라면 비슷한 물건만 보아도 크게 놀라게 된다. 우리말 속담의 "자라 보고 놀란 가슴 소댕(솥뚜껑) 보고 놀란다." 역시 같은 이치이다. 그래서 전쟁터에서는 살기 위해 도망치기 급급한 병사의 눈에 숲속의 나무가 모두 적의 모습으로 보인다고 한다. 위급한 순간에서는 냉철한 대응이 생사를 결정짓는 관건이지만, 막상 현실에 처하면 대부분 그러지 못하기에 그렇게나 많은 희생이 있었으리라.

풍촉잔년(風燭殘年)

유인(劉因)은 원(元)나라 때의 시인이자 이학가(理學家)이고, 일찍이 승덕랑(承德郞), 우찬선대부(右贊善大夫) 등을 역임하였다. 어린 시절 아버지가 돌아가시고 어머니 혼자 힘들게 유인을 키웠다. 어머니는 항상 사람의 도리를 강조하였다. 유인은 어렸을 때 허약하여 잔병치레가 잦았지만, 자신을 키우느라 고생하시는 어머니의 수고를 잘 알았기 때문에 집에서 학생을 모아 공부를 가르치는 등 집안 경제에 도움이 되고자 많은 노력을 하였다. 성장한 후에도 어머니의 가르침과 기대를 저버린 적이 한 번도 없었으며, 청렴하고 공명정대한 관리로 손꼽혔다.

유인이 어머니에 대한 효성은 한결같았다. 세월이 흘러 연로한 어머니가 병상에 눕게 되었는데, 유인은 어머니의 주름 가득한 얼굴과 초췌한 모습을 보며 마음이 아파 눈물을 흘렸다. 이에 유인은 사직하고 집에서 병든 어머니를 모시기로 결심하고, 상소를 올려 허락을 받았다. 그러나 어떤 이웃 사람들은 그의 이러한 행동이 도무지 이해되지 않아 묻기를, "조정에서 그대를 신임하여 앞으로 큰 부귀영화를 누릴 수 있을 텐데, 왜 사직하는 것이오?" 그러자 유인은 대답하길, "90세 고령이신 어머니는 마치 바람 앞에 꺼져 가는 촛불처럼, 당장 오늘 저녁의 일도 보장 못 하는 위급한 상황이오. 내가 어찌 어머니를 혼자 두고 관직에 나가 부귀영화를 욕심낼 수 있단 말이오?"

위의 이야기는 명대(明代) 송렴(宋濂), 왕위(王禕) 등이 편찬한 《원사(元史)》·〈유인전(劉因傳)〉에 보인다. "풍촉잔년"은 촛불이 바람 속에서 흔들리며 쉽게 꺼지는 것을 뜻하는데, 사람이 늙고 병들어 곧 죽음이 다가왔다는 것을 비유한다. "풍촉(風燭)"과

"잔년(殘年)" 두 단어가 합성되어 이루어진 것으로 아주 오랜 옛날부터 즐겨 사용한 성어이다.

이 땅 위에 살고 있는 모든 생명체는 생로병사(生老病死)라는 순환 과정을 거친다. 종류에 따라 단 몇 시간부터 수백 년까지 그 생명을 유지하지만, 마지막 잔년(殘年)은 바람 앞의 촛불처럼 사라지고 말기 때문에, 옛사람들은 세월이 지나가는 것을 늘 아쉬워하였다.

하필성장(下筆成章)

조식(曹植)은 어려서부터 영리하고 배우기를 좋아하여, 열 살 무렵에 이미 수백 편의 시와 문장을 통독하였다.

조조(曹操)는 아들 조식의 재주를 높이 평가하였지만, 한편으로는 이처럼 어린아이가 훌륭한 재주를 가지고 있다는 사실을 사람들은 믿지 않을 수도 있다고 생각하였다. 어느 날, 조조는 조식이 지은 문장을 본 후, 그가 지은 것이 아니라고 의심하여 캐물었다. "네가 지은 글을 보니 아주 잘 썼더구나. 이 글은 다른 사람이 너를 대신해 써 준 것이냐?" 이에 조식은 얼른 무릎을 꿇더니 말하길, "말을 하면 한 편의 논(論)이 되고, 붓을 들면 문장을 이루는데, 어찌 다른 사람에게 대신 써 달라고 하겠습니까? 만약 믿지 못하신다면 지금 저를 시험하셔도 좋습니다."

얼마 후, 조조는 업성(鄴城) 서북쪽에 동작대(銅雀臺)라는 누각을 지었다. 조조는 아들들의 글솜씨를 시험해 보고 싶어, 각자 '동작대'를 제목으로 사부(辭賦)를 한 편씩 짓도록 했다. 조식은 잠시 생각하더니 바로 붓을 들어 글을 완성하였다. 조조는 조식의 작품을 읽고 칭찬을 아끼지 않았다. 이는 조식이 앞에서 "말을 하면 한 편의 논(論)이 되고, 붓을 들면 문장을 이룬다."라는 말을 증명해 주기에 족하였다.

위의 이야기는 서진(西晉)의 진수(陳壽)가 지은 《삼국지(三國志)》·〈위서(魏書)·진사왕식전(陳思王植傳)〉에 보이는데, 재주가 뛰어나고 사고가 민첩하여 붓을 들어 글을 쓰면 바로 훌륭한 문장이 되는 것을 뜻한다.

조식은 중국 삼국시대 위(魏)나라의 저명한 문학가로, 건안문학(建安文學)을 대표하는 사람들 중 하나이다. 후세에는 부친 조조(曹操), 형 조비(曹丕)와 더불어 삼조(三

曹)라고 불리었으며, 더욱이 청조(淸朝) 왕사정(王士禎)은 한위(漢魏) 이후 2천여 년 동안 신선의 재능을 가진 사람은 조식(曹植), 이백(李白), 소식(蘇軾)뿐이라며 높게 평가하였다.

문장을 잘 지으려면 많이 읽고(多讀), 많이 생각하고(多思), 많이 습작(習作)해 보아야 한다. 밥 한 술로 배부를 수 없듯 꾸준한 노력으로 경륜이 쌓여야 붓을 들면 훌륭한 문장이 나오는 실력을 갖추게 되는 것이다.

한단학보(邯鄲學步)

전국(戰國)시기 연(燕)나라 수릉(壽陵)이라는 곳에 한 소년이 살고 있었다. 그는 조(趙)나라 수도 한단(邯鄲) 사람들의 걸음걸이가 매우 아름답다는 소문을 듣고, 그것을 배우기 위해 먼 길도 마다하지 않고 한단으로 갔다.

소년이 한단에 도착해 보니 과연 그곳 사람들의 걸음걸이는 수릉의 사람들보다 훨씬 아름다웠다. 그는 한단에 오길 잘했다고 생각하며, 반드시 그들의 걸음걸이를 잘 배우겠다고 다짐하였다.

소년은 한단 사람들의 걸음걸이를 배우려면 먼저 그들의 걷는 모습을 잘 배워야 한다고 생각하여, 길에 서서 유심히 그것을 관찰하였다. 밤에는 숙소로 돌아와 기억을 되살려 그것을 흉내 내며 걷는 연습을 하였다. 그러다가 나중에는 이런 방법대로 하면 잊어버리기 쉽다는 생각이 들어 사람들의 뒤에서 걷는 모습을 그대로 모방하여 걸었다. 어느 날, 그는 한단 사람들의 걷는 모습이 모두 다르고, 자신이 아무리 흉내 내려고 해도 그들의 걸음걸이와 같지 않다는 생각이 들었다.

소년은 원인을 찾기 위해 고민하였다. 생각 끝에 그는 자신이 원래의 걸음걸이에 너무 길들여져 있어 잘 배우지 못하는 것이라는 결론을 내렸다. 이에 그는 이전의 걷는 습관을 완전히 버리고 다시 한 번 제대로 배워 보기로 결심하였다. 한동안 열심히 연습을 하였으나 결과는 더 엉망진창이 되었다. 길을 걸으며 너무 많은 것을 생각하여야 했기 때문이다. 즉 손과 발은 어떻게 움직이고, 몸은 어떻게 흔들고, 심지어 어느 정도 폭을 두고 손발을 움직여야 하는지까지 생각하였다. 그러다 보니 한 걸음만 걸어도 땀이 비 오듯 흘렀다.

소년은 이렇게 힘들여 몇 달을 연습했으나 결과적으로 제대로 배우지 못했을 뿐 아니라, 원래 자신의 걷는 방법까지 잊어 먹고 말았다. 그리고 가지고 온 여비도 모두 떨어져 결국 수릉으로 돌아갈 수밖에 없었다.

위의 이야기는 《장자(莊子)》·〈추수(秋水)〉편에 실려 있다. "한단학보"는 무조건 다른 사람을 모방하면 제대로 배울 수 없을 뿐만 아니라, 본래 자신이 가지고 있던 장점까지도 잃을 수 있다는 것을 말한다.

사람은 누구나 장점과 단점을 가지고 있다. 우리말 속담의 "남의 떡이 더 커 보인다."라는 말처럼, 남의 장점이 내 장점보다 더 크게 보일 수 있다. 그러나 다른 사람이 입은 옷이 제아무리 화려하고 좋게 보일지라도, 내게 맞지 않는 옷이라면 큰 의미가 없다. 나만의 개성과 장점을 발전시켜 나간다면, 부질없이 한단(邯鄲)에서 남의 걸음걸이를 배우는 것보다 훨씬 좋은 결과를 가져올 것이다.

해시신루(海市蜃樓)

북송(北宋)시기의 과학자 심괄(沈括)이 지은 《몽계필담(夢溪筆談)》은 정치·군사·법률에 관한 내용과 세상에 알려지지 않은 많은 이야기를 수록하여, 당시 사회를 연구하는 데 도움이 되는 중요한 자료이다. 《몽계필담》은 나온 지 얼마 되지 않아 책으로 발간될 정도로 세인(世人)들의 주목을 받았다. 처음 출간된 책은 30권이고 내용도 지금 전해지는 것보다 훨씬 많았지만, 아쉽게도 실전(失傳)되었다.

《몽계필담》에는 "해시신루"에 관한 다음과 같은 이야기가 기록되어 있다.

등주(登州)의 바다에는 운무(雲霧)가 자욱한 날이면 마치 궁궐과 주택, 누각(樓閣), 성곽의 담장, 인물, 수레와 말, 지붕 등과 같은 형상이 아주 분명히 나타난다. 사람들은 이러한 광경을 "해시(海市)"라고 불렀다. 혹자는 교룡(蛟龍)과 모습이 유사한 신(蜃)이라는 동물이 토해 내는 기운으로 형성된 것이라고 하지만, 나는 그렇게 생각하지 않는다. 구양수(歐陽修)는 하삭(河朔)에 사신으로 갈 때 고당현(高唐縣)을 지난 적이 있는데, 한밤중 숙소에서 하늘을 나는 귀신의 움직임과 수레와 말, 가축이 내는 소리를 듣고 모두 또렷이 구분할 수 있었다고 한다. 구양수가 그곳의 한 노인에게 이에 대해 묻자, 그는 "20년 전에는 대낮에도 사람과 이러한 사물을 명확히 볼 수 있었습니다."라고 대답하였다. 그곳의 사람들 역시 이러한 광경을 "해시"라고 불렀다. 그들의 묘사에 따르면 등주에서 본 광경과 아주 흡사하였다.

심괄은 "해시신루"의 형성 원인에 대해서는 분명히 말하지 않았지만 그것이 바닷가에서만 일어나는 현상은 아니라는 것을 밝혔다.

"해시신루"는 홀연히 나타났다가 사라지는 아름답고 환상적인 현상을 비유한다. 바닷가나 사막에서 실제로 존재하지 않는 누각과 성곽의 모습이 나타나는 것은 사실 빛의 굴절과 반사로 이루어진 자연 현상으로, 지구에 있는 물체에서 반사된 빛이 만들어 낸 허상이고, 그 본질은 일종의 광학 현상이라고 할 수 있다. "해시신루"는 "해시(海市)" 또는 "신시(蜃市)"라고도 하며, 우리말 "신기루"와 같은 말이다. 경우에 따라 "공중누각(空中樓閣)"도 같은 의미로 사용된다.

현량자고(懸梁刺股)

중국 전국(戰國)시기에는 많은 사상가들이 여러 나라를 돌아다니며 자신의 학문과 정치적 이상(理想)을 역설하였다. 이들은 그 사상에 따라 여러 학파로 나누어지는데, 그중 종횡가(縱橫家)에 속하는 소진(蘇秦)이라는 사람이 있었다.

소진은 가난한 농부의 아들로 태어나 어린 시절 매우 어렵게 살았다. 소진은 장의 (張儀)와 함께 귀곡자(鬼谷子)에게 학문을 배웠고, 학업을 마친 후에는 관직을 얻기 위해 여러 나라를 돌아다니며 유세하였다.

소진은 진(秦)나라로 들어가 2년여 동안 여관에 머물면서 혜문왕(惠文王)에게 열 차례나 글을 올려 자신의 정치관을 설명하였지만, 끝내 받아들여지지 않았다. 마지막 에는 옷도 다 해지고 돈도 모두 떨어져 집으로 돌아갈 수밖에 없었다. 식구들은 거지 꼴이 되어 돌아온 그를 무시하고 이웃들도 비웃었다. 심한 모욕감을 느낀 소진은 자 신의 실력이 부족하다고 생각하여 굳은 결심을 하고 학문에 정진하였다.

소진은 문을 닫아걸고 밤낮으로 책을 읽었다. 밤이 되어 졸음이 몰려오면 찬물로 머리를 감았다. 그래도 소용이 없자 송곳을 옆에 두고 졸 때마다 자신의 다리를 찔렀 고, 통증 때문에 잠이 달아나면 다시 책 읽기에 전념하였다.

이런 각고의 노력 끝에 소진은 많은 지식을 쌓을 수 있었다. 그는 병법(兵法)에도 정통하고, 각 나라의 정치, 경제, 군사적 상황에 대해서도 자신의 손바닥을 들여다보 듯 훤히 꿰뚫고 있었다. 이에 소진은 계책을 세워 다시 길을 떠났다. 그는 진나라를 두려워하는 조(趙)·한(韓)·위(魏)·제(齊)·초(楚)·연(燕) 여섯 나라가 연합하면 진 나라를 제압할 수 있다는 내용의 합종책(合從策)을 제기하였다. 각국의 군주는 일리 가 있는 주장이라고 생각하여 서로 연합하기로 합의하였고, 이로써 그는 육국(六國)

의 재상을 겸하게 되었다.

한(漢)나라에도 소진처럼 열심히 학문을 닦아 성공한 손경(孫敬)이라는 사람이 있었다. 손경 역시 집안이 가난하여 학교에 갈 수 있는 상황이 아니었다. 그러나 그는 다른 사람에게 책을 빌려 와 밤마다 열심히 읽었다. 그의 집 앞을 지나는 사람들은 항상 밤늦게까지 불이 꺼지지 않는 것을 볼 수 있었다.

어느 날 손경은 책을 읽다가 깜박 졸았다. 아무리 눈을 뜨려고 해도 늦은 밤이라 잠을 이길 수가 없었다. 눈을 비비며 책을 보았지만 얼마 지나지 않아 잠이 다시 몰려왔다. 그때 순간 한 가지 생각이 떠올랐다. 그는 밧줄 하나를 찾아 한쪽은 대들보에 잡아매고 다른 한쪽은 자신의 머리를 묶었다. 이리하니 졸음이 와 머리가 아래로 떨어지면 밧줄이 머리를 잡아당겨 졸지 않고 책을 볼 수 있었다.

후에 손경은 학문이 뛰어난 학자가 되었다.

위의 첫 번째 이야기는 서한(西漢) 유향(劉向)이 정리한《전국책(戰國策)》·〈진책일(秦策一)〉에 보이고, 두 번째 이야기는 동한(東漢) 반고(班固)가 찬술한《한서(漢書)》에 실려 있다. "현량자고"는 '머리를 대들보에 묶다(頭懸梁)'와 '송곳으로 허벅지를 찌르다(錐刺股)'의 두 고사가 결합되어 이루어진 것이다. 즉 머리카락을 대들보에 묶고 송곳으로 허벅지를 찔러 가며 학업에 열중하는 것을 이른다.

예로부터 선현(先賢)들은 학문에 일생을 바친 이가 적지 않다. 세상의 온갖 유혹을 뒤로 하고 오직 한길에만 몰두하는 것은 쉬운 일이 아니다. 물론 입신양명(立身揚名)이라는 큰 열매를 염두에 두고 하는 일이 될 수도 있으나, 영달에 뜻을 두지 않는 선비들도 매우 많았다. 그것은 학문을 통하여 자연의 이치를 깨닫고 인생 최고의 가치를 찾으려고 하였기 때문이다.

호가호위(狐假虎威)

호랑이는 뭇 짐승들을 잡아먹고 사는데 하루는 여우를 만났다. 여우는 호랑이에게 말하길, "그대는 감히 나를 잡아먹을 수 없을 것이다. 하느님은 나를 모든 짐승들의 우두머리로 삼으셨는데, 오늘 그대가 잡아먹는다면 이는 하느님의 명을 어기는 것이기 때문이다. 만일 그대가 내 말을 믿지 못한다면 내가 앞장서서 갈 테니, 내 뒤를 따르면서 모든 짐승들이 나를 보고 감히 도망치지 않는지 잘 살펴보라." 호랑이는 좋은 생각이라 여기고 여우의 뒤를 따라가기로 했다. 그러자 과연 모든 짐승들이 황급히 놀라 달아났다. 호랑이는 짐승들이 자기를 보고 놀라 달아난다는 것을 모르고, 여우가 무서워 도망친다고 생각했던 것이다.

이는 《전국책(戰國策)》·〈초일(楚一)〉편에 나오는 이야기이다. 다른 말로는 "호자호위(狐藉虎威)" 또는 "호위호가(虎威狐假)"라고도 하며, 다른 사람의 권세에 기대어 힘없는 사람들을 위협하고 착취하는 것을 말한다.

여우가 어리석은 호랑이를 속여 자신을 백수의 제왕으로 자처한 것은, 긍정적 부정적 해석이 모두 가능하다. 위험에 처했을 때 재치를 발휘하여 빠져나온 여우의 슬기로움은 긍정적으로 해석될 수도 있지만, 이는 현실에서 타인의 권세나 힘을 빌려 이익을 취하는 비겁한 행위를 일삼는 자의 일례이기도 하다. 세상 모든 일은 이처럼 양면성을 지니고 있어 판단이 어려운 경우가 많다. 어떤 경우이든 교활한 꼬임으로부터 자신을 잘 지켜 내려면 거짓과 진실을 잘 판단할 수 있는 능력을 길러야 할 것이다.

화룡점정(畵龍點睛)

　　남북조(南北朝)시기에 장승요(張僧繇)라는 유명한 화가가 있었는데, 그는 특히 용 그림을 잘 그렸다. 장승요는 유람을 즐겨 가는 곳마다 자신의 그림을 남겼다. 그의 그림은 마치 용이 금방이라도 살아 나올 것처럼 생동감이 있었고, 실물처럼 느껴져 그림을 그려 달라고 청하는 사람이 많았다.

　　한번은 그가 친구와 함께 어느 절로 유람을 갔다. 절의 이곳저곳을 둘러보고 있는데, 주지 스님이 그가 왔다는 소식을 듣고 찾아와 방으로 모시며, 그림을 그려 달라는 부탁을 하였다. 장승요는 흔쾌히 승낙하고, 바로 절 담장에 용을 그리기 시작하였다. 절반 정도 그렸을 때, 하늘에서 갑자기 천둥이 울리더니 비가 내릴 것처럼 캄캄해졌다. 장승요가 그림을 다 그리자 용은 담장에서 튀어나와 머리를 치켜들고 하늘로 날아오르려 하였다. 이를 지켜보던 사람들은 모두 깜짝 놀랐다. 장승요가 급히 용의 몸에 쇠사슬을 그려 넣자, 용은 진정되어 가만히 있었다.

　　또 한번은 장승요가 용을 그려 달라는 부탁을 받고 금릉(金陵)에 있는 안락사(安樂寺)에 간 적이 있다. 장승요가 그린 용이 하늘로 날아오르려 하였던 이야기는 이미 널리 알려져, 그가 온다는 소식을 들은 사람들이 구경하기 위해 구름처럼 몰려왔다. 장승요는 능숙하게 붓을 휘둘러 순식간에 네 마리 용을 그렸다. 이번에 그린 용은 이빨을 드러내고 발을 흔들거나, 하늘을 향해 용솟음치는 모습을 하고 있는데, 마치 진짜 용이 눈앞에서 움직이는 것 같았다. 그런데 이상하게도 네 마리 용 모두에게 눈동자를 그려 넣지 않았다.

　　누군가가 큰 소리로 물었다. "용에 왜 눈동자를 그려 넣지 않은 것이오?" 장승요는 대답하기를, "만약 눈동자를 그리면 용이 날아오를 것이기 때문에 그릴 수 없었습니다." 이 말을 들은 사람들은 믿을 수 없다는 표정을 지었고, 과연 그런지 보기 위해 그에게 눈동자를 그려 넣어 보라고 권하였다.

장승요는 마지못해 승낙하고, 다시 붓을 들어 두 마리 용에게 눈동자를 그려 넣었다. 이때 기적이 일어났다. 맑던 하늘에 갑자기 천둥 번개가 치고 세찬 바람이 불어와 사람들은 눈을 뜰 수가 없었다. 바람이 멎은 후 사람들은 눈앞의 상황에 넋이 나갔다. 두 마리 용은 온데간데없이 사라지고, 담장에는 눈동자를 그리지 않은 두 마리 용만 남아 있었다. 사람들은 그제야 장승요의 말을 믿게 되었다.

위의 이야기는 당대(唐代) 장언원(張彦遠)의 《역대명화기(歷代名畫記)》·〈장승요(張僧繇)〉편에 실려 있다. "화룡점정"은 본래 용을 그린 후 마지막 눈동자를 그려 넣는 것을 의미하는데, 훗날 글을 쓰거나 연설을 할 때 핵심적인 내용을 삽입하여 전체를 더욱 생동감 있게 완성하는 것을 말한다.

맨 나중에 눈동자를 그려 넣는다는 뜻으로 "점안(點眼)" 또는 "점정(點睛)"이라고도 하며, 이는 어떤 일의 마지막 작업을 의미한다. 사람이나 동물들은 눈이 매우 중요한데, 눈은 물체의 형상이나 존재를 알아 판단할 수 있게 한다. 그래서 우리말 속담에 있는 "사람이 천 냥이면 눈이 팔백 냥이다."라는 말이 생겨난 것이다.

화병충기(畵餅充飢)

노육(盧毓)은 삼국시기(三國時期) 위(魏)나라의 유명한 인물이다. 그는 어렸을 때 부모가 일찍 세상을 떠나 형과 함께 생활하였는데, 형 또한 얼마 지나지 않아 죽었다. 하지만 노육은 어려운 환경 속에서도 열심히 공부하여 마침내 명제(明帝) 조예(曹叡)에게 그 재주를 인정받아 황제를 측근에서 모시는 대신(大臣)이 되었다.

노육은 정직하고 청렴할 뿐 아니라 원칙을 가지고 정사를 돌봤기 때문에 많은 사람들의 칭송을 받았다. 그래서 그는 아주 빨리 시중(侍中)을 거쳐 관원의 인사(人事)를 담당하는 이부상서(吏部尙書)라는 높은 자리까지 오를 수 있었다. 그러나 어떤 상황에서도 그의 정직하고 곧은 성격은 변함이 없었다. 다음의 일화는 그가 어떤 사람인지 잘 보여 준다.

노육은 이부상서가 되기 전에 중서랑(中書郞)이라는 직책을 맡고 있었다. 그가 이부상서로 옮겨 가자 중서랑은 공석(空席)이 되었다. 명제는 노육에게 적합한 사람을 추천하라고 하면서 자신의 선발 기준을 말하였다. "중서랑에 적합한 사람을 추천하라는 것은 이부상서로서의 첫 번째 임무이니, 어떤 사람을 추천해야 할지 나름대로 생각이 있을 것이다. 나는 인재를 선발하는 데 가장 중요한 것은 실제로 맡은 일을 해낼 수 있는 능력이라고 생각한다. 명성은 높은데 일을 처리하는 능력이 부족한 사람이 많기 때문이지. 사람의 명성이란 눈으로 볼 수는 있지만 주린 배를 채워 주지 못하는 그림 속의 떡과 같다고 할 수 있다. 그러니 반드시 이 점에 유의하기 바란다."

그러나 노육은 황제의 의견에 찬성하지 않고 오히려 자신의 의견을 말하였다. "폐하께서 말씀하신 문제는 사실 존재합니다. 인재를 선발할 때 명성만 볼 수는 없고 실제 업무 능력을 고려해야 합니다. 그러나 명성은 한 사람에 대한 총체적인 평가이므로, 이 점에 대해서도 주의를 기울여야 한다고 생각합니다. 사람의 인품과 덕성은 다른 요소보다 더욱 중요한 경우가 많습니다. 그러므로 후진을 양성하려면 인품과 덕성이 높은 사람을 뽑아야 할 것입니다. 이들이 업무 능력 또한 뛰어나다면 요직(要職)을 맡길 수 있습니다. 이에 저는 심사를 더욱 엄격히 하여 인품도 훌륭하고 업무 능력도 뛰어난 사람을 뽑아야 한다고 말씀드립니다."

위 명제는 노육의 말이 일리가 있다고 생각하여 그에게 인재를 선발하는 규정을 만들도록 했다. 노육은 그 기준에 따라 많은 우수한 인재를 선발하였다.

위의 고사는 서진(西晉)의 진수(陳壽)가 지은 《삼국지(三國志)》·〈위서(魏書)·노육전(盧毓傳)〉에 보인다. "화병충기"는 그림 속의 떡으로 허기를 채운다는 뜻으로 실속이 없다는 것이다. 또한 세상의 명성만 자자하였지 실제는 무능한 사람을 비유한다.

아무리 배가 고파도 그림 속의 떡으로 굶주림을 달랠 수 없는 것처럼, 부질없는 헛된 생각이 어떤 기대를 충족시키거나 위안을 가져다주지는 못한다. 목이 마르면 우물을 파고 배가 고프면 먹을 것을 찾는 것이 훨씬 현실적이고 가치 있는 일이다. 따라서 미래의 꿈은 상상으로 이루어지는 것이 아닌 오늘의 땀과 노력으로 찾아오는 것이다.

화사첨족(畵蛇添足)

옛날 초(楚)나라에 귀족이 살고 있었는데, 어느 날 조상의 제사를 지내고 남은 술한 병을 제사 때 도와준 사람들에게 주었다. 그러자 사람들은 말하길, "여러 사람이마시기에는 부족하고 한 사람이 마시면 남으니, 땅에 뱀을 그려서 먼저 그림을 완성하는 사람이 마시도록 합시다."

그중 한 사람이 뱀을 먼저 그리고 술병을 잡아당겨 마시려 하였다. 그리고 득의양양하게 왼손으로는 술병을 들고 오른손으로는 계속해서 뱀을 그리면서 말하길, "나는 뱀에게 다리 몇 개를 더 그려 넣을 수 있다."

잠시 후 다리가 있는 뱀이 다 그려지기도 전에 다른 사람이 이미 뱀을 완성하였다. 그 사람은 술병을 낚아채며 말하길, "뱀은 본래 다리가 없는데, 그대는 어찌 뱀에게다리를 그려 넣었는가?" 그리고는 술병의 술을 모두 마셨다. 뱀에게 다리를 그려 넣던 사람은 끝내 입에까지 왔던 술을 잃고 말았다.

이는 《전국책(戰國策)》·〈제이(齊二)〉편에 나오는 이야기로, 불필요한 일을 하다가괜히 일을 그르친다는 말이다. 다른 말로는 "화사저족(畵蛇著足)" 또는 "망화사족(妄畵蛇足)"이라고도 한다.

뱀은 본래 다리가 없는 동물인데, 뱀을 먼저 그린 사람은 똑똑한 체하다가 그만 다리를 그려 넣어 일을 그르치고 말았다. 우리의 일상에서도 위와 같은 일이 비일비재하다. 무릇 어떤 일을 하려면 반드시 실현 가능한 목표와 구체적인 실천 방법이 선행되어야 하며, 그렇지 않으면 오랜 시간의 인내와 굳건한 의지로 일을 완성하고도 종종 일을 그르칠 수 있다는 교훈을 위의 고사에서 엿볼 수 있다.

화씨헌벽(和氏獻璧)

옛날 중국 초(楚)나라에 변화(卞和)라는 사람이 산속에서 다듬지 않은 옥돌을 얻게 되어, 초나라 여왕(厲王)에게 진상하였다. 여왕은 옥장(玉匠 - 옥을 다루어 물품 따위를 만드는 사람)에게 그 옥돌을 감별하게 하였다. 그러자 옥장은 말하길, "이것은 보통 돌 멩이일 뿐입니다." 여왕은 변화를 사기꾼이라 생각하여 변화의 왼쪽 다리를 잘랐다.

초나라 여왕이 죽은 다음, 무왕(武王)이 초나라 임금이 되었다. 변화는 또 그 다듬지 않은 옥돌을 들고 왕궁으로 가서 무왕에게 헌상하였다. 이에 무왕은 다시 옥장에게 감정을 의뢰하였고, 옥장은 전처럼 보통 돌멩이라고 아뢰었다. 화가 난 무왕도 변화가 사기꾼이라 여겨 그의 오른쪽 다리를 잘랐다.

무왕이 죽고 다시 문왕이 왕위를 계승하였다. 그러자 변화는 옥돌을 안고 초산(楚山) 아래에서 삼 일 동안 밤낮으로 울어, 나중에는 눈물이 마르고 피가 흘러나왔다. 문왕은 이 소식을 듣고 변화에게 사람을 보내 연유를 물었다. "세상에는 두 다리가 잘린 사람이 많은데, 그대는 어찌하여 홀로 이처럼 슬피 우는가?" 변화는 대답하길, "저는 제 다리가 잘려서 슬퍼하는 것이 아니라, 천하의 보물을 보통 돌멩이라 여기고, 충성스러운 백성을 사기꾼이라 매도하는 것이 제가 슬퍼하는 까닭입니다."

문왕은 곧 옥장으로 하여금 그 옥돌을 잘 다듬게 하자, 그것은 세상에서 보기 드문 보물임을 알게 되었고, 그의 이름을 따서 "화씨의 구슬(和氏之璧)"이라 이름 지었다.

위의 이야기는 《한비자(韓非子)》·〈화씨(和氏)〉편에 보인다. "화씨헌벽"은 "화벽(和璧)", "화씨지벽(和氏之璧)" 또는 "화벽수주(和璧隋珠)"라고도 하며, 매우 진기하고 얻기 어려운 물건을 가리킨다.

한비자는 일생을 불우하게 살다간 뛰어난 사상가이며, 정치가였다. 이 이야기는 한비자가 자신을 변화(卞和)에 비유하여 시대를 한탄하며, 옥장은 마땅히 옥돌을 잘 판별해야 하고, 군왕은 인재를 잘 살펴보고 등용해야 함을 설명하려 한 것이다.

흉유성죽(胸有成竹)

　북송(北宋) 인종(仁宗) 때, 문여가(文與可)라는 유명한 화가가 있었다. 그는 꽃·새·물고기·곤충 등을 그리기 좋아하였으며, 특히 대나무를 잘 그렸다. 문여가가 그린 대나무 그림은 마치 실물을 보는 것처럼 생동감이 있어 많은 칭찬을 받았고, 사람들은 그를 '묵죽대사(墨竹大師)'라고 불렀다.

　사실 문여가가 대나무 그림을 잘 그릴 수 있었던 것은 좋은 그림을 그리기 위한 그의 노력과 성실한 태도 때문이다. 문여가의 집 앞에는 대나무가 가득 심어져 있었다. 그는 강렬한 햇볕이 내리쬐는 날이든 비바람이 몰아치는 날이든 상관없이, 매일 대나무숲에 들어가 계절과 날씨 등의 환경 변화에 따라 대나무가 어떻게 변화하는지 관찰하였다.

　문여가는 양주(洋州) 태수를 지낸 적인 있다. 다른 사람들은 산간벽지인 양주로 발령이 나면 싫어하였지만, 문여가는 그곳의 산과 계곡에 대나무가 가득 심어져 있어 오히려 기뻐하였다. 그곳에서도 오랜 기간 대나무를 관찰한 문여가는 그 특성을 확실히 파악할 수 있었다. 또한 그의 마음에는 여러 가지 형태의 대나무 모습이 각인되어 있어, 어떻게 그릴 것인지 구상할 필요 없이 붓만 대면 바로 각양각색의 대나무 그림이 완성되었다. 그는 항상 먹물색이 진하고 옅은 두 개의 붓을 함께 들고 각기 다른 모습의 두 그루 대나무 그림을 그렸다고 한다.

　북송의 문인 소식(蘇軾)은 문여가와 친척일 뿐만 아니라, 역시 스스로 "고기 없는 밥은 먹을 수 있어도, 대나무 없는 집에서는 살 수 없다."라고 말할 정도로 대나무를 좋아하였다. 소식 또한 대나무를 즐겨 그렸는데 문여가의 화법(畫法)으로부터 많은 영향을 받았다고 한다.

소식은 문여가에게 대나무를 그리면서 체득한 경험에 대해 이렇게 말한 적이 있다. "그림을 그리기 전에 먼저 대나무를 자세히 관찰하여 마음속에 그 형태를 간직하고, 어떻게 그릴 것인지 결정하면 붓을 들어 재빨리 그려 냅니다. 이처럼 마음과 손이 일체가 되면 자신이 관찰한 사물의 형태와 그로부터 얻은 느낌을 빨리 그려 낼 수 있습니다. 재빨리 포착하지 못하고 잠시라도 소홀히 하면 이는 곧 사라지고 맙니다."

위의 이야기는 북송(北宋)의 문학가 소식(蘇軾)이 지은 〈문여가화운당곡언죽기(文與可畵篔簹谷偃竹記)〉에 보인다. "흉유성죽"은 본래 대나무를 그리기 전 마음속에 이미 대나무 형상이 있다는 의미지만, 후에는 일을 처리하기 이전에 이미 전체적인 계획과 구상이 머릿속에 들어있다는 것을 말한다.

우리는 무슨 일을 하든 반드시 먼저 계획을 세워야 한다. 구체적인 계획 없이 무모하게 일을 추진하면 낭패를 보기 십상이다. 일에 대한 구체적인 구상이 있고, 그 구상에 따라 신중하게 일을 추진해 나가면 성공할 확률이 매우 높다.

찾아보기

김 대 환

극동대학교 교수
중국 復旦大學 졸업 (중국언어학-漢語史) : 문학박사

논문

〈韓中成語의 比較〉, 〈韓中成語結構의 異同〉, 〈韓國語成語結構의 特徵〉, 〈漢譯俗談中 語法結構의 特徵〉, 〈《論語》國譯上의 몇 가지 문제〉, 〈《論語》中 "而", "以" 用法의 比較〉, 〈論漢韓個體量詞之異同〉, 〈代詞의 獨立問題와 定義〉, 〈《荀子》중 第1人稱代詞의 比較分析〉 등

저서 및 역서

《교육한자교본》, 《항공중국어》, 《진시황평전》 등

중국고사성어

초판발행	2020년 4월 23일
지은이	김대환
펴낸이	안종만·안상준
편 집	황정원
기획/마케팅	김한유
표지디자인	BEN STORY
제 작	우인도·고철민
펴낸곳	(주) **박영사**
	서울특별시 종로구 새문안로3길 36, 1601
	등록 1959. 3. 11. 제300-1959-1호(倫)
전 화	02)733-6771
f a x	02)736-4818
e-mail	pys@pybook.co.kr
homepage	www.pybook.co.kr
ISBN	979-11-303-0916-3 93700

정 가   20,000원